Nomos Universitätsschriften

Recht

Band 13

Joachim Gulich

Rechtsfragen grenzüberschreitender Rundfunksendungen

Die deutsche Rundfunkordnung im Konflikt mit der Dienstleistungsfreiheit

Nomos Verlagsgesellschaft
Baden-Baden

CIP-Titelaufnahme der Deutschen Bibliothek

Gulich, Joachim:
Rechtsfragen grenzüberschreitender Rundfunksendungen: Die deutsche Rundfunkordnung im Konflikt mit der Dienstleistungsfreiheit / Joachim Gulich. –
1. Aufl. – Baden-Baden: Nomos Verl.-Ges., 1990
(Nomos Universitätsschriften: Recht; Bd. 13)
Zugl.: Göttingen, Univ., Diss., 1989 u.d.T.: Gulich, Joachim: Rundfunk im EWG-Vertrag
ISBN 3-7890-2008-7
NE: Nomos Universitätsschriften / Recht

1. Auflage 1990

Vorwort

Die nachfolgende Arbeit wurde im Wintersemester 1989/90 von der Juristischen Fakultät der Georg-August-Universität zu Göttingen als Dissertation angenommen.

Die Untersuchung wurde von Prof. Dr. Ulrich Immenga angeregt und betreut; dafür bedanke ich mich an dieser Stelle.

Das Manuskript wurde im September 1989 fertiggestellt. Vereinzelte neuere Entwicklungen konnten zum Teil noch nachgetragen werden.

Göttingen, im Januar 1990 Joachim Gulich

- Inhaltsübersicht -

REICHWEITE UND GRENZEN DER DIENSTLEISTUNGSFREIHEIT FÜR RUNDFUNKVERANSTALTER

§ 1 Problemstellung

Vor dem Hintergrund forcierter Aktivitäten der Europäischen Kommission[1] und des Europäischen Parlaments[2] [3] im Medienbereich ist in jüngster Zeit verstärkt die wissenschaftliche Diskussion darüber entbrannt, ob die Vorschriften des EWG-Vertrages der Gemeinschaft überhaupt die Befugnis zum Tätigwerden auf diesem Terrain verleihen.

---

1 - Fernsehen ohne Grenzen; Grünbuch über die Errichtung des Gemeinsamen Marktes für den Rundfunk, insbesondere über Satellit und Kabel (Mitteilung der Kommission an den Rat) vom 14.Juni 1984, Dok KOM (84) 300 endg., nachfolgend **GRÜNBUCH**; dazu *Heringer*, Diss. phil. Mainz 1988, S.37 ff.

- Vorschlag einer Richtlinie des Rates über die Koordinierung bestimmter Rechts- und Verwaltungsvorschriften der Mitgliedstaaten über die Ausübung der Rundfunktätigkeit vom 29.04.1986, Dok KOM (86) 146 endg.;

- Geänderter Richtlinienvorschlag vom 21.03.1988, Dok KOM (88) 154 endg.; überprüfter Vorschlag v.26.05.1989, Dok KOM (89) 247 endg.; dieser Richtlinienvorschlag wurde im EG-Ministerrat ohne die Zustimmung Belgiens, der Bundesrepublik und Dänemarks in erster Lesung gebilligt, siehe HB v.17.04.1989, S.5; HB v.13.04.1989, S.1;

Bayern wollte der Bundesregierung per einstweiliger Anordnung des Bundesverfassungsgerichtes aufgeben lassen, gegen die Richtlinie zu stimmen, siehe F.A.Z. v.04.04.1989, S.2; dazu auch *Nahrendorf*, HB v.13.04. 1989, S.2; *Siepmann*, Der Journalist 5/1989, S.8, 10 f.; ZAW-Basisdienst Nr.15 v.12.04.1989; das ablehnende Urteil des BVerfG ist abgedruckt in ZUM 1989, S.235 f.; der Klage in der Hauptsache wird sich Rheinland-Pfalz anschließen, HB v.19.06.1989, S.4;

Neuerliche Widerstände regen sich auch in Holland, Frankreich und Griechenland, HB v.16./17.06.1989, S.2, 3; HB v.19.06.1989, S.4; zu den Gründen siehe ZAW-Basisdienst Nr.29 v.20.06.1989

- Vorschlag einer Richtlinie über gemeinsame technische Normung für die Direktübertragung über Satelliten, Dok KOM (86) 1 endg.;

2 - Hahn-Entschließung des EP zu einer Rahmenordnung für eine europäische Medienpolitik v.10.10.1985, ABl. EG Nr.C 288 v.11.11.1985, S.113 ff., abgedruckt auch im ZAW-Basisdienst Nr.56 v.30.10.1985;

- de Vries-Entschließung zu wirtschaftlichen Aspekten des Gemeinsamen Marktes für den Rundfunk, ebenda, S.119 ff.

3 Parallel dazu beriet auch der Ministerrat des Europarates über eine Konvention über das grenzüberschreitende Fernsehen, erstmalig vom 9.-10.12.1986 in Wien, die dort vom seinerzeitigen Innenminister gehaltene Rede ist abgedruckt in ZUM 1987, S.81 f.; dazu auch *Merkle*, HB v.18.10.1988; *Engel*, ZRP 1988, S.240 FN 1; anstelle der geplanten Beschlußfassung im November 1988 in Stockholm hat er sich allerdings vertagt, vgl. Wirtschaftswoche Nr.50 v.09.12.1988, S.27 ff., um sich mit der Europäischen Gemeinschaft zu koordinieren, siehe HB v.28.02. 1989, S.3; die Konvention wurde am 05.05.1989 zur Unterzeichnung ausgelegt, vgl. ZAW-Basisdienst Nr.23 v.05.05.1989; zum Nebeneinander von Richtlinien und Europaratskonvention *Schwartz*, EuR 1989, S.1 ff.; *Delbrück*, ZUM 1989, S.373 ff.; die Position der Bundesregierung dazu erläutert *Wagner*, MA 1989, S.68, 70

Die Vielfalt der beteiligten Juristen und Ökonomen, die das Wort ergriffen haben, spiegelt sich in dem von ihnen präsentierten Strauß von Auffassungen wider. Man wird behaupten dürfen, daß der originäre Forschungsbereich eines jeden Wissenschaftlers sich unmittelbar in seiner Haltung gegenüber einer EG-Kompetenz wiederfinden läßt[4]. Die Verteidiger öffentlich-rechtlichen Rundfunks betonen die kulturpolitische oder demokratische Komponente des Rundfunks[5], gestehen, insoweit konsequent, der Europäischen Wirtschaftsgemeinschaft marginale Befugnisse zu[6], soweit sie deren Kompetenz nicht sogar vollständig in Abrede stellen[7]. Die Europarechtler werden ihrer Berufung durch eine betont gemeinschaftsfreundliche, mit allenfalls untergeordneten Zweifeln behaftete[8], Auslegung des EWG-Vertrages gerecht[9].

Das Spektrum der anzutreffenden europafreundlichen Ansichten wird von den Ausführungen der EG-Kommission im bereits erwähnten GRÜNBUCH[10] gestärkt, dessen

---

4 Ähnlich *Emmerich*, AfP 1989, S.433 f. zum Spektrum der in dem Band "Rundfunk im Wettbewerbsrecht" (Hrsg. Hoffmann-Riem) entwickelten Auffassungen

5 Exemplarisch *Hoffmann-Riem* in Nicolaysen/Quaritsch (Hrsg.): Lüneburger Symposion für Hans Peter Ipsen zur Feier des 80.Geburtstages, S.75, 76 f.; *Scharf* in Fleck (Hrsg.): Zukunftsaspekte des Rundfunks, S.59, 70; *Hilf* in Arbeitskreis Werbefernsehen der deutschen Wirtschaft (AKW) (Hrsg.): Europafernsehen und Werbung, S.113, 115; eine Analyse der tatsächlichen Inhalte von kommerziellen und öffentlich-rechtlichen Programmen liefert *Faul*, Die Fernsehprogramme im dualen Rundfunksystem; einige Befunde schildert der Verfasser in der F.A.Z. v.30.03.1989, S.9 und in RuF 1989, S.25 ff.

6 z.B. *Delbrück*, Die Rundfunkhoheit der deutschen Bundesländer im Spannungsfeld zwischen Regelungsanspruch der Europäischen Gemeinschaft und nationalem Verfassungsrecht, S.67 f.; dazu *Reich*, ZERP DP 2/1987, S.65 ff.; zweifelnd *Degenhart*, EuGRZ 1983, S.205, 213; *Faul* in Scherer (Hrsg.): Nationale und europäische Perspektiven der Telekommunikation, S.103, 129

7 *Ossenbühl*, Rundfunk zwischen nationalem Verfassungsrecht und europäischem Gemeinschaftsrecht, S.62 f.; *Börner*, ZUM 1985, S.577 f.; *Lieb* in Seidel (Hrsg.): Hörfunk und Fernsehen im Gemeinsamen Markt, S.173, 191; *Schleyer* in AKW (FN 5), S.91; *Leister*, ebenda, S.101, 105; *Hilf*, MP 1987, S.73, 80; *Berg* in Schwarze (Hrsg.): Fernsehen ohne Grenzen, S.197, 200 f.; *Stoiber*, Bayernkurier v.23.04.1988; ebenfalls ablehnend der Bundesrat BR/Drs. 360/84, S.46 zum GRÜNBUCH, BR/Drs. 259/86 zum EG-Richtlinienentwurf; Beschluß der Regierungschefs der Länder in ZUM 1986, S.600; zweifelnd *Hoffmann-Riem* in ders. (Hrsg): Rundfunk im Wettbewerbsrecht, S.201, 202; unentschieden zeigt sich die Bundesregierung im Medienbericht 1985, BT/Drs.10/5663, S.112

8 *Jarass*, Gutachten zum 56. Deutschen Juristentag 1986, S. G 39

9 *Schwarze* in ders.(Hrsg.): Rundfunk und Fernsehen im Lichte der Entwicklung des nationalen und internationalen Rechts, S. 119 f.; *Ipsen*, Rundfunk im Europäischen Gemeinschaftsrecht, S.88; *Kühn*, ZUM 1986, S.585; *Bueckling*, DRiZ 1985, S.431, 432; *Deringer*, ZUM 1986, S.627, 632 f.; zusammenfassend *Reinert*, Grenzüberschreitender Rundfunk im Spannungsfeld von staatlicher Souveränität und transnationaler Rundfunkfreiheit, S.170 ff.

10 Dok KOM (84) 300 endg.; dessen Hauptverfasser Ivo E. *Schwartz* hat in mehreren Aufsätzen nachdrücklich die dort entwickelten Gedanken unterstrichen, z.B. in GRUR Int. 1982, S.713 ff.; in Magiera (Hrsg.): Entwicklungsperspektiven der Europäischen Gemeinschaft, S.121 ff.; in Schwarze (FN 7), S.45 ff.; in AKW (FN 5), S.70 ff.; in RuF 1986, S.99 ff.; in ZUM 1989, S.381 ff.; *Reich*, ZERP DP 2/1987, S.57 ff. nennt dies die "ökonomistische Methodik" im Gegensatz zu der von deutschen Verfassungsrechtlern (FN 6, 7) vertretenen "konstitutionellen Methodik"; ähnlich *Valentine*, Marketing Week v.03.08.1984, S.27

Existenz allein stillschweigend eine Kompetenz der Europäischen Gemeinschaft voraussetzt[11].

Die Notwendigkeit eines Handelns der Gemeinschaft auf dem Gebiet des Rundfunkwesens bekräftigt die EG-Kommission in ihrem Weißbuch "Vollendung des Binnenmarktes"[12]. Dort heißt es:

> "Im Bereich der audiovisuellen Dienstleistungen sollte sich die Gemeinschaft das Ziel stecken, eine einzige gemeinschaftsweite Rundfunkzone zu erreichen. Der Rundfunk ist ein wichtiger Teil der Kommunikationsindustrie, von der erwartet wird, daß sie sich sehr schnell in einen Schlüsselsektor der Wirtschaft in der Gemeinschaft entwickeln und sich auf die künftige Wettbewerbsfähigkeit der EG-Industrien im Binnenmarkt entscheidend auswirken wird."[13]

Unabhängig von der Frage, ob nicht eine Berufung der Gemeinschaft zur Formung einer europaweiten Rundfunkordnung eher politisch denn juristisch diskutiert werden müßte, soll dieser die Verfassung der Zwölf betreffenden Frage im Rahmen dieser Arbeit nicht nachgegangen werden.

Es soll vielmehr eine Bestandsaufnahme der anzutreffenden rundfunkrelevanten Rechtsnormen stattfinden und versucht werden, das Phänomen Rundfunk in das System des EWG-Vertrages einzuordnen.

Im ersten Hauptteil wird untersucht, ob Rundfunksendungen als Ware oder Dienstleistung vom Geltungsanspruch des EWG-Vertrages erfaßt werden.

Im zweiten Hauptteil werden die nach dem Gemeinschaftsrecht zulässigen Beschränkungen grenzüberschreitender Rundfunksendungen erörtert.

Im abschließenden Teil werden exemplarisch gewisse Konsequenzen diskutiert, die aus der Statthaftigkeit von Beschränkungen grenzüberschreitender Rundfunksendungen resultieren.

---

11 Nach dem "*Solange II*"-Beschluß des BVerfG (BVerfGE 73, S.339 ff. = EuR 1987, S.55 ff. mit Besprechung *Ipsen* ebenda, S.1 ff.) stellt das Bestreiten jeder Kompetenz der EWG im Rundfunkbereich möglicherweise das letzte Argument dar, um restriktive nationale Vorschriften zu rechtfertigen, da deutsches Verfassungsrecht nunmehr kein Maßstab mehr vor dem (harmonisierten) europäischen Recht sein kann, vgl. *Emmerich*, AfP 1989, S.433, 437; andere Tendenzen glaubt *Vorndran*, Leiter der bayerischen Staatskanzlei, dem Urteil des Bundesverfassungsgerichts v.11.04.1989 (ZUM 1989, S.235 ff.) entnehmen zu können, vgl. "Kulturhoheit und Europa", Rede vor dem kulturpolitischen, Rechts- und Verfassungsausschuß des Bayerischen Senats am 10.Mai 1989, Manuskript S.6 ff. sowie ZUM 1989, S.371, 372: Das Bundesverfassungsgericht schließe offenbar eine Überprüfung des EWG-Rechts am Maßstab des Grundgesetzes nicht aus; dazu unten § 3 H VI 6

12 Weißbuch "Vollendung des Binnenmarktes der Kommission an den Europäischen Rat vom 14.06.1985, Dok KOM (85) 310 endg.

13 Weißbuch a.a.O. (FN 12), Rdnr.115

§ 2 Rundfunksendungen als grenzüberschreitende Dienstleistungen

A. Anwendbarkeit des EWG-Vertrages

Um überhaupt eine Anwendbarkeit des EWG-Vertrages annehmen zu können, bedarf es der Untersuchung, ob nicht bereits von vornherein die Rundfunktätigkeiten außerhalb dessen Regelungsbereiches angesiedelt sind[14].

I. Rundfunkanstalten als Teil der öffentlichen Verwaltung

So ließe sich die Frage aufwerfen, ob nicht der Rundfunk überhaupt oder doch zumindest der Rundfunk in öffentlich-rechtlicher Trägerschaft als Bote nationalstaatlicher Kultur und als konstituierendes Element der Demokratie[15] in den Mitgliedstaaten deren Souveränität verblieben ist[16].
Sowohl von der deutschen als auch von der italienischen Regierung wurde in der Rechtssache "*Sacchi*"[17] mit Vehemenz versichert, daß der Rundfunk wegen seiner öffentlichen Aufgabe kein Unternehmen i.S.d. Art.90 Abs.1 EWGV, sondern Teil der öffentlichen Verwaltung[18] und insofern vom Gemeinschaftsrecht nicht berührt sei[19].
Sieht man zunächst noch davon ab, daß die mittlerweile auch in der Bundesrepublik zugelassenen und etablierten privaten Rundfunkveranstalter sicherlich keine öffentliche Aufgabe in diesem vorgetragenen Sinne erfüllen, so bleibt dieser Auffassung dennoch entgegenzuhalten, daß sie die Anwendung des Gemeinschaftsrechts von Zufälligkeiten abhängig macht. Anstatt sich allein von den Bestimmungen und Zielen des EWG-Vertrages leiten zu lassen, wird hier auf die mehr oder weniger zufällige, historisch entstandene Struktur und Terminologie der einzelnen Mitgliedstaaten abgestellt[20]. Die

---

14 nach Art einer Bereichsausnahme, vgl. *Roth*, ZUM 1989, S.101

15 vgl. BVerfGE 57, S.295, 320 ff.; 12, S.205, 260 f.; 73, S.118, 158; 74, S.297, 323; *Hoffmann-Riem*, WuW 1982, S.265

16 *Ossenbühl* a.a.O. (FN 7), S.21; dazu *Reich* a.a.O. (FN 10), S.66

17 EuGH RS 155/73 v.30.04.1974, Slg. 1974, S.409 f.; dazu GRÜNBUCH (FN 1), S.189 f.;

18 so der Wortlaut von BVerfGE 12, S.205, 244, 246; ablehnend *v.Mangoldt/Klein/ Starck*, Grundgesetz, Art.5 Anm.70 m.w.N.

19 EuGH a.a.O. (FN 17), Stellungnahmen der Regierungen S.418 ff., insbesondere S.420 li. Sp. und S.425 re. Sp.; dazu *Deringer*, WuW 1985, S.546, 547; *Ubertazzi*, ZUM 1987, S.508, 509 ff.; ausdrücklich anders jetzt das Kammergericht in seiner Entscheidung zum Sportglobalvertrag, in der es feststellt, daß öffentlich-rechtliche Sendeanstalten, unabhängig davon, daß sie gehindert sind, Gewinne zu erzielen, bei der Nachfrage nach Senderechten Unternehmen sind, KG WuW/E OLG 4267, 4269 unter Hinweis auf WuW/E BGH 2406, 2408 "*Inter Mailand*"; zur Auffassung des Bundesverfassungsgerichtes siehe *Bullinger*, AfP 1985, S.257, 259; vgl. auch *Rudolph*, VBlBW 1986, S.451, 454 ff.

20 *Deringer*, ZUM 1986, S.627, 633; *Gerth*, ZUM 1985, S.601

Anwendung des Gemeinschaftsrechts wäre dann von Mitgliedstaat zu Mitgliedstaat verschieden, je nachdem, ob der Rundfunk öffentlich-rechtlich oder privatrechtlich organisiert ist. Denkbare Folge wäre eine "Flucht vor der EWG ins Öffentliche Recht"[21]. Berücksichtigt man zudem die wirtschaftlichen Dimensionen[22], innerhalb derer die Rundfunkwirklichkeit sich entwickelt, so kann kein Zweifel daran bestehen, daß gewisse Tätigkeitsbereiche der Rundfunksender einer Anwendung des EWG-Rechts (nach Art einer Bereichsausnahme) nicht von vornherein entzogen sind[23].

II. Rundfunktätigkeit als Ausübung öffentlicher Gewalt i.S.d Art. 55 Abs. 1 EWGV

Zuweilen wird auch das Argument geäußert, die Tätigkeit öffentlich-rechtlicher Rundfunkveranstalter sei als Ausübung öffentlicher Gewalt anzuerkennen, so daß sich eine Befreiung vom Gemeinschaftsrecht auf Art.55 Abs.1 EWGV stützen könne[24].
Diese Vorschrift dispensiert solche Tätigkeiten von der Anwendung des Niederlassungs-, und, in Verbindung mit Art.66 EWGV, des Dienstleistungsrechts, die "dauernd oder zeitweise mit der Ausübung öffentlicher Gewalt verbunden sind".
Dem Integrationsgedanken der EWG wird nur eine Auslegung des Art.55 Abs.1 EWGV gerecht, die den Begriff der "öffentlichen Gewalt" an einem gemeinschaftsrechtlichen Maßstab und nicht an nationalen Kriterien mißt[25]. Als eng auszulegende Ausnahmevorschrift[26] privilegiert Art.55 Abs.1 EWGV nicht jede öffentliche Aufgabe, sondern nur eine imperative hoheitliche Tätigkeit durch Gebot, Befehl und Zwang[27].

---

21 Im allgemeinen Verwaltungsrecht stellt sich das umgekehrte Problem, ob ein Verwaltungsträger sich durch die Wahl privatrechtlicher Handlungsformen seinen öffentlich-rechtlichen Bindungen entziehen darf, vgl. *Maurer*, Allgemeines Verwaltungsrecht, § 3 Rdnr.26 ff.

22 Allein von Januar bis Mai 1989 erzielten bundesdeutsche Rundfunkveranstalter Werbeumsätze von DM 492 Mio., HB v.16.08.1989, S.14; gegen jede Berücksichtigung der wirtschaftlichen Dimension wendet sich *Stoiber*, Bayernkurier v.23.04.1988

23 vgl. *Mestmäcker* in ders.(Hrsg.): Offene Rundfunkordnung, S.24; *Emmerich*, FS Keller, S.685, 690; *ders.* AfP 1989, S.433, 435; ähnlich *Stern*, "Probleme der Anpassung", Interview in: Der Journalist 5/1989, S.15; *Schwartz*, GRUR Int. 1982, S.713, 714;
Der EuGH geht mittlerweile wie selbstverständlich von der Unternehmenseigenschaft auch öffentlich-rechtlicher Rundfunkveranstalter aus, vgl. RS 298/88 "*CICCE*" Slg. 1985, S.1105, 1123 f.; RS 311/84 "*Telemarketing*" Slg. 1985, S.3261, 3275 Rdnr.17

24 *Herrmann*, ZUM 1985, S.175, 184 f. (mit Ausnahme der Vertragsschlüsse zur Ausstrahlung von Werbung); weitere Nachweise bei *Emmerich*, a.a.O. (FN 23), S.685, 690

25 vgl. GA *Mayras* in der RS 2/74 "*Reyners*" Slg. 1974, S.631, 657, 665; *Klinge*, Die Begriffe "Beschäftigung in der öffentlichen Verwaltung" und "Ausübung öffentlicher Gewalt" im Gemeinschaftsrecht, S.223 f.; *Beutler/Bieber/Pipkorn/ Streil*, Die Europäische Gemeinschaft - Rechtsordnung und Politik, S.310

26 *Randelzhofer* in Grabitz (Hrsg.): EWG-Vertrag, Art.55 Anm.8

27 *Deringer*, ZUM 1986, S.627, 634; GRÜNBUCH (FN 1), S.200 f., 203; *Randelzhofer* in Grabitz (FN 26), Art.55 Anm.3; in diese Richtung auch GA *Mayras* in der RS 152/73 "*Sotgiu*" Slg. 1974, S.153, 170 f.; a.A. *Bleckmann*, Europarecht, S.337, 338

Respektiert man diese stark eingrenzenden Auslegungsvorgaben, so wird man weder die Erfüllung der öffentlichen Aufgaben der öffentlich-rechtlichen Rundfunkanstalten noch die Tätigkeit kommerzieller Veranstalter als Ausübung öffentlicher Gewalt anerkennen können[28], so daß Art.55 Abs.1 EWGV kein tragfähiges Fundament für eine Freistellung (deutscher) Rundfunkveranstalter von den Vorschriften des EWG-Vertrages liefert[29]. Gewisse Einzelhoheitsbefugnisse der deutschen öffentlich-rechtlichen Anstalten (Gebührenzwang, Zuteilung von Sendezeiten an politische Parteien)[30] ändern hieran nichts.

III. Zwischenergebnis

Die Rundfunktätigkeit sowohl öffentlich-rechtlicher wie auch privater Sendeunternehmen ist nicht von vornherein von der Anwendung des Gemeinschaftsrechts freigestellt. Den Anwendungsbereich des Vertrages schreiben seine Art.2 und 3, die Aufgaben- und Tätigkeitsbestimmungen, fest[31]. Zwar nennt Art.3 keine gemeinschaftliche Kulturpolitik, doch die von Art.2 vorgegebene umfassende Aufgabe der "Errichtung des Gemeinsamen Marktes" im Wege der Verwirklichung der vier Grundfreiheiten des Vertrages führt dazu, daß selbst kulturelle Tätigkeiten in dem Maße, in dem sie zugleich einen wirtschaftlichen Einschlag aufweisen, dem Vertrag nicht prinzipiell entzogen sein können[32].

---

28 Insbesondere, wenn man die stets selbst betonte Staatsferne der öffentlich-rechtlichen Anstalten im Auge behält, vgl. *Emmerich*, AfP 1989, S.433, 436; *Schmidt*, Die Rundfunkgewährleistung, S.45

29 *Jarass*, EuR 1986, S.75, 82, 83; *ders.*, DJT-Gutachten 1986, S. G 41; *Ipsen* a.a.O. (FN 9), S.100; *Deringer*, ZUM 1986, S.627, 634; *Seidel* in Schwarze (FN 7), S.121, 133; GRÜNBUCH (FN 1), S.203; a.A. *Hermann*, ZUM 1985, S.175, 185

30 vgl. BVerfGE 47, S.198 ff., 223, 225, 237;
In diesem Zusammenhang entwickelt sich eine neue Facette: der Privatsender SAT 1 hat angekündigt, im Bundestagswahlkampf 1990 den Parteien keine kostenlose Sendezeit mehr zur Verfügung stellen zu wollen. § 9 Abs.5 des Rundfunkstaatsvertrages, der dies auch den privaten Veranstaltern vorschreibe, sei ebenso verfassungswidrig und damit nichtig wie ein Beschluß der Direktoren der Landesmedienanstalten, der dem privaten Fernsehen die Ausstrahlung ***bezahlter*** Werbespots für politische Parteien untersagt, HB v.20.07.1989, S.6

31 dazu *Langeheine*, Diss. iur. Berlin 1988, S.61 ff.

32 *Roth*, ZUM 1989, S.101, 103 f.; dies akzeptiert auch die Bundesregierung in ihrem Antrag im Verfahren vor dem Bundesverfassungsgericht (FN 1), in dem es heißt (S.17): "Jedoch schließt dies nicht aus, daß unbeschadet der in den Mitgliedstaaten verbliebenen gesellschaftspolitischen und kulturellen Aufgabe des Rundfunks die wirtschaftlichen Aspekte des Rundfunks eine eigenständige Bedeutung erhalten haben, die für die EG relevant ist."; ebenso *Wagner*, MA 1989, S.68, 70;
In der Stellungnahme des Deutschen Gewerkschaftsbundes heißt es dagegen (MP 1985, S.901): "Ein kulturpolitischer Binnenmarkt ist - sofern er in Analogie zum wirtschaftlichen Binnenmarkt kulturelle Besonderheiten als Hindernisse kommerzieller Betätigung auffaßt und zu beseitigen sucht - ein Unding und durch den EWG-Vertrag nicht abgedeckt."

Vielmehr entscheidet sich diese Frage funktional danach, ob die Rundfunksender am Waren- oder Dienstleistungsverkehr teilnehmen[33].
Zur Beantwortung empfiehlt es sich, die Rundfunkaktivitäten nicht pauschal zu betrachten, sondern sie in verschiedene Tätigkeitsbereiche aufzusplitten bzw. den hier allein interessierenden Bereich der Sendetätigkeit abzuschichten. Dabei bietet es sich an, die Rundfunktätigkeiten in fünf Sektoren aufzufächern[34]:

- Beschaffung von Vermögensgegenständen außerhalb der Programmbeschaffung
- Verkauf von Sendezeiten für Wirtschaftswerbung
- Ausstrahlung von Werbung im Rahmen des Programms
- Programmbeschaffung[35]
- Programmangebot (-ausstrahlung)

Entsprechend der Zielsetzung dieser Arbeit sollen hier nur die Bereiche "Ausstrahlung von Werbung" sowie "Programmangebot", also die Sendetätigkeit der Rundfunkveranstalter, Gegenstand der Betrachtung sein.

B. Rundfunksendungen als Dienstleistung oder Ware

I. Der Dienstleistungsbegriff des Art. 60 Abs. 1 EWGV

Trotz der in Art.60 Abs.1 EWGV gegebenen Legaldefinition des Dienstleistungbegriffs, die den Kreis der Dienstleistungen negativ abgrenzt, bereitet es Schwierigkeiten, positiv die von dieser Vorschrift erfaßten Fälle zu formulieren. Art.60 EWGV erweckt

33 vgl. auch *Steindorff*, NJW 1982, S.1902, 1903; ähnlich *Seidel* in Scherer (FN 6), S.133, 136; *Reinert*, a.a.O. (FN 9), S.158 ff.
Nach *Schwartz*, ZUM 1989, S.381, 384, kommt es zur Begründung einer Kompetenz der EG nicht einmal auf eine Waren- oder Dienstleistungsqualität, sondern nur auf die Selbständigkeit einer Tätigkeit an.
Eine hier nicht näher zu diskutierende Frage ist, ob die öffentlich-rechtlichen Anstalten ggf. Dienstleistungen von allgemeinem wirtschaftlichen Interesse erbringen, was sie nach Art.90 Abs.2 EWGV begrenzt von den Vertragsvorschriften befreien könnte, dazu *Emmerich*, Kartellrecht, S.567 ff.

34 *Scherer* in Hoffmann-Riem (FN 7), S.123, 124 m.w.N.

35 zur Abgrenzung zwischen Programmbeschaffung und Programmgestaltung vgl. LG München I NJW 1989, S.988

den Eindruck, daß der Dienstleistungsbegriff eine heterogene Auffangposition ohne eigenen Charakter sei[36].

Der Dienstleistungsbegriff des Vertrages verdankt seine Entstehung zu einem guten Teil der Vorstellung, daß neben Waren und Produktionsfaktoren zwischen den Mitgliedstaaten noch "unsichtbare" Phänomene ausgetauscht werden, wie geldwerte Leistungen, Zahlungen, die nicht zum Kapitalverkehr gehören, schwer erfaßbare Vorgänge wie Urheberrechte, Reisen, Gegenleistungen für andere Gegenstände als Waren[37].

Im folgenden sind die spezifischen Unterscheidungsmerkmale der Dienstleistung gegenüber der Ware herauszuheben, um dann zu bestimmen, welcher Kategorie die Ausstrahlung von Rundfunksendungen zuzuordnen ist.

In einem anschließenden Schritt wird dann zu klären sein, welches die Tatbestände der Grenzüberschreitung sind, die überhaupt erst die europarechtliche Relevanz erzeugen.

II. Merkmale der Dienstleistung

Um unter den Begriff der Dienstleistung i.S.d. Art.59 ff. EWGV zu fallen, muß eine Tätigkeit die nachfolgenden Kriterien erfüllen[38]. Die Ausübung der Tätigkeit muß zeitlich beschränkt sein, regelmäßig gegen Entgelt erfolgen und eine Grenzüberschreitung der beteiligten Personen oder des Leistungsgegenstandes mit sich bringen. Danach läßt sich der Dienstleistungsbegriff in drei verschiedene Fälle untergliedern[39].

1) Der Erbringer der Leistung begibt sich aus dem Staat A in den Staat B, um dort dem Leistungsempfänger eine Leistung zu erbringen.
2) Der Empfänger der Leistung begibt sich zum Leistungserbringer in dessen Land.
3) Leistungserbringer und -empfänger bleiben in ihren jeweiligen Heimatstaaten, allein die Leistung überschreitet die Grenze.

---

36 *Troberg* in Groeben/Boeckh/Thiesing/Ehlermann, EWG-Vertrag, Vorb. Art.59-66 Anm.1; *Seidel* in Bieber u.a. (Hrsg.): GS Sasse Bd 1, 1981, S.351; *Roth*, EuR 1986, S.340, 342 f.

37 *Troberg* a.a.O. (FN 36) Anm.2; *Steindorff*, RIW 1983, S.831, 832

38 *Randelzhofer* in Grabitz (FN 26) Art.60 Anm.3

39 vgl. *Möller* in Lagrange/Möller/Sieg/Steindorff, Dienstleistungsfreiheit und Versicherungsaufsicht, S.18 ff.; *Seidel*, ZVersWiss 1987, S.175, 178; *Dauses*, EuR 1988, S.378, 381; *Reich*, ZHR 153 (1989), S.571, 572
Bleckmann, EuR 1987, S.28, 29, beschreibt sogar eine vierte Fallgruppe, bei welcher aufgrund eines Vertrages zwischen zwei in verschiedenen Mitgliedstaaten wohnenden Personen eine Leistung an einen Dritten erbracht wird, der im Lande des Dienstleistenden wohnt, räumt allerdings ein, daß hier nicht die Dienstleistung die Grenze überquert, sondern nur das zugrundeliegende Rechtsverhältnis einen gemeinschaftsrechtlichen Bezug aufweist.

Vom Vertrag zu gewährleisten und zu sichern ist vor allem die erste Konstellation, wenn der Dienstleistende die Grenze überschreitet, um seine Leistung in einem fremden Mitgliedstaat zu erbringen[40]. Einen Fehlschluß zu ziehen hieße es allerdings, die beiden anderen Fälle nicht als geschützt zu betrachten. Ihre Herausnahme ließe Lücken im System der personellen Freiheiten enstehen[41].

III. Begriff der Ware i.S.d. EWGV

Ähnlich weitgehend muß der Begriff der Ware i.S.d. Art.8 und 30 EWGV verstanden werden, denn reduzierte man ihn auf bewegliche Sachen von kommerziellem Wert, so provozierte man ebenfalls dem System freier Verkehrsströme widersprechende Schutzlücken[42].

IV. Die Entscheidung des Europäischen Gerichtshofes in der Rechtssache "*Sacchi*"

Der Europäische Gerichtshof hatte sich erstmalig in der Rechtssache "*Sacchi*"[43] mit dieser Frage auseinanderzusetzen.
Während es dem Betroffenen *Sacchi* darauf ankam, die Warenqualität von Fernsehsendungen nachzuweisen, verfocht Generalanwalt *Reischl* die Gegenposition.

1. Die Argumente des Betroffenen *Sacchi*

Für die Wareneigenschaft der Fernsehsendung spreche zunächst die allgemeinste Feststellung, daß "Ware" alle Erzeugnisse sind, die einen Geldwert haben und deshalb Gegenstand von Handelsgeschäften sein können[44].
Zudem sei die Fernsehsendung als Erzeugnis intellektueller Tätigkeit eine Ware, ein Immaterialgut.
Auch unter dem Gesichtspunkt des zur Ausstrahlung erforderlichen Einsatzes von Energie sei der Warencharakter nicht zu leugnen: der Gerichtshof erkenne selbst an,

40 *Randelzhofer* in Grabitz (FN 26) Art.60 Anm.5

41 EuGH RS 286/82 und 26/83 "*Luisi und Carbone*" Slg.1984, S.377, 401 Rdnr.10; *Bleckmann* a.a.O. (FN 27), S.306; *Beutler/Bieber/Pipkorn/Streil* a.a.O. (FN 25), S.318; *Nicolaysen*, Europäisches Gemeinschaftsrecht, S.115; *Seidel*, ZVersWiss 1987, S.175, 185 f.; *Gornig*, NJW 1989, S.1120, 1124; a.A. *Riegel*, NJW 1978, S.468, 469 (für den 2.Fall)

42 *Bleckmann* a.a.O. (FN 27), S.306 nennt Gas- und Wasserlieferungen, Immaterialgüterrechte etc.

43 EuGH RS 155/73 v.30.04.1974, Slg.1974, S.409 ff.; zum Sachverhalt *Reinert*, a.a.O. (FN 9), S.161 f.

44 *Sacchi* a.a.O. (FN 43) S.421 unter Hinweis auf EuGH RS 7/68 "*Kommission/ Italien*" Slg.1968, S.641 ff.

daß die Lieferung von Elektrizität Warenverkehr[45] sei, so daß es zwingend sei, diesen Fall analog zu entscheiden.
Wesentlicher Gesichtspunkt sei, daß die Werbesendung als Zubehör des Erzeugnisses, das sie propagiere, zu erkären sei[46]. Als unverzichtbares Hilfsmittel des Warenverkehrs sei die Gleichstellung der Werbesendung mit einer Ware unerläßlich, um die Vereinheitlichung des Marktes, die tatsächliche Chancengleichheit hinsichtlich der Marktdurchdringung und eine Verteilung herbeizuführen, die nicht allein den großen multinationalen Unternehmen Chancen eröffne[47]. Dies ergebe sich letztlich daraus, daß der Grundsatz des freien Warenverkehrs sich nicht in der Sicherung des einfachen Warenabsatzes innerhalb des Gemeinsamen Marktes erschöpfen könne, sondern diesen Absatz auch im Hinblick auf den Verbrauch sichern müsse, so daß jede Maßnahme untersagt sei, die über die vom Vertrag genau geregelten Fälle hinaus die Verwendung bestimmter Waren beschränke. Der Grundsatz des freien Warenverkehrs müsse wegen dieser Zusammenhänge umfassend für alle Sachverhalte zum Zuge kommen, die nicht ausdrücklich abweichend geregelt seien[48].
Ein weiteres Indiz könne darin gesehen werden, daß ja die Trägermaterialien der Sendungen, wie Bänder und Filmmaterial, zweifellos Waren seien.

2. Die Gegenposition des Generalanwalts und der EG-Kommission

Der Argumentation des Betroffenen *Sacchi* sind sowohl der Generalanwalt *Reischl*[49] als auch die EG-Kommission[50] entgegengetreten.
Zunächst gehe der Hinweis auf Rundfunksendungen als Ware in Form von elektrischer Energie fehl, denn die elektrische Energie sei technisches Mittel zur Übertragung, aber nicht Ergebnis des Ausstrahlungsvorganges; die Vergleichbarkeit mit dem von einem Elektrizitätswerk an einen Verbraucher gelieferten Strom sei ausgeschlossen, da der Rundfunkteilnehmer die Energie als solche nicht verwerten könne[51].
Das Trägermaterial für Rundfunksendungen falle zwar unter die Vorschriften über den freien Warenverkehr. Im Vordergrund stehe aber der Hauptzweck, die Ausstrahlung der Sendung, welche durch die Trägermaterialien ermöglicht werde. Im wesentlichen gehe es nämlich bei der Rundfunksendung um die Ausnutzung gewerblicher

45 vgl. EuGH RS 6/64 v.15.07.1964 "*Costa/E.N.E.L.*" Slg.1964, S.1259, 1275 f.; indes dürfte der Gerichtshof an dieser Entscheidung heute kaum mehr festhalten. Heutzutage neigt man eher dazu, Stromversorgung als eine umfassende technische Dienstleistung anzuerkennen, dazu *Langhein*, ET 1987, S.941, 942; *Seidel*, EuR 1988, S.129, 135
46 *Sacchi* a.a.O. (FN 43) S.421
47 *Sacchi* a.a.O. (FN 43) S.421
48 *Sacchi* a.a.O. (FN 43) S.421
49 GA *Reischl* in den Schlußanträgen der RS 155/73 "*Sacchi*" Slg.1974, S.409, 440 ff.
50 GRÜNBUCH (FN 1), S.105 ff.
51 *GA Reischl* a.a.O. (FN 49) S.441

Schutzrechte, so daß sich eine Parallele zur Filmwirtschaft aufdränge. Dort aber sei eine Richtlinie erlassen worden, die sich auf Art.62 Abs.2 EWGV stütze, eine Vorschrift über den Dienstleistungsverkehr; Gesichtspunkte des Warenverkehrs blieben indessen außer Betracht[52].

Entsprechend liest sich das Votum der EG-Kommission. Eine Trennung von sächlichen Hilfsmitteln der Rundfunksendung und der Sendung selbst sei praktisch möglich und geboten; die Rundfunksendung sei folglich kein materielles, tangibles Gut, sondern eine Gesamtheit von Tätigkeiten, die keine Transaktionen von Waren und keinen Verkehr mit Waren beinhalte[53].

3. Ergänzende Argumente

Ergänzend ließe sich der Argumentation von *Sacchi* vorwerfen, daß sie das Verhältnis von Warenverkehrs- und Dienstleistungsfreiheit konterkariert. *Sacchi* redete einer möglichst umfassenden Auslegung des Begriffs Ware das Wort, während nach der Systematik des EWG-Vertrages gerade der Dienstleistungsbegriff der Art.59 ff. EWGV die Funktion eines Auffangtatbestandes wahrnimmt[54], um Schutzlücken zu verhindern. Außerdem beziehen sich die Ausführungen von *Sacchi* ausschließlich auf Werbesendungen, so daß eine Übertragbarkeit auf nichtkommerzielle Ausstrahlungen nicht vorausgesetzt werden könnte.

4. Das Ergebnis des EuGH

Der Gerichtshof hat sich die Auffassung seines Generalanwaltes zu eigen gemacht, freilich mit dem lapidaren Satz, daß "*in Ermangelung ausdrücklich entgegenstehender Vertragsbestimmungen ...[...]... Fernsehsendungen ihrer Natur nach als Dienstleistungen anzusehen* [sind]"[55].

Davon zu scheiden sei der Handel mit sämtlichen Materialien, Tonträgern, Filmen und sonstigen Erzeugnissen, die für die Ausstrahlung von Fernsehsendungen benutzt werden und fraglos unter die Vorschriften über den Warenverkehr fielen[56].

---

52 GA *Reischl* a.a.O. (FN 49), S.441

53 GRÜNBUCH (FN 1), S.105

54 vgl. EuGH RS 60 u. 61/84 "*Cinéthèque*" Slg.1985, S.2605, 2630 Rdnr.10; *Seidel*, ZVersWiss 1987, S.175, 185; *Steindorff*, RIW 1983, S.831, 832

55 EuGH RS 155/73 "*Sacchi*" a.a.O. (FN 43) S.428 Rdnr.6

56 EuGH a.a.O. (FN 43) Rdnr.7/8

Diese Rechtsprechung hat das Gericht auf den Bereich des Kabelfernsehens ausgedehnt[57] und in weiteren Entscheidungen, allerdings ohne nähere Vertiefungen in der Sache, bekräftigt[58].

V. Bewertung der Argumente

Nach einer vorläufigen Bewertung der Argumente wird sich sagen lassen, daß der Rundfunksendebetrieb, so er sich überhaupt in eine der Alternativen Ware oder Dienstleistung pressen läßt, allein vom tatsächlichen Phänomen her eher der Struktur einer gemeinschaftsrechtlichen Dienstleistung nahekommt[59].
Doch sind in der soeben vorgetragenen Diskussion einige Aspekte untergegangen, die es noch zu klären gilt, bevor mit Sicherheit konstatiert werden kann, daß die Sendetätigkeit, unabhängig davon, daß man sie negativ aus dem Spektrum des Warenverkehrs ausgeschieden hat, positiv eine Dienstleistung darstellt.
Der Gerichtshof hat in keiner seiner Entscheidungen zur Sprache gebracht, welches die positiven Kennzeichen sind, die - abgesehen von der "Natur" der Sache - den Sendebetrieb in den Kreis der Dienstleistungen befördern[60].
Besonders in den Stellungnahmen der deutschen und der italienischen Regierung in der Rechtssache "*Sacchi*"[61] klang an, daß - zumindest der Rundfunk in öffentlich-rechtlicher Trägerschaft - eine gewisse Sonderstellung genieße, die es verbiete, seine Tätigkeit als bloße Dienstleistung anzusehen[62].
In der bisherigen Rechtsprechung fehlt jede Auseinandersetzung mit der Frage nach der Beziehung zwischen Erbringer und Empfänger einer Dienstleistung. Muß zwischen beiden eine Verbindung besonderer Qualität bestehen, die dann auch tatsächlich im Verhältnis zwischen Rundfunkveranstalter und -hörer nachzuweisen ist?
Die Frage der Entgeltlichkeit der Dienstleistung[63] fand bisher ebenfalls keine hinreichende Beachtung.
Möglicherweise läßt sich nach einer genaueren Untersuchung dieser beiden Fragen doch eine Sonderstellung des (öffentlich-rechtlichen) Rundfunks legitimieren, die seine

57 EuGH v.18.03.1980 RS 52/79 "*Debauve*" Slg.1980, S.833, 855 Rdnr.8
58 EuGH v.18.03.1980 RS 62/79 "*Coditel*" Slg.1980, S.881 ff.; v.06.10.1982 RS 262/81 "*Coditel II*" Slg.1982, S.3381 ff.; v.26.04.1988 RS 352/85 "*Bond van Adverteerders*" (noch nicht in Slg.) NJW 1989, S.2189 ff. - betreffend terrestrische Ausstrahlung sowie Übertragung via Fernmeldesatellit; dazu *Bueckling*, ZUM 1988, S.288 f.; *Reich* in Hoffmann-Riem (FN 7), S.224, 227; *Roth*, ZUM 1989, S.101, 105
59 Gänzlich ablehnend aber *Hilf*, MP 1987, S.73; *Räuker* und *Hilf*, ZUM 1985, S.314
60 so auch *Herrmann*, ZUM 1985, S.175 f. unter Betonung der "Fallbezogenheit" der bisherigen EuGH-Entscheidungen
61 vgl. oben S.5 FN 17 ff.
62 deutlich *Stoiber*, Bayernkurier v.23.04.1988
63 dazu jetzt aber EuGH v.26.04.1988 RS 352/85 "*Bond van Adverteerders*" (FN 58)

Tätigkeit aus dem Rang einer wirtschaftlichen Dienstleistung heraushebt und damit dem Regime des EWG-Vertrages entzieht.

VI. Notwendigkeit einer privatrechtlichen Beziehung zwischen Leistungserbringer und -empfänger?

1. Die Auffassung von BÖRNER

"*Wird jede Person, die rein faktisch irgendwie eine wohltätige Wirkung von der Tätigkeit eines anderen verspürt, schon damit Empfänger einer Leistung, einer Dienstleistung im Rechtssinne, oder fordert der Begriff der Dienstleistung zwischen Leistendem und Empfänger irgendeine Beziehung besonderer Art?*"[64]

Ausgehend von dem Begriff "Entgelt" entwickelt *Börner* die These, daß der Tatbestand der Dienstleistung einen gegenseitigen, synallagmatischen privatrechtlichen Vertrag zwischen Empfänger und Erbringer voraussetze. Es müsse jeweils derjenige das Entgelt entrichten, der auch Empfänger einer Leistung sei[65].
Zudem beinhalte der Begriff der Dienstleistung bereits eine bestimmte Zweckrichtung, denn der Dienstleistungserbringer beabsichtige von vornherein, einen abgegrenzten Personenkreis zu begünstigen[66].
Es sei folglich geboten, auf den Zweck des gesamten EWG-Vertrages und insbesondere seines Kapitels über die Dienstleistungsfreiheit, nämlich Beschränkungen des Abschlusses *privatrechtlicher* Verträge zu beseitigen, zu rekurrieren. Deshalb sei es ausgeschlossen, jeden, der nur rein tatsächlich eine Rundfunksendung empfangen könne, zugleich als Empfänger einer Dienstleistung i.S.d. Art.59 ff. EWGV anzusehen[67].

2. Kritik

Akzeptierte man die Thesen *Börners*, so führte dies zu einer mit dem Liberalisierungszweck des EWG-Vertrages nicht zu vereinbarenden Restriktion des Dienstleistungsbegriffs.

---

64 so in aller Deutlichkeit *Börner*, ZUM 1985, S.577, 578
65 *Börner* a.a.O. (FN 64), S.578; ablehnend *Mestmäcker* in ders.(FN 23), S.9, 25
66 *Börner* a.a.O. (FN 64), S.579
67 *Börner* a.a.O. (FN 64), S.580; in diesem Sinne auch *Jarass*, EuR 1986, S.75, 80; *Troberg* in Groeben u.a. (FN 36) Art.60 Anm.5, glaubt der Rechtsprechung des EuGH entnehmen zu können, daß auch dieser nur die gezielte Ausstrahlung in einen anderen Mitgliedstaat als Dienstleistung anerkennen will; a.A. aber die EG-Kommission im GRÜNBUCH (FN 1), S.113

Hauptangriffspunkt muß dabei das angebliche Erfordernis eines privatrechtlichen Vertrages zwischen Dienstleistungserbringer und -empfänger sein. Es wäre die Konsequenz dieser Auffassung, daß sämtliche öffentlich-rechtlich ausgestalteten Leistungsbeziehungen zwischen Verwaltung und Bürger damit dem Liberalisierungsgebot entzogen würden. Vergegenwärtigt man sich, welches Ermessen der (deutschen) Verwaltung offensteht, zwischen Handlungsformen des Privatrechts und solchen des öffentlichen Rechts zu wählen[68], so erkennt man, daß vielfältige Sachverhalte von erheblicher wirtschaftlicher Bedeutung aus dem Dienstleistungsbegriff ausgeklammert werden könnten. Hinzu kommt, daß die soeben vorgetragene Auffassung nur dann zu folgerichtigen Ergebnissen gelangen könnte, wenn die Entscheidung, wirtschaftliche Sachverhalte durch das Öffentliche Recht oder durch das Privatrecht zu regeln, bewußt und in Verfolg eines in sich schlüssigen und in allen Mitgliedstaaten praktizierten Systems getroffen würde. Dann ließe sich behaupten, daß mit einer öffentlich-rechtlichen Gestaltung eine Entscheidung gegen eine Anwendbarkeit des Dienstleistungsbegriffs gefällt worden wäre. In der Realität zeigt sich aber, daß diese Frage historisch wie rechtsvergleichend in einem hohen Maße von Zufälligkeiten geprägt ist[69].

3. Eigene Auffassung

Allein eine funktionale Betrachtungsweise wird der Zielsetzung des EWG-Vertrages gerecht[70].

Das beweist auch ein Blick auf die Vorschriften der Art.55 und 90 Abs.2 EWGV. Privilegiert nämlich Art.55 Abs.1 EWGV nur die in einem Über- Unterordnungsverhältnis ausgeübte hoheitliche Gewalt[71], so läßt sich dies als Hinweis darauf werten, daß schlicht-hoheitliche Betätigung der öffentlichen Hand, soweit sie einen wirtschaftlichen Schwerpunkt aufweist, dem Regime des EWG-Vertrages unterworfen ist[72]. In dieselbe Richtung deutet auch Art.90 Abs.2 EWGV, wenn er ausdrücklich die Geltung des gesamten Vertrages und nicht nur etwa der Wettbewerbsregeln auf solche Unternehmen anordnet, die Dienstleistungen von allgemeinem wirtschaftlichen Interesse darbieten[73].

---

68 dazu grundlegend *Ehlers*, Verwaltung in Privatrechtsform, S.74 ff.; *Erichsen* in Erichsen/Martens (Hrsg.): Allgemeines Verwaltungsrecht, S.356 ff.

69 *Gerth*, ZUM 1985, S.601

70 *Schwartz* in Magiera (FN 10), S.121, 129; vgl. auch *Mestmäcker* in ders. (FN 23), S.9, 25

71 *Klinge*, Die Begriffe "Beschäftigung in der öffentlichen Verwaltung" und "Ausübung öffentlicher Gewalt" im Gemeinschaftsrecht, S.227 ff.; anders *Kranz*, Die Ausübung öffentlicher Gewalt durch Private nach dem Europäischen Gemeinschaftsrecht, S.371 ff., der zwischen "erwerbswirtschaftlicher" bzw. "nicht-erwerbswirtschaftlicher" Tätigkeit differenziert

72 vgl. *Deringer*, ZUM 1986, S.627, 634

73 vgl. dazu etwa *Pernice* in Grabitz (FN 26) Art.90 Anm.51 ff.

Die privatrechtliche Natur einer Rechtsbeziehung, eines Vertrages, kann demnach nicht Anwendungsvoraussetzung des EWG-Vertrages sein[74].

VII. Begünstigte der Rundfunksendetätigkeit

1. Vorbemerkung

Rundfunksendetätigkeit sei schon deshalb keine Dienstleistung, weil eine Dienstleistung kein "gemeinrechtlicher jactus missilium" sei, sondern stets den Zweck in sich trage, einen abgegrenzten Personenkreis zu begünstigen[75].
Es wird sich deshalb in einer genauen Untersuchung der Verhältnisse der an einer Rundfunksendung beteiligten und interessierten Personen unter Berücksichtigung der verschiedenen technischen Tatbestände zu erweisen haben, inwieweit dieser Vorwurf den tatsächlichen Gegebenheiten gerecht wird.
Zunächst soll, um den unterschiedlichen Aufgaben Rechnung zu tragen, eine Differenzierung zwischen öffentlich-rechtlichem und privatem Rundfunk stattfinden. Danach sollen, soweit dies erforderlich ist, Abonnements- und Kabelfernsehen gesondert untersucht werden[76].

2. Öffentlich-rechtlicher Rundfunk

Zum Empfang von Satellitendirektprogrammen benötigt der private Letztempfänger eine Parabol- anstelle der konventionellen Antenne. Dieser nur technische Unterschied gestattet eine gemeinsame Betrachtung beider Sachverhalte. Wegen seiner andersartigen Funktion muß allerdings der Kabelrundfunk getrennt dargestellt werden.
Innerhalb der Sendetätigkeit bietet sich eine Zweiteilung an. Den bildenden, informierenden und unterhaltenden Sendungen auf der einen Seite steht die Ausstrahlung von Werbemitteilungen auf der anderen Seite gegenüber.

a) Nichtkommerzielle Ausstrahlungen

aa) Versorgungsbereich

74 *Bleckmann*, EuR 1987, S.28, 32; vgl. auch EuGH RS 41/83 "*British Telecom*" Slg.1985, S.873, 885 Rdnr.17. Dort stellt der Gerichtshof auf die funktionale Austauschbarkeit von autonom erlassenen Benutzungsordnungen, sog. "schemes", der BT und zivilrechtlichen Vertragsbestimmungen ab.

75 *Börner* a.a.O. (FN 64), S.579

76 Eine detaillierte Einführung in die neuen Medientechniken liefert *Berg* in Wolfrum (Hrsg.): Recht auf Information - Schutz vor Information, S.11 ff.

Die deutschen öffentlich-rechtlichen Rundfunkanstalten haben einen ihnen zugewiesenen Versorgungsbereich flächendeckend zu überstrahlen[77]. Dieser umfaßt regelmäßig ein, für Gemeinschaftsanstalten mehrere und für das ZDF sämtliche Bundesländer[78]. Innerhalb dieses Gebietes sind alle Rezipienten angesprochen, da ihnen gegenüber der gesetzliche Versorgungsauftrag besteht[79], das gesamte Meinungs- und Interessenspektrum widerzuspiegeln[80].

bb) Direktempfangsbereich

Der - über den Versorgungsbereich hinausgehende - Direktempfangsbereich ist technisch unvermeidbare Folge einer ausreichenden Empfangsqualität im Versorgungsbereich.

Den dort ansässigen Personen gegenüber besteht kein Versorgungsauftrag; auf sie ist das Programm regelmäßig nicht mehr zugeschnitten.
Dies zeigt deutlich ein Blick auf die von den ARD-Rundfunkanstalten dargebotenen Regionalprogramme sowie auf den Inhalt der dritten Fernsehprogramme. Programmteile von nur regionalem oder lokalem Charakter genießen dort einen überproportionalen Stellenwert; deren Bedeutung für andere Gebiete ist eher gering[81].
Insofern läßt sich von einer rein faktischen Begünstigung der in einem Direktempfangsgebiet außerhalb des Versorgungsgebietes lebenden Rundfunkhörer sprechen[82].

---

77 *Seidel* in Scherer (FN 6), S.133, 139

78 *v.Mangoldt/Klein/Starck* (FN 18) Art.5 Anm.84; vgl. etwa für den NDR §§ 9, 1 Staatsvertrag über die Errichtung einer gemeinsamen Rundfunkanstalt für Niedersachsen, Hamburg und Schleswig-Holstein (NdsGVBl.1980, S.481 ff.); für den SR § 1 des Gesetzes über die Veranstaltung von Rundfunksendungen im Saarland (GVRS) v.02.12.1964 (Saarl. Amtsblatt S.1111 ff.) i.d.F.d.Bek. v.01.09.1968 (Saarl. Amtsblatt S.558 ff.)
Anders für Deutschlandfunk und Deutsche Welle, die Programme auch bzw. ausschließlich für das europäische Ausland ausstrahlen, vgl. §§ 1, 5 Gesetz über die Errichtung der Rundfunkanstalten des Bundes (BGBl.1960 I S.862 ff.); alle Rechtsgrundlagen sind abgedruckt bei *Götz von Olenhusen*, Rundfunkrecht (UFITA ed.69/1); dazu *Kühn* in Schwarze (FN 7), S.153, 155 f.; *Stammler*, ZUM 1988, S.274, 280 ff.

79 vgl. insbesondere BVerfGE 73, S.118, 158 "*LRG Niedersachsen*"

80 *Bullinger* in Kirchhof/Isensee (Hrsg.): Handbuch des Staatsrechts, Bd VI, S.667, 706

81 siehe insbesondere die lokalen Nachrichtensendungen

82 vgl. *Seidel*, Referat auf der Tagung des Arbeitskreises Europäische Integration v.08.-10.09.1987 in Augsburg, (nicht veröffentlicht), dokumentiert im Tagungsbericht von *Cludius*, Europäische Integration 1988, Heft 14/15, S.26, 36

cc) Andere Gebiete

Außerhalb des Direktempfangsbereiches scheidet eine Begünstigung von vornherein aus. Hier wird die Tätigkeit der Kabelunternehmer relevant.

dd) Gebietsunabhängig

Ohne daß es auf das konkrete Gebiet ankäme, liegt in der Ausstrahlung des eigentlichen "Grundversorgungsprogrammes" zugleich eine Tätigkeit, die die werbungtreibenden Unternehmen begünstigen soll. Das eigentliche redaktionelle Programm ist - aus deren Sicht - Trägermedium für die Werbemitteilungen. Nur über ein attraktives Gesamtprogramm kann der Rezipient animiert werden, einen bestimmten Sender zu wählen, und auf diesem Wege die Werbemitteilungen zur Kenntnis zu nehmen[83].

ee) Zwischenergebnis

In der Ausstrahlung der nichtkommerziellen Programmteile der öffentlich-rechtlichen Rundfunkanstalten liegt eine zielgerichtete Begünstigung sowohl der Bevölkerung im Versorgungsbereich als auch der werbenden Unternehmen.

b) Kommerzielle Ausstrahlungen (Werbemitteilungen)

aa) Private Rundfunkteilnehmer

Aus der Perspektive des Teilnehmers ließe sich die Werbemitteilung auf eine Stufe mit der unerbeten in den Briefkasten flatternden Massendrucksache stellen[84].
Andererseits darf der informierende Charakter einer Werbemitteilung nicht unterbewertet werden[85]. Der Hörer gewinnt ein Stück Markttransparenz, erhält Kenntnis von Produktinnovationen und Marktentwicklungen[86].

---

83 dazu *Henning-Bodewig*, GRUR Int.1987, S.538, 539; *Klaue* in Mestmäcker (FN 23), S.385, 392; Deutscher Bundestag, Sten.Ber. 8.WP, 227.Sitzung v.27.06.1980, S.18431 ff., insbesondere Dr. *Nöbel*, S.18435 ff.

84 vgl. *Bueckling*, ZUM 1988, S.288, 290 "Dis-Service"

85 ganz anders als hier *Heringer* a.a.O. (FN 1), S.124

86 Monopolkommission, Sondergutachten 11, S.25 Tz 33, 34 für Werbung generell, zweifelnd aber speziell hinsichtlich der Funkwerbung; nach einer im Jahre 1987 von *Ifak* und *Marplan* durchgeführten Repräsentativbefragunng schätzten 56 % der erwachsenen Bevölkerung Werbung als hilfreich für den Verbraucher ein; noch immerhin 49 % empfanden Werbung als "ganz unterhaltsam", zitiert nach Markenverband, Jahresbericht 1987/88, S.25

Entscheidend ist aber, daß dem Verbraucher, ebenso wie er seinen Briefkasten durch einen Aufkleber gegen Werbeschriften sperren kann[87], der Griff zum Einschaltknopf freisteht, wenn er der auf ihn einströmenden Reize überdrüssig ist.
Außerdem ist dem Hörer durchaus bewußt, daß die Werbesendungen ihn - zumindest mittelbar - begünstigen. Die von den Unternehmen bezahlten Werbungspreise finanzieren wesentliche Teile des ausgestrahlten nichtkommerziellen Programms, so daß die Finanzierung über Rundfunkgebühren entlastet wird[88].

bb) Werbende Unternehmen

Hauptzweck der Werbemitteilungen bleibt natürlich die Förderung des Absatzes der werbenden Unternehmen. Daher erfolgen die Werbeausstrahlungen natürlich primär zu dem Zweck, die Werbeaufträge auszuführen und den Unternehmen wirtschaftliche Vorteile zu verschaffen.

cc) Zwischenergebnis

Die von öffentlich-rechtlichen Anstalten ausgestrahlten Werbemitteilungen bezwekken gleichfalls die Begünstigung von Empfänger und werbendem Unternehmen.

3. Privater Rundfunk

Wesentlicher Unterschied gegenüber dem öffentlich-rechtlichen Rundfunk ist allein die Tatsache, daß private Veranstalter keinen gesetzlich zugewiesenen Versorgungsbereich zu bedienen haben, sondern gewillt sind, alle Rezipienten innerhalb ihres selbst definierten Sendegebietes anzusprechen[89].

---

87 vgl. BGH v.20.12.1988 - VI ZR 182/88 = BGHZ 106, S.229 ff.

88 vgl. *Badura*, Rundfunkfreiheit und Finanzautonomie, S.20; *Herrmann*, Fernsehen und Hörfunk in der Verfassung der Bundesrepublik Deutschland, S.300 m.w.N.; dazu heißt es im Jahresbericht 1987/88 des Markenverbandes, S.1: "Wenn die Kommission zur Ermittlung des Finanzbedarfs der Rundfunkanstalten vorschlägt, die Rundfunkgebühren um DM 2.-- zu erhöhen, so gibt es eine sehr einfache Alternative - die Verlängerung der täglichen Werbezeit um gerade 5 Minuten."

89 Limitierung durch Lizenz oder Statut. Das Sendegebiet bleibt dabei regelmäßig auf ein Bundesland beschränkt, da eine Kompetenz der Landesregierung zur Erteilung einer Genehmigung, die über ihr Gebiet hinausgeht, nicht besteht.
(vgl. z.B. § 5 Abs.1 Nr.2, Abs.2 LRG Schl.-H. [GVBl. Schl.-Holst. 1984, S.214 ff.]: Rundfunkprogramme sollen landesweit verbreitet werden); *Ricker*, Die Einspeisung von Rundfunkprogrammen in Kabelanlagen aus verfassungsrechtlicher Sicht, S.43

a) Begünstigung aller erreichbaren Teilnehmer

Infolge der reinen Finanzierung über Werbeeinnahmen wird man hier sagen können, daß alle Personen begünstigt werden sollen, die tatsächlich ohne besonderen Empfangsaufwand die Programme empfangen können.

b) Gemeinsamkeiten mit öffentlich-rechtlichem Rundfunk

Ansonsten gelten sowohl hinsichtlich der kommerziellen als auch hinsichtlich der redaktionellen Programmteile die für die öffentlich-rechtlichen Anstalten gewonnenen Ergebnisse entsprechend.

4. Pay-TV (Abonnementsfernsehen)

Abonnementsfernsehen funktioniert nach dem Prinzip, daß der Veranstalter codierte Signale aussendet, die mit Hilfe eines im Empfangsgerät des Abonnenten installierten Decoders wahrnehmbar gemacht werden[90]. Für die Überlassung des Decoders hat der Abonnent eine Nutzungsgebühr zu entrichten.
Technisch können die Signale terrestrisch, direktsatellitisch oder via Kabel zum Abonnenten geführt werden.
Neben der üblichen privaten Trägerschaft wäre auch eine Veranstaltung in öffentlich-rechtlicher Regie denkbar.
Das Programm beinhaltet regelmäßig keine Werbung.

a) Werbungsfreie Ausstrahlungen

Das Verhältnis zwischen Veranstalter und Abonnent entspricht sogar dem engsten vertretenen Dienstleistungsbegriff[91]: Der Abonnent wird auf der Grundlage eines privatrechtlichen gegenseitigen Vertrages gegen Zahlung eines Entgeltes zielgerichtet versorgt.

90 Zum Modellversuch "*Teleclub Hannover*" *Greiffenberg* in Mestmäcker (FN 23), S.311, 335 mit Anm.21;
Der italienische Medienzar *Silvio Berlusconi* plant für 1990 den Start eines Pay-TV-Kanals in Italien, der sich ab 900.000 Abonnenten bei einer Tagesgebühr von Lit. 1.000.-- selbst tragen soll, HB v.05.07.1989, S.18

91 *Börner*, ZUM 1985, S.577 ff.; vgl. dazu auch *Mestmäcker* in ders. (FN 23), S.9, 25

b) Werbemitteilungen

Enthält das Programm ausnahmsweise werbliche Teile, so gilt auch hier der soeben beschriebene Mechanismus[92].

5. Kabelrundfunk

Kabelrundfunk kann sowohl in öffentlich-rechtlicher wie in privater Trägerschaft veranstaltet werden.
Auf der technischen Seite gilt es zwei Alternativen zu beschreiben.
Einmal kann der Kabelanschluß zu einer Erweiterung des Programmangebotes zugunsten des Teilnehmers führen. Dies kann entweder durch Einspeisung terrestrisch oder satellitisch nicht empfangbarer, d.h. gebietsfremder Sender (bei zeitgleicher, unveränderter und vollständiger Einspeisung) oder im Wege der Wahrnehmung eigener Programmfunktionen bewerkstelligt werden (zeitversetzte, veränderte und / oder unvollständige Einspeisung)[93].
Eine andere Funktion füllt der Kabelanschluß im sog. Direktempfangsgebiet aus. Dort hebt er die Qualität von Ton- und Bildempfang. Erbracht wird also eine rein technische Dienstleistung.
Für die hier verfolgten Zwecke muß eine Trennung zwischen unmittelbarer, dekkungsgleicher Einspeisung und der Wahrnehmung eigener Programmfunktionen durch das Kabelunternehmen zugrundegelegt werden.

a) Unveränderte, zeitgleiche und vollständige Einspeisung (Passiver Kabelrundfunk)

aa) Terrestrische oder satellitische Ausstrahlung von seiten des Erstsenders[94]

(α) Direktempfangsbereich[95]

---

92 vgl. unter 3. b)

93 Dann zeigt sich die Parallele zum kabelverteilten Abonnementsfernsehen

94 Die Grundsätze von oben 2.b) und 3.b) für das Verhältnis des **Erst**senders zum Empfänger bzw. zum Werbenden bleiben von der nachfolgenden Kabeleinspeisung unberührt. Hier werden nur die weiteren, zu jenen hinzutretenden zielgerichteten Begünstigungen der Beteiligten infolge der nachgeschalteten Kabeleinspeisung analysiert. Deshalb kann hier auf eine Unterscheidung nach der Rundfunkträgerschaft und, daran anknüpfend, von Versorgungsgebiet und sonstigen Gebieten verzichtet werden.

95 Von der Gemeinschaftsantennenanlage unterscheidet sich dieser Fall nur dadurch, daß hier der "Kopf" ein selbständiger Kabelunternehmer ist und nicht eine von allen Rezipienten unterhaltene gemeinsame technische Einrichtung; es handelt sich um das Kabelsystem eines vom Empfänger unterschiedlichen Rechtsträgers; vgl. dazu *Ory*, ZUM 1986, S.578, 583

(1) Verhältnis des Kabelunternehmers zum Teilnehmer

Der Teilnehmer kann in diesem Gebiet das Programm des Erstsenders zugleich auf konventionellem Wege empfangen, so daß sich die vom Kabelunternehmer gewährte Begünstigung auf eine Optimierung des Bild- und Tonempfanges reduziert.

(2) Verhältnis des Kabelunternehmers zum Erstsender

(a) Vergütung

Denkbar ist zunächst der Fall, daß der Erstsender den Kabelunternehmer zur Einspeisung veranlaßt, ggfs. dafür sogar eine Vergütung gewährt. Kann der Erstsender auf diese Weise ein größeres Publikum erreichen, so wird er zugleich seine Werbeeinnahmen steigern können[96].
Die Einspeisung erweist sich folglich als eine Begünstigung auch des Erstsendeunternehmens[97].

(b) Übertragung der Senderechte

Die nächste Alternative ist die Übertragung der Senderechte vom Erstsender an den Kabelunternehmer[98].
Damit begünstigt der Ursprungssender sowohl den Kabelunternehmer als auch den Werbenden, dessen Werbemittei- lung ein größeres Teilnehmerfeld erreicht.

(c) Keine Vereinbarung

Es bleibt als letzte Alternative die in der Praxis zu beobachtende rein tatsächliche Einspeisung ohne rechtliche Vereinbarungen zwischen Erstsendeunternehmen und Kabelunternehmer zu nennen.
Hier ließe sich ebenfalls eine Begünstigung des Ursprungssenders diskutieren, sofern dieser sich die Einspeisung zwecks Erhöhung seiner Werbeeinnahmen zunutze machen kann[99].

---

96 Praktische Wirkung wird diese Alternative allerdings nur im sog. Nichtempfangsbereich gewinnen können, wo konventionelle Antennentechnik zum Empfang des Erstsenders nicht ausreicht, also tatsächlich neue Rezipienten erschlossen werden.

97 In diesem Sinne auch EuGH RS 352/85 "Bond van Adverteerders" (FN 58)

98 Diese Tätigkeit soll hier allerdings nicht weiter interessieren, da es sich nicht um Sendetätigkeit im eigentlichen Sinne handelt; vgl. dazu GRÜNBUCH (FN 1), S.114; *Börner*, ZUM 1985, S.577, 584

99 vgl. *Jarass*, EuR 1986, S.75, 80

Es bereitet indes Schwierigkeiten, eine bewußte Begünstigung des Erstsenders zu begründen[100]. In diesem Fall will der Kabelunternehmer regelmäßig allein zugunsten der ihm angeschlossenen Teilnehmer handeln. Dieses Han- deln erzeugt einen positiven Reflex für den Ausgangssender, der aber nicht die Qualität einer zielgerichte- ten Begünstigung erreicht.

(3) Verhältnis des Werbenden zum Kabelunternehmer

Auch hier sollen zwei - eher theoretische - Modelle vorgestellt werden.

(a) Einspeisungsverpflichtung

Sofern der Kabelunternehmer sich dem Werbenden gegenüber zu einer Einspeisung verpflichtet hat, bezweckt sein Handeln zugleich eine bewußte Begünstigung des Werbenden.

(b) Keine Vereinbarung

Die rein tatsächliche Einspeisung ist im Verhältnis zum Werbenden ebenso zu bewerten, wie im Verhältnis zum Erstsendeunternehmen[101].

(ß) Nichtempfangsbereich

(1) Verhältnis des Kabelunternehmers zum Teilnehmer

Die Einspeisung gebietsfremder Sender erweitert den Strauß der Programme, aus dem der Kabelteilnehmer auswählen kann. Daneben fällt die Schaffung hervorragender Bild- und Tonqualität, die im Direktempfangsbereich überhaupt die Begünstigung ausmacht[102], mangels Unterscheidbarkeit gar nicht ins Gewicht.

(2) Sonstige Verhältnisse

Für die anderen, soeben analysierten Verhältnisse, entstehen im Nichtempfangsbereich keine Abweichungen gegenüber den obigen Ergebnissen.

---

100 denn dann gäbe es regelmäßig eine Vereinbarung, so daß Fall (a) anzunehmen wäre

101 vgl. soeben a) aa)α)(2) (c)

102 vgl. oben S.37 f., a) aa) α)(1)

Eigentlich sind indes nur die unter α) (2) (a) und (3) (a) beschriebenen vom Erstsender bzw. Werbenden veranlaßten Einspeisungen wirtschaftlich interessant, weil nur hier neue Werbeadressaten erschlossen werden können.

bb) Erstausstrahlung per Richtfunk bzw. via Fernmeldesatellit oder Heranführung per Kabel

Im Verhältnis zu aa) entsteht nur ein Unterschied:
Der Empfang von Signalen, die über eine Richtfunkstrecke übermittelt werden (Punkt-zu-Punkt-Übertragung), sowie der Empfang solcher Signale, die von einem Fernmeldesatelliten abgestrahlt werden, erfordert einen besonderen technischen Aufwand, hier des sein Netz versorgenden Kabelunternehmers. Diese Signale sind regelmäßig nicht für den letzten privaten Empfänger vorgesehen, sondern werden diesem erst im Wege terrestrischer- Weitersendung oder per Kabeleinspeisung von einem zwischengeschalteten Sendeunternehmen zugänglich gemacht.
Vom technischen Sachverhalt her ist deshalb eine Vergleichbarkeit mit dem Fall einer Kabeleinspeisung eines terrestrisch oder satellitisch verbreiteten Programmes **außerhalb** des Direktempfangsbereiches zu erkennen, so daß die Beziehungen der Beteiligten zueinander denjenigen gleichen, die unter 5) a) aa) ß) herausgearbeitet wurden[103].

b) Veränderte, unvollständige und/oder zeitversetzte Kabeleinspeisung (Aktiver Kabelrundfunk)
(Kabelrundfunk mit redaktioneller Betätigung des Kabelunternehmers)

aa) Vorbemerkung

Im Unterschied zur Programmweiterverteilung ohne redaktionelle Betätigung wirkt der Kabelunternehmer hier selbst auf das eingespeiste Programm ein. Sofern der Kabelunternehmer selbständige Programmfunktionen wahrnimmt, wird er selbst zum Sender im technischen und rechtlichen Sinne[104] [105]. Die Ausstrahlung von seiten des

---

103 vgl. soeben

104 "aktiver Kabelfunk", *Seidel* in Schwarze (FN 7), S.121, 143; vgl. *Degenhart*, EuGRZ 1983, S.205, 214; *Herrmann*, GRUR Int. 1984, S.578, 588 m.w.N. in FN 80; dazu auch *Hoffmann-Riem*, FS Wassermann, S.455, 470 ff.

105 Der Netzbetreiber wird zum "Operator", *Ory*, ZUM 1986, S.578, 583; *Ricker* a.a.O. (FN 89), S.32

Erstsenders tritt demgegenüber, unabhängig von der technischen Übermittlungsart, vollständig in den Hintergrund[106].

Daher braucht eine Differenzierung nach technischen Übertragungsverfahren auf der Zubringerstrecke, Rundfunkträgerschaft beim Ursprungswie beim Kabelsender sowie zwischen kommerziellen und nicht-kommerziellen Programmteilen nicht durchgeführt zu werden.

bb) Unterschied zur Einspeisung ohne redaktionelle Betätigung

Mit dieser Vorbemerkung ist der einzige Unterschied zur Kabeleinspeisung ohne Wahrnehmung eigener Programmfunktionen markiert.

Er findet sich im Verhältnis zwischen Kabelunternehmer und -teilnehmer und besteht darin, daß die den Kabelteilnehmer begünstigende Tätigkeit nicht nur im Nichtempfangsbereich, sondern auch im Direktempfangsbereich des Erstsenders in einer Erweiterung des Programmangebotes zu sehen ist.

cc) Gemeinsamkeiten

Für die übrigen Beziehungen gelten die oben abgeleiteten Befunde entsprechend[107].

VIII. Ergebnis

Das Ergebnis vorstehender Überlegungen läßt sich wie folgt zusammenfassen:

1. Rundfunkausstrahlungen sowohl öffentlich-rechtlicher als auch privater Veranstalter bezwecken stets und unabhängig von der angewandten Übertragungstechnik die Begünstigung eines bestimmten abgrenzbaren Personenkreises. Dies gilt gleichermaßen für kommerzielle und nicht-kommerzielle Programminhalte.
2. Insofern sind auch Rundfunksendungen für einen Empfängerkreis bestimmt; ihnen wohnt eine Zweckrichtung inne.

---

106 Hierbei kann unberücksichtigt bleiben, daß ggfs. der private Teilnehmer - im Direktempfangsbereich - neben der Begünstigung durch den Kabelunternehmer als weitere Begünstigung das Programm des Erstsenders terrestrisch oder via Satellit ins Haus erhält.

107 vgl. oben S.36 ff., 5. a)

3. Das Argument, Rundfunksendungen könnten schon mangels einer bestimmten Leistungsrichtung nicht als Dienstleistungen angesehen werden, erweist sich deshalb als nicht tragfähig[108].

IX. Entgeltlichkeit der Dienstleistung

Es bleibt zu untersuchen, ob Rundfunksendungen regelmäßig gegen Entgelt i.S.d. Art.60 Abs.1 EWGV ausgestrahlt werden.

1. Präzisierung des Begriffs Entgelt

Die EWG ist als Wirtschaftsgemeinschaft gegründet worden, so daß nur solche Dienstleistungen dem Regime des EWG-Vertrages unterliegen, die "in der Regel" gegen Entgelt erbracht werden.
Leider grenzt der unscharfe Begriff "Entgelt" die tatsächlich gemeinten Dienstleistungen nicht mit der notwendigen Genauigkeit ab, zumal auch unentgeltliche Dienstleistungen von den Vertragsvorschriften erfaßt werden können.
Als kleinster gemeinsamer Nenner wird sich aber feststellen lassen, daß eine Leistungserbringung gegen Entgelt mit der Verfolgung eines Erwerbszwecks, der Teilnahme am gewerblichen Leben, gleichzusetzen ist[109]. Eine Grenze ist folglich dort zu ziehen, wo mit einer Tätigkeit überhaupt kein Erwerbszweck verfolgt wird. Solche Tätigkeiten bilden die Ausnahme; diese ist, macht man Ernst mit einer gemeinschaftsfreundlichen Rechtsanwendung, eng zu umgrenzen[110].
So ist es geboten, auch solche Unternehmungen, die sich zwar nicht ausschließlich vom Prinzip der Gewinnmaximierung leiten lassen, aber dennoch Überschüsse erwirtschaften, in den Anwendungsbereich der Dienstleistungsfreiheit einzubeziehen[111]. Dasselbe muß für solche Wirtschaftseinheiten gelten, die zwar ihrem Statut nach gemeinnützig sind, indes Funktionen ausüben, die auch von anderen, gewerbli-

---

108 vgl. auch das Beispiel bei *Deringer*, ZUM 1986, S.627, 636: auch Anzeigen in Illustrierten werden einer unbestimmten Anzahl von Empfängern angeboten - unabhängig davon, ob diese sie auch berücksichtigen.

109 *Randelzhofer* in Grabitz (FN 26) Art.52 Anm.13; *Steindorff*, NJW 1982, S.1902, 1903

110 bzw."...(muß) die Definition im weitesten Sinne ausgelegt werden", *Everling*, Das Niederlassungsrecht im Gemeinsamen Markt, S.34

111 Freiberufliche Tätigkeiten (Ärzte, Rechtsanwälte) fallen auch unter die Dienstleistungsfreiheit, obwohl gerade diese idealtypisch nicht vom Gewinnprinzip beherrscht werden, GRÜNBUCH (FN 1), S.106; *Reinert*, a.a.O. (FN 9), S.179

chen Unternehmen wahrgenommen werden[112], und zwar besonders dann, wenn sie mit diesen im Wettbewerb stehen[113].

Diese Grundlinien verdeutlichen, daß es denkbar ist, sowohl die Einnahmenerzielung der öffentlich-rechtlichen wie auch der privaten Veranstalter als die Erhebung eines Entgeltes anzusehen.

Es bietet sich deshalb an, im weiteren den Entgeltcharakter für jedes Teilnehmerverhältnis gesondert festzustellen und dabei wiederum nach der Trägerschaft und - soweit erforderlich - nach der Art der Verbreitung zu unterscheiden.

2. Identität von Leistungsempfänger und Entgeltpflichtigem erforderlich ?

Zuvor gilt es aber eine Frage grundsätzlicher Art zu beantworten, deren Ergebnis Einfluß auf die Qualifizierung sämtlicher Hörer-/Senderverhältnisse haben wird.

Art.60 Abs.1 EWGV läßt nicht erkennen, wer das Entgelt zu entrichten hat. Müssen Leistungsempfänger und Entgeltpflichtiger identisch sein[114], oder genießt Dienstleistungsfreiheit auch jene Dienstleistung, die von einer vom Empfänger verschiedenen Person vergütet wird?

Der Wortlaut des Art.60 Abs.1 EWGV enthält insoweit keinerlei Hinweis. Eine an den Zielen des EWG-Vertrages orientierte funktionale Auslegung muß diese Frage entscheiden.

Oben wurde bereits näher begründet, daß der Dienstleistungsbegriff weder einen privatrechtlichen Vertrag noch eine auch nur wirtschaftliche Beziehung zwischen Leistungserbringer und -empfänger beinhaltet[115].

Dazu offenbarte sich ein unauflösbarer Widerspruch, wenn man eine Personenidentität für unentbehrlich erachtete; diese wäre dann exakt die vorher ausgeschlossene wirtschaftliche Verbindung.

Ein solches Erfordernis klammerte, ohne daß dies sachnotwendig oder systematisch zwingend wäre, wichtige Bereiche wirtschaftlicher Betätigung aus dem Schutzbereich der Dienstleistungsfreiheit aus. Das gälte etwa für das gesamte Spektrum der von Versicherern bezahlten Leistungen. Sei es, daß der Rechtsschutzversicherer die Tätigkeit des Rechtsanwaltes zugunsten des Mandanten bezahlt oder die Krankenkasse dem Optiker die Herstellung der Brille für den Versicherten entlohnt: beide könnten keine Dienstleistungsfreiheit für sich in Anspruch nehmen.

---

112 Man denke an gemeinnützige Wohnungsbauunternehmen und Versicherungsvereine auf Gegenseitigkeit, vgl. *Everling* a.a.O. (FN 110), S.33 ff.

113 *Troberg* in Groeben u.a. (FN 36) Vorb. Art.52-58 Anm.7; *Schwartz* in Schwarze (FN 7), S.45, 53

114 so *Heringer* a.a.O. (FN 1), S.121, 125 und passim

115 vgl. oben S.30 gegen *Börner*, ZUM 1985, S.577, 579

Angesichts der heute anzutreffenden wirtschaftlichen Größenordnungen im Versicherungswesen wäre entgegen der Auffangfunktion des Art.60 Abs.1 EWGV eine Dienstleistung eher eine Ausnahme; es entstünden für das Gemeinschaftsrecht nicht akzeptable Schutzdefizite.

3. Zwischenergebnis

Aus diesen Gründen muß den tatbestandlichen Voraussetzungen der Art.59, 60 EWGV bereits dann Genüge getan sein, wenn überhaupt eine Bezahlung der Leistung stattfindet[116]; ob diese Zahlung direkt vom Leistungsempfänger oder mittelbar über einen Dritten geleistet wird, ob ein Dritter überhaupt die Leistung ganz oder teilweise vergütet, ist gemeinschaftsrechtlich ohne Belang[117]. Aus diesem Verständnis erhellt zugleich, daß es nicht darauf ankommen kann, ob gerade die Grenzüberschreitung der Leistung ein Entgelt auslöst[118].

4. Entgeltlichkeit des öffentlich-rechtlichen Rundfunks

Eine Unterscheidung der technischen Sachverhalte (terrestrische/direktsatellitische Ausstrahlung) ist hier nicht angezeigt. Lediglich der Kabelrundfunk muß ausgeklammert bleiben, denn auch wenn er in öffentlich-rechtlicher Regie veranstaltet wird[119], rechtfertigt sich eine besondere Betrachtung daraus, daß der Kabelteilnehmer neben der Rundfunkgebühr eine zusätzliche Kabelanschlußgebühr abzuführen hat.

a) Rundfunkgebühr als Entgelt

Jeder deutsche Rundfunkteilnehmer hat eine öffentlich-rechtliche Rundfunkgebühr zu entrichten. Bereits das Bereithalten eines Radio- oder Fernsehgerätes zum Empfang begründet in der Bundesrepublik Deutschland die Gebührenpflicht, sofern nicht der

116 *Bueckling*, DRiZ 1985, S.431, 432; *Mestmäcker* in ders. (FN 23), S.9, 26

117 EuGH RS 352/85 "*Bond van Adverteerders*", S.11 der hektographierten französischen Fassung, Rdnr.16; *Schwartz* in Schwarze (FN 7), S.45, 61; GRÜNBUCH (FN 1), S.106 f.; *Gerth*, Diskussionsbericht, ZUM 1985, S.601; *Schwartz*, MA 1988, S.423, 424; *Reich*, RuF 1989, S.305, 307 f.

118 *Ipsen* a.a.O. (FN 9), S.86; *Schwartz* in Schwarze (FN 7), S.45, 63; *Deringer*, ZUM 1986, S.627, 636; a.A. *Jarass*, EuR 1986, S.75, 80, der diese Prämisse auch der Rechtsprechung des EuGH in der RS 52/79 "*Debauve*" entnehmen will; deutlich anders hat sich allerdings der Gerichtshof in der RS 352/85 "*Bond van Adverteerders*" a.a.O. (FN 117) ausgesprochen

119 also regelmäßig durch die Postverwaltungen, vgl. *Schwarz*, FS für Wolf Schwarz (UFITA 77), S.75

Teilnehmer als Familienangehöriger oder kraft Verwaltungsaktes ausdrücklich hiervon befreit ist[120].

Oben wurde bereits darauf hingewiesen, daß öffentlich-rechtlich ausgestaltete Benutzungsverhältnisse nicht per se aus dem EWG-Vertrag herausfallen[121]; daher kann mit diesem Argument der Entgeltcharakter der Rundfunkgebühr nicht geleugnet werden[122].

Ein weiteres Argument mag diesen Befund verdeutlichen[123]: Würde etwa die gesamte Wasserversorgung so geregelt, daß jeder unentgeltlich Wasser geliefert erhielte, aber andererseits eine allgemeine Abgabe zu bezahlen wäre, deren Höhe nicht gestaffelt nach dem Verbrauch berechnet wird, könnte auf diese Weise die Wasserversorgung dem EWG-Vertrag entzogen werden, wenn auch der wirtschaftliche Hintergrund identisch bleibt.

Für den Regelfall muß deshalb die Form der Entgeltentrichtung irrelevant sein. Grundsätzlich kann ein Entgelt zur Vertragserfüllung, als Mitgliedsbeitrag oder als Gebühr begeben, als steuerähnliche Abgabe erhoben oder als Zuweisung aus öffentlichen Mitteln aufgebracht werden[124].

Ergänzend könnte man den Gedanken fruchtbar machen, daß der Begriff des Entgelts nicht notwendig den Begriff des Gewinns oder eine darauf gerichtete Absicht in sich trägt, und deshalb zu dem Schluß gelangen, Rundfunkgebühren fungierten im wesentlichen als Entgelt für dargebotene Programmleistungen[125].

b) Kritik

Fraglich ist aber, ob diese Bewertung der Funktion und Struktur der Rundfunkgebühr gerecht wird.

Als erste Besonderheit muß auf die Tatbestandlichkeit der Gebührenerhebung hingewiesen werden. Die an das Bereithalten eines Endgerätes geknüpfte Gebührenpflicht installiert einen Automatismus, nach dem der Gebührenanspruch auch dann entsteht, wenn der Betroffene sein Empfangsgerät entweder überhaupt nicht benutzt oder aber auf den Empfang öffentlich-rechtlicher Programme verzichtet, weil er das Angebot privater, nicht gebührenfinanzierter Sender bevorzugt[126]. So drängt sich eher die Vermutung auf, daß die Rundfunkgebühr eine gerätebezogene öffentlich-rechtliche Lizenz

120 vgl. *Hoffmann-Riem*, Anmerkung zu BayVGH v.07.07.1988, JZ 1989, S.247, 248 f.; *Bullinger* in Kirchhof/Isensee (FN 80), S.667, 699; *Badura* a.a.O. (FN 88), S.11

121 vgl. oben S.21f., 30 f.

122 so aber *Börner*, ZUM 1985, S.577 gegen das GRÜNBUCH (FN 1), S.106

123 Beispiel bei *Gerth*, Diskussionsbericht, ZUM 1985, S.600, 601

124 *Bueckling*, DRiZ 1985, S.431, 432; *Schwartz* in Schwarze (FN 7), S.45, 61; GRÜNBUCH (FN 1), S.106

125 *Herrmann*, GRUR Int. 1984, S.578, 582; siehe aber *Bausch*, Rundfunkpolitik nach 1945, Band 1, S.36 zur historischen Ausgangslage

126 vgl. *Gröner* in Mestmäcker (FN 23), S.349, 358

verkörpert[127], nicht aber eine auf den Einzelfall abstellende Vergütung einer erhaltenen Dienstleistung.
Dem wird versucht, mit dem Hinweis auf die Vergleichbarkeit mit einem (Zeitschriften-) Abonnement zu begegnen. Auch dort sei der Leser zur Zahlung unabhängig davon verpflichtet, ob er tatsächlich den ihm dargebotenen Lesestoff ausnutze[128].
Dieser Vergleich geht in mehrfacher Hinsicht fehl. Der Zeitschriften- oder auch Fernsehabonnent (Pay-TV) hat eine bewußte Entscheidung zum Erhalt der Leistung und zur Bezahlung derselben getroffen. Diese Entscheidung manifestiert sich im Abschluß des privatrechtlichen Abonnementsvertrages. Er hat Wahlfreiheit genossen. Er hat denjenigen, dem er finanzielle Leistungen erbringen will, ausgewählt, aus einer Gruppe von gleichartigen Anbietern herausgehoben. Die Zahlung der Rundfunkgebühr beruht im Gegensatz dazu auf einer gesetzlichen Norm und nicht auf einem vereinbarten Rechtsverhältnis[129].
Außerdem ist die Rundfunkgebühr einem bestimmten öffentlich-rechtlichen Veranstalter gar nicht zuzuordnen. Die Hörerschar ist bei vielen kleinen Sendern außerhalb des Versorgungsgebietes zahlreicher als innerhalb, ohne daß die Hörer die Gebühr an diese tatsächlich empfangene Anstalt abzuführen hätten; Gläubiger bleibt ihr Gebietssendeunternehmen[130]. Die Verteilung des gesamten Gebührenaufkommens erfolgt dann nach einem starren Schlüssel[131].
Ein weiterer wesentlicher Unterschied besteht darin, daß der Abonnent seinen Vertrag kündigen und nach Belieben andere Druckwerke beziehen kann. Der Radio- und Fernsehkonsument in der Bundesrepublik kann den öffentlich-rechtlichen Veranstaltern nicht kündigen, nicht "entfliehen", um einzig private Veranstalter zu empfangen. Faktisch ist dies zwar unbeschränkt möglich, rechtlich aber läßt das Bereithalten des Endgerätes auch zum Empfang nur privater Veranstalter den Gebührenanspruch der Öffentlich-Rechtlichen völlig unberührt[132].
Bedeutsam sind nicht zuletzt die Faktoren, die die Höhe der Rundfunkgebühr determinieren. Marktwirtschaftliche Kriterien spielen keine Rolle. Es wird eine politische Entscheidung getroffen, die den Finanzbedarf der Anstalten zugrunde legt[133], zugleich aber den Einfluß demokratischer und sozialer Aspekte erkennen lassen muß[134]. Die

---

127 *Börner*, Diskussionsbeitrag, dokumentiert bei *Gerth*, ZUM 1985, S.601, 602
128 *Schwartz* in Schwarze (FN 7), S.45, 61
129 *Preuß* ZERP/DP 2/1987, S.75, 79
130 *Badura* a.a.O. (FN 88), S.11 ff.
131 vgl. *Greiffenberg* in Mestmäcker (FN 23), S.311, 324
132 vgl. Monopolkommission, Hauptgutachten VII, S.232; *Gröner* in Mestmäcker (FN 23), S.349, 358
133 *Badura* a.a.O. (FN 88), S.7 f.; zu den einzelnen Bestimmungsfaktoren *Maier* in Fleck a.a.O. (FN 5), S.29, 30, 35 ff.
134 siehe dazu *v.Maydell*, Zur rechtlichen Problematik der Befreiung von den Rundfunkgebühren, S.23 ff.

vom Bundesverfassungsgericht mehrfach betonte besondere Aufgabe des Rundfunks[135], der Rundfunk als Sache der Allgemeinheit[136], sind die immanenten Limitierungen, die eine unbeschränkte Steigerung der Gebührenhöhe verbieten. Stets muß Rundfunkempfang auch für sozial schwächere Personenkreise erschwinglich bleiben. Dieser Sozialgedanke, instrumentell verfestigt durch die Befreiungstatbestände[137], gleichzeitig aber die den Rundfunkanstalten eröffnete Möglichkeit der zwangsweisen Erhebung, verbieten es, die Rundfunkgebühr als ein Entgelt für Programmleistungen anzusehen.

Von einer "Pauschalierung" zu sprechen[138], erscheint ebenfalls nicht treffend. Der Begriff Pauschalierung impliziert, daß in jedem Falle von der Gegenseite etwas entgegengenommen wird, hier also, daß Programme öffentlich-rechtlicher Anstalten empfangen werden. Die Rundfunkgebühr wird im Gegensatz dazu unabhängig vom tatsächlichen Konsum, vom favorisierten Programm verlangt, obwohl technisch sowohl Betriebsstunden des Empfangsgerätes als auch empfangenes Programm meßbar und daher getrennt abrechenbar wären[139]. Insoweit existiert ein gewollter Unterschied etwa zum Telefon, bei dem mit Hilfe der Grundgebühr pauschal allgemeine Kosten eingefordert werden, ansonsten aber von einem echten Leistungsentgelt gesprochen werden kann[140].

Nicht zuletzt versperrt die pure wirtschaftliche Betrachtungsweise den Blick auf die eigentlich vornehmste Aufgabe der Rundfunkgebühr. Sie ist das Medium zur Gewährleistung der Staatsfreiheit öffentlich-rechtlichen Rundfunks[141]. Funktional vergleichbar wäre die Erhebung einer staatlichen "(Rundfunk)-Steuer", aus deren Erträgen der Staat den Rundfunk finanzierte; diese würde aber unter keinen Umständen als Entgelt angesehen[142]. Der zu zahlende Preis wäre eine (stärkere) Staatsbindung der Rundfunkanstalten[143].

Dieser nur stiefmütterlich berücksichtigte, aber entscheidende Aspekt mündet folgerichtig in der Feststellung, daß die Rundfunkgebühr nicht Entgelt für eine Leistung ist,

---

135 vgl. BVerfGE 57, S.295, 320 ff.; 73, S.118, 158 ff.; 74, S.297, 323 ff.

136 BVerfGE 31, S.314, 329; *Hoffmann-Riem*, Rundfunkfreiheit durch Rundfunkorganisation, S.44

137 für irrelevant hält diesen Aspekt *Schwartz* in Schwarze (FN 7), S.45, 62; vgl. auch *v.Maydell* a.a.O. (FN 134), S.17 ff.

138 so *Schwartz* in Schwarze (FN 7), S.45, 62

139 vgl. die erwarteten Möglichkeiten im Rahmen des Pay-TV mit sog."Smart Cards", d.h. scheckkartengroßen Plastikkarten, die einen Mikroprozessor enthalten, Abrechnungen durchzuführen, HB v.11.07.1989, S.16

140 vgl. auch Monopolkommission, Hauptgutachten VII, S.232; sie ist eben keine Verwaltungs- oder Anstaltsnutzungsgebühr, *Schmidt* a.a.O. (FN 26), S.33 m.N.

141 vgl. dazu BayVGH, Vorlagebeschluß v.07.07.1988, JZ 1989, S.242, 245; *Badura* a.a.O. (FN 88), S.17 f.

142 eher schon als nach Art.92 ff. EWGV unzulässige Beihilfe

143 dazu die Diskussionsbeiträge von *Witte*, *Greiffenberg* und *Grundmann*, dokumentiert bei *Engel*, Diskussionsbericht in Mestmäcker (FN 23), S.505, 531; zur potentiellen Staatsabhängigkeit infolge der Rundfunkgebühr *Bullinger* in Kirchhof/Isensee (FN 80), S.667, 702 f.

sondern "*das von den Ländern eingeführte Mittel zur Finanzierung der Gesamtveranstaltung*"[144].

c) Zwischenergebnis

Die von den Rundfunkteilnehmern zu entrichtende Rundfunkgebühr stellt kein Entgelt i.S.d. Art.60 EWGV dar.

d) Werbevergütungen der werbenden Unternehmen

aa) Entgelt für kommerzielle Ausstrahlungen

Für die Ausstrahlung der Werbemitteilungen haben die werbenden Unternehmen eine Vergütung zu entrichten, deren Höhe sich nach der Anzahl der erreichten Rundfunkteilnehmer bestimmt[145]. Ob sie die Beträge direkt an die Rundfunkunternehmen abführen oder aber an deren Werbetochtergesellschaften, ist gemeinschaftsrechtlich irrelevant.
Mit dieser Zahlung wird dem engsten vertretenen Dienstleistungsbegriff Genüge getan. Gezahlt wird auf der Grundlage eines gegenseitigen privatrechtlichen Vertrages für eine bewußt zugunsten des Zahlenden ausgeübte Tätigkeit[146].
Die Ausstrahlung kommerzieller Programmteile erfolgt demnach gegen Entgelt i.S.d. Art.60 Abs.1 EWGV. Sie stellt folglich eine vergütete Dienstleistung sowohl zugunsten des Werbenden wie auch zugunsten des Rundfunkteilnehmers dar, da ja eine Personenidentität zwischen Dienstleistungsempfänger und Entgeltpflichtigem nicht notwendig ist[147].

bb) Entgelt für Programmleistungen

Mit dieser Erkenntnis läßt sich ebenso eine Entgeltlichkeit der dem Rezipienten erbrachten Programmleistungen begründen.

---

144 vgl. BVerfGE 31, S.314, 330; *Räuker/Stolte*, ZUM 1985, S.314, 315; *dies.*, MP Dokumentation III/86, S.121, 122; *Preuß*, ZERP/DP 2/1987, S.75, 79; *Heringer* a.a.O. (FN 1), S.86; zweifelnd auch *Scharf* in Magiera (FN 10), S.147, 158

145 Eine Übersicht über die Werbepreise der bundesdeutschen Rundfunkunternehmen liefert Mussey, HB v.28.06.1989, S.18. Die Bandbreite beträgt DM 14,31.-- (RTL-Plus) bis DM 33,83.-- (WDR) (1000er Seherpreis); neuestens *o.V.*, HB v.16.08.1989, S.14 zur Situation nach der jüngsten Preisrunde

146 vgl. oben S.29 f.

147 vgl. oben S.42 f.;

Wie oben bereits erläutert wurde, subventioniert die Werbung zugleich das allgemeine Programm der öffentlich-rechtlichen Rundfunkanstalten[148]. Dadurch kann das Programm quantitativ wie qualitativ[149] ausgeweitet werden, ohne daß sich dies erhöhend auf die Rundfunkgebühr auswirkte; diese kann entsprechend niedriger gehalten werden. Der Werbende finanziert daher ***auch*** (zumindest teilweise) die dem Teilnehmer entgegengebrachten Leistungen. Diese "Teil-" Finanzierung reicht zur Begründung der Entgeltlichkeit aus.

5. Zwischenergebnis

Jegliche Sendetätigkeit der öffentlich-rechtlichen Anstalten ist als entgeltliche Dienstleistung zu verstehen.

6. Entgeltlichkeit des privaten Rundfunks

Entsprechend der beim öffentlich-rechtlichen Rundfunk geschilderten Ausgangssituation fordern auch hier die verschiedenen technischen Übertragungsverfahren keine gesonderte Betrachtung; lediglich der private Kabelrundfunk nötigt zu einer Einzeldarstellung[150].
Privater Rundfunk kann nicht auf das solide und kalkulierbare Finanzierungsfundament einer Rundfunkgebühr bauen. Die privaten Rundfunkveranstalter haben sich ihre benötigten Finanzmittel allein durch den Verkauf von Werbezeiten zu verschaffen.
Folglich zahlen die werbenden Unternehmen einmal für die Ausstrahlung der Werbemitteilungen sowie - hier sogar vollständig - für das den Rezipienten angebotene sonstige Programm[151].
Demnach erbringen auch die privaten Rundfunkveranstalter je eine Dienstleistung gegenüber dem Werbenden wie dem Rundfunkteilnehmer. Das Entgelt i.S.d. Art.60 Abs.1 EWGV entrichtet aber allein der Werbende.

---

148 vgl. oben S.34

149 über die gesetzliche Grundversorgung hinausgreifend

150 vgl. oben S.43 ff.

151 siehe dazu die geradezu geniale Verkaufsstrategie von **RTL-Plus** für Werbeeinblendungen während des Tennisturniers Wimbledon 1989, HB v.05.07.1989, S.18 und v.19.07.1989, S.17 Allerdings sei daran erinnert, daß die Rezipienten zumindest mittelbar zu einer Finanzierung der Rundfunkunternehmen beitragen, indem sie für die beworbenen Konsumgüter Preise zahlen, in die die Werbekosten einschließlich der Kosten für die Rundfunkunternehmung mit einkalkuliert sind, *Herrmann* (FN 88), S.298 f. m.w.N.

7. Zwischenergebnis

Sämtliche von privaten Veranstaltern gesendeten Programmteile stellen Dienstleistungen dar.

8. Entgeltlichkeit des Pay-TV

Unabhängig von Trägerschaft oder Übertragungsmedium ist die Veranstaltung von Abonnementsfernsehen stets als entgeltliche Dienstleistung zu klassifizieren[152].

a) Verhältnis Abonnent - Unternehmer

Der angeschlossene Empfänger entrichtet auf der Grundlage eines gegenseitigen privatrechtlichen Abonnementsvertrages ein Entgelt für die Zuführung des Programms.

b) Verhältnis Werbender - Unternehmer

Sofern das Programm zusätzlich Werbung enthalten sollte, erhält der Veranstalter ein zusätzliches Entgelt vom werbenden Unternehmen.

9. Entgeltlichkeit des Kabelrundfunks

Der Kabelrundfunk wurde oben sowohl beim öffentlich-rechtlichen wie beim privaten Veranstalter ausgespart und kann nun hier ohne Berücksichtigung der Trägerschaft zusammengefaßt werden.

a) Verhältnis Teilnehmer - Unternehmer

Der Kabelteilnehmer hat für die Bedienung via Kabel ein Entgelt zu entrichten. Dies kann bei zeitgleicher unveränderter und vollständiger Einspeisung eine Vergütung allein für die technische Dienstleistung sein; nimmt der Veranstalter eigene Programmfunktionen wahr[153], so werden zugleich diese bezahlt.

152 vgl. *Heringer* a.a.O.(FN 1), S.122
153 vgl. oben S.40 f.

b) Verhältnis Erstsender - Unternehmer

Hat der Kabelunternehmer sich die Senderechte vom Erstsender übertragen lassen[154], so wird auch diese Dienstleistung durch eine vertragsgemäße Zahlung des Netzbetreibers entgolten.

c) Verhältnis Erstsender/Werbender - Unternehmer

Geschieht die Einspeisung in das Kabelnetz auf Veranlassung des Erstsendeunternehmens oder des werbenden Unternehmens, so kann, je nach der tatsächlichen Ausgestaltung, ein Entgelt in zweierlei Hinsicht feststellbar sein.
Einmal ist daran zu denken, daß der "Veranlasser" selbst ein Entgelt entrichtet, welches auch darin erblickt werden kann, daß er die Senderechte überträgt bzw. übertragen läßt. Daneben ließe sich auch die Kabelgebühr, welche regelmäßig für die Übertragung der (nichtwerblichen) Programmteile bzw. die technische Dienstleistung erhoben wird, in Beziehung zu den eingespeisten Werbemitteilungen setzen und folgern, daß die Kabelabonnenten die vom Kabelunternehmer dem Ursprungssender bzw. Werbungtreibenden erbrachten Dienstleistungen entgelten[155].
Diese zweite Annahme steht zwar auf tönernen Füßen, da es dem Kabelteilnehmer regelmäßig an dem Bewußtsein und der Absicht fehlen dürfte, die dem Dritten erbrachte Dienstleistung zu finanzieren[156], doch läßt sich zumindest im ersten Fall die Entgeltlichkeit nicht leugnen.

X. Zwischenergebnis

Rundfunkdarbietungen werblicher wie kulturell-bildender oder unterhaltender Art werden, unabhängig von der Organisation des Veranstalters und der gewählten Übertragungstechnik, gegen Entgelt erbracht.

C. Zusammenfassung

I. Terrestrische wie auch direktsatellitische Rundfunkausstrahlungen sowohl öffentlich-rechtlicher als auch privater Veranstalter sind Dienstleistungen.

154 bzw. läßt er sich zu Einspeisungszwecken das Signal per Richtfunk oder via Fernmeldesatellit übermitteln; siehe dazu GRÜNBUCH (FN 1), S.114 f.

155 so der EuGH in der RS 352/85 "*Bond van Adverteerders*" (FN 117); *Schwartz*, MA 1988, S.423, 424

156 vgl. dazu auch *Bueckling*, ZUM 1988, S.288, 290

1. Der öffentlich-rechtliche Rundfunk erbringt durch Erfüllung seines Grundversorgungsauftrages und die Ausstrahlung darüber hinausgehender Programmteile Dienstleistungen zugunsten der Zuschauer wie auch der Werbenden, die teilweise von den Werbeauftraggebern finanziert und auf diese Weise überhaupt erst ermöglicht werden.

Die Ausstrahlung von Werbemitteilungen läßt sich als von den Werbenden vergütete Dienstleistung zu eigenen Gunsten wie auch zugunsten der Rezipienten verstehen.

2. Für den Bereich des privaten Rundfunks zeigt sich als einzige Abweichung, daß hier das gesamte Programmangebot vollständig von den Werbenden finanziert wird.

II. Pay-TV läßt sich regelmäßig nur als eine Dienstleistung zugunsten des Abonnenten begreifen. Soweit das Programm im Einzelfall Werbemitteilungen beinhaltet, wird mit deren Ausstrahlung zugleich dem Werbenden eine Dienstleistung erbracht.

III. "Passiver" Kabelrundfunk stellt stets, soweit es sich bei der Kabelanlage nicht bloß um eine Gemeinschaftsantenne handelt, zumindest eine Dienstleistung zugunsten des Teilnehmers dar[157].

1. Erwirbt der Kabelunternehmer das Recht zur Einspeisung oder übermittelt der Ausgangssender dem Netzbetreiber infolge einer Vereinbarung die Programmsignale zum Zwecke der Einspeisung, so liegt auch darin eine entgeltliche Dienstleistung.

2. Speist der Kabelunternehmer das Programm des Erstsenders auf dessen Veranlassung oder auf Veranlassung des Werbenden hin in sein Netz ein, damit diese ein größeres Verbreitungsgebiet erreichen können, so erbringt er auch ihnen eine Dienstleistung[158]; ein Entgelt zahlen entweder Erstsender bzw. Werbender, oder aber die Kabelteilnehmer mit ihrem Anschlußbeitrag.

3. Nimmt der Kabelunternehmer eigene Programmfunktionen wahr, so ist er selbst der "Sender", d.h. nur er erbringt - außerhalb des Direktempfangsbereiches - eine Dienstleistung zugunsten des Teilnehmers. Hat er sich aber gegenüber dem Erstsender oder dem Werbenden zur Einspeisung der Werbemitteilungen verpflichtet, so ist auch im Verhältnis zu diesen eine Dienstleistung zu erkennen.

IV. Richtfunk- oder Fernmeldesatellitensignale können den Privathaushalten nur im Wege der terrestrischen (Weiter-) Ausstrahlung zugänglich gemacht werden.

---

157 Die Frage, ob es sich dabei um eine inländische Dienstleistung des Kabelunternehmers oder <u>auch</u> um eine grenzüberschreitende Dienstleistung eines ausländischen Erstsenders handelt, ist später zu entscheiden, siehe S.53 ff.

158 vgl. noch *Schwartz*, EuR 1989, S.1, 6

Diese Fälle entsprechen dem Fall der Kabeleinspeisung eines Programms außerhalb des Direktempfangsbereiches.

V. Für Satellitendirektprogramme gilt hinsichtlich der verschiedenen Dienstleistungsverhältnisse das für die terrestrische Ausstrahlung Ausgeführte entsprechend.

D. Tatbestände der Grenzüberschreitung

I. Vorbemerkung

Gemeinschaftsrechtliche Relevanz entfalten nur diejenigen Dienstleistungen, die die Grenze zwischen zwei Mitgliedstaaten passieren. Oben[159] wurde bereits geschildert, daß Art.60 Abs.1 EWGV drei voneinander abweichende Fälle beschreibt. Überschreiten Radiowellen eine Grenze, so bleiben Erbringer wie Empfänger der Dienstleistung in ihrem Sitzland[160]. Ein Blick auf Art.60 Abs.3 EWGV zeigt, daß diese Konstellation nicht explizit geregelt ist, aber nach Schutzrichtung der Dienstleistungsfreiheit und Schutzbedürfnis der EG-Bürger ebenfalls privilegiert sein muß[161].
Im folgenden werden daher, getrennt nach den gebräuchlichen Übertragungstechniken, die einzelnen Fälle der Grenzüberschreitung beleuchtet.

II. Terrestrische Ausstrahlung

1. Sendeenergiebedingter Overspill

Um auch das "letzte Grenzerhäuschen" des Sendestaates mit einer ausreichenden Ton- und Bildqualität zu versorgen, ist es unvermeidbar, zumindest teilweise Gebiete jenseits der Staatsgrenzen zu überstrahlen[162]. Man spricht hier von einem sog. sendeenergiebedingten Overspill[163].
Der gesetzliche (bei öffentlich-rechtlichen Veranstaltern) bzw. der selbstgewählte (bei privaten Veranstaltern) Sendebereich endet an der Staatsgrenze. Die Rundfunkwellen machen dort nicht Halt, sind aber beim bloßen sendeenergiebedingten Overspill nicht bewußt so dimensioniert, daß mit ihnen gezielt Empfänger jenseits des Sendegebietes

159 vgl. oben S.9 f.
160 *Seidel*, ZVersWiss 1987, S.175, 178 f.;
Auch hier soll der Fall der Übertragung von Senderechten außer Betracht bleiben.
161 *Bleckmann* a.a.O. (FN 27), S.332
162 *Jacobs* in Gloy (Hrsg.): Handbuch des Wettbewerbsrechts, S.227
163 *Löwer*, JZ 1981, S.730, 732

versorgt werden sollen. Die Grenzüberschreitung ist in diesen Fällen keine gewollte, sondern eine bloß faktische, unvermeidbare.
Deshalb entfällt beim bloßen sendeenergiebedingten Overspill bereits der Tatbestand einer Dienstleistung[164]. Anderenfalls, nämlich bei bewußter Bestrahlung eines anderen Mitgliedstaates[165], läge eine grenzüberschreitende Dienstleistung vor; die Grenze der Dienstleistung verläuft dort, wo die gezielte, planmäßige Einstrahlung endet.

2. Intended Overspill

Die bewußte Verstärkung der Sendeenergie, um auf diese Weise die Staatsgrenzen als Empfangsgrenzen zu sprengen, kann danach als grenzüberschreitende Dienstleistung angesehen werden.
Dennoch muß diese Aussage relativiert werden. Oben[166] wurde festgestellt, daß die öffentlich-rechtlichen Sender nur die in ihrem Versorgungsgebiet ansässigen Rezipienten begünstigen wollen, also überhaupt nur innerhalb dieses Bereiches von einer Dienstleistung gesprochen werden kann. Solange die öffentlich-rechtlichen Rundfunkanstalten auf einen an den Staatsgrenzen endenden Versorgungsbereich fixiert sind, kann auch die bewußt über dieses Territorium hinaustretende Sendung nicht als grenzüberschreitende Dienstleistung verstanden werden[167]. Eine grenzüberschreitende Dienstleistung kann nur dann angenommen werden, wenn ein inländischer öffentlich-rechtlicher Sender in seinem Versorgungsgebiet eine Werbemitteilung zugunsten eines EG-ausländischen Unternehmers ausstrahlt[168].
Nur die gewollte Überstrahlung der Staatsgrenzen durch ein ***privates*** Rundfunkunternehmen ist eine grenzüberschreitende Dienstleistung.
Die zweckgerichtete Zuführung eines Rundfunkprogrammes über die Landesgrenzen an ein ausländisches Kabelunternehmen zum Zwecke der Einspeisung erfüllt dagegen unabhängig von der Organisationsform des Übermittelnden den Tatbestand einer grenzüberschreitenden Dienstleistung.

---

164 a.A. *Mestmäcker* in ders. (FN 23), S.9, 26 f., der zwar erkennt, daß der Overspill nicht gezielt ist, aufgrund einer "Würdigung des Gesamtvorgangs" aber dennoch eine grenzüberschreitende Dienstleistung anerkennen will. Diese Erkenntnis soll allein aus der Tatsache folgen, daß Rundfunksendungen überhaupt irgendwie gegen Entgelt erbracht werden.

165 sog. intended Overspill, dazu sogleich 2.

166 vgl. oben S.20 f.

167 Allerdings nicht mit der Begründung, daß zwischen Rundfunkanstalt und ausländischen Rezipienten keine gegenseitige vertragliche Beziehung besteht, so aber *Heringer* a.a.O. (FN 1), S.127; etwas anderes gilt natürlich für die Rundfunkanstalten des Bundes, die ein gezieltes Auslandsprogramm veranstalten, vgl. oben FN 78

168 *Heringer* a.a.O. (FN 1), S.123

III. Ausstrahlung per Direktempfangssatellit

1. Theorie der "verlängerten Antenne"

Rechtlich von Interesse ist zunächst die Zuordnung der Sendetätigkeit des Satelliten zu einem Sendestaat. Der Satellit, der die empfangbaren Signale abstrahlt, befindet sich in einer geostationären Umlaufbahn[169], in einem rechtsfreien Raum.
In Ermangelung besonderer Rechtsgrundsätze für Direktsatelliten liegt es nahe, die Regeln für die direkte erdgebundene Ausstrahlung hier entsprechend anzuwenden. Die Sendung über den Direktsatelliten muß danach dem Land zugeschrieben werden, auf dessen Territorium das Programm veranstaltet und im Wege des "Uplink" an den Satelliten abgegeben wird[170]. Der Direktsatellit entpuppt sich als "verlängerte Antenne" des Sendeunterneh-mens[171], der Umweg über den Weltraum ist europarecht-lich irrelevant.

2. Overspill

Hat man die territoriale Zuordnung nach diesen Grundsätzen akzeptiert, dann erkennt man auch beim Direktsatelliten das Phänomen des Overspill.

a) Sendeenergie- bzw. Sendekegelbedingt

Der unbewußte bzw. unvermeidbare Overspill kann hier auf zwei unterschiedlichen Ursachen beruhen. Neben dem für die terrestrische Ausstrahlung typischen sendeenergiebedingten Overspill, der flächendeckend die notwendige Empfangsqualität sicherstellt, läßt sich der sog. sendekegelbedingte Overspill beobachten[172]. Der sendekegelbedingte Overspill resultiert daraus, daß das Staatsgebiet nur einen Teil des satellitischen Sendekegels ausmacht, daß also der Sendekegel das Staatsgebiet lükkenlos abdeckt, Teilgebiete von Anrainerstaaten aber nicht ausspart.
Wie im obigen Fall der terrestrischen Ausstrahlung gilt hier, daß der unvermeidbare Overspill keine grenzüberschreitende Dienstleistung ist.

---

169 vgl. *Bueckling*, DRiZ 1985, S.431, 432; *Jacobs* in Gloy (FN 162), S.226; zum Begriff "Geostationär" *Hess*, HB v.07.06.1989, S.23

170 *Kühn*, ZUM 1985, S.299, 306; *Sieger*, ZUM 1988, S.483, 485

171 *Hillig*, ZUM 1985, S.587, 588 m.w.N.; *Poll*, ZUM 1985, S.75, 79; *Schwartz*, GRUR Int. 1982, S.713, 719; *Bueckling*, ZUM 1988, S.164, 167; a.A. im Hinblick auf urheberrechtliche Konsequenzen *Schricker*, GRUR Int. 1984, S.592, 594

172 vgl. *Löwer*, JZ 1981, S.730, 732

b) Intended Overspill

Der bewußte, sog. intended Overspill ist die gezielte Wahl einer möglichst großflächigen Ausleuchtungszone bzw. von deren exakter geographischer Lage[173].

Damit ist die Bedienung auch außerhalb des Sendestaates ansässiger Rezipienten beabsichtigt. Mit den oben getroffenen Einschränkungen[174] stellt eine in dieser Sendekeule dargebotene Sendung eine grenzüberschreitende Dienstleistung dar.

3. Zwischenergebnis

Gewollte direktsatellitische Rundfunkversorgung von Bürgern in anderen EG-Mitgliedstaaten ist als grenzüberschreitende Dienstleistung anzusehen[175].

IV. Kabeleinspeisung[176]

1. Trennung von Kabelkopf und Rezipienten durch eine Staatsgrenze

Der einfachste, wenn auch praktisch nicht zu beobachtende Fall ist, daß der Kabelunternehmer ein Netz betreibt - sei es unter Wahrnehmung eigener Programmfunktionen, sei es durch "pure" Einspeisung - , das jenseits der Grenze seines Niederlassungsstaates liegt. Kopf des Netzes und Rezipienten müßten durch die Staatsgrenze voneinander getrennt sein.

2. Unveränderte, zeitgleiche und vollständige Einspeisung eines EG-ausländischen Programms

Bereits oben wurde dargestellt, daß die Tätigkeit des Kabelunternehmers unterschiedliche Wirkungen zeigt, je nachdem, ob sie innerhalb oder außerhalb des Direktempfangsbereiches stattfindet[177].

---

173 dazu "Angriff aus dem All", *Hauch-Fleck*, Die Zeit Nr.3 v.03.02.1989, S.29 f

174 Beschränkung der öffentlich-rechtlichen Anstalten auf ihren Versorgungsbereich, vgl. oben S.32 f.

175 *Heringer* a.a.O. (FN 1), S.127 f., allerdings ohne Differenzierung zwischen unvermeidbarem und intended Overspill

176 Zur wirtschaftlichen Bedeutung der Kabelweiterverteilung grenzüberschreitender Sendungen *Schwarz* a.a.O. (FN 119), S.75, 76

177 vgl. oben S.36 ff.

Diese Unterscheidung muß auch hier beibehalten werden, denn sie beeinflußt die Frage, ob eine grenzüberschreitende oder nur eine inländische Dienstleistung erbracht wird[178].

a) ***Innerhalb*** des Direktempfangsbereiches

Richtet das ausländische Rundfunkunternehmen seine - direkt empfangbaren - Sendungen bewußt an die inländischen Rezipienten, so erbringt es eine grenzüberschreitende Dienstleistung.

Speist der Kabelunternehmer das direkt empfangbare Programm zusätzlich in das Kabelnetz ein, so erbringt er zunächst eine innerstaatliche Dienstleistung als Optimierung der Bild- und Tonempfangsqualität.

Beschränkte nun der Empfangsstaat diese Kabeleinspeisung, so fragt sich, ob damit zugleich die grenzüberschreitende Dienstleistung des Ursprungssenders behindert wird, ob also die nachfolgende Kabeleinspeisung im Direktempfangsgebiet den grenzüberschreitenden Charakter konserviert oder verdrängt.

Den entscheidungserheblichen Fingerzeig liefert hier der technische Sachverhalt. Da das ausländische Programm direkt empfangbar ist, fungiert das inländische Kabelunternehmen als gemeinschaftliche Empfangsanlage[179]. Funktional substituiert der Kabelkopf die Einzelantennen der angeschlossenen Teilnehmer und kann - zumindest für diesen Fall - einer Gemeinschaftsantennenanlage gleichgesetzt werden. Dann besteht kein Zweifel mehr am weiter vorherrschenden Merkmal der Grenzüberschreitung des eingespeisten Programms.

Die Weiterleitung eines Programms im Direktempfangsbereich zum Empfänger über Kabel hebt dessen Eigenschaft als Auslandsprogramm auch ihm gegenüber nicht auf[180].

---

178 Der EuGH läßt in seinen rundfunkrechtlichen Entscheidungen eine Differenzierung in dieser Hinsicht völlig vermissen. Allerdings kam es darauf bisher auch noch nicht an.
A.A. ist auch die EG-Kommission im GRÜNBUCH (FN 1), S.114, die die Differenzierung deshalb für entbehrlich hält, weil nach ihrem Verständnis Art.59 EWGV "[...] auch das individuelle Recht des Erbringers der Sendeleistung [schützt], sie für alle mit Hilfe des jeweiligen Standes der Technik erreichbaren Empfänger zu erbringen." (also auch via Kabel)

179 Die EG-Kommission, GRÜNBUCH (FN 1), S.113 spricht von einer "Verlängerung der Empfangsantenne"; *Ricker* a.a.O. (FN 89), S.32 ff.
Dies gilt insbesondere in Gebieten, in denen ein Antennenverbot besteht.

180 *Degenhart*, EuGRZ 1983, S.205, 213, allerdings ohne nähere Differenzierung zwischen Direktempfangs- und sonstigen Gebieten; ebenso *Bueckling*, DRiZ 1985, S.431, 433

b) ***Außerhalb*** des Direktempfangsbereiches[181]

Die von der Einspeisung innerhalb des Direktempfangsbereiches abweichenden technischen Umstände verbieten im Nichtempfangsbereich die Gleichsetzung des Kabelnetzes mit einer Gemeinschaftsantennenanlage. Nur infolge der Tätigkeit des Kabelunternehmers können die Privathaushalte überhaupt das ausländische Programm empfangen; der Kabelanschluß ist nicht bloß technischer Ersatz für ihre Einzelantennen. Dieser Umstand muß sich auf die rechtliche Bewertung auswirken.

aa) Konsequenzen der Einzelbetrachtung

Naheliegende Konsequenz wäre es, Erstsendung bzw. Programmübermittelung und nachfolgende Einspeisung auseinanderzudividieren und einer voneinander lösgelösten Untersuchung zu unterziehen. Dieses Vorgehen, die sog. **EINZELBETRACHTUNG**[182], führte dazu, daß das Liberalisierungsgebot des Art.59 Abs.1 EWGV erst dann auf den gesamten Sachverhalt anwendbar würde, wenn ***beide*** Einzelvorgänge die Merkmale der Art.59, 60 EWGV erfüllten[183]. Projiziert auf die üblicherweise praktizierte Kabeleinspeisung kristallisierte sich für die Anwendung des Art.59 Abs.1 EWGV ein äußerst schmaler Bereich heraus.

α) Zubringerseite

Auf der Zubringerseite ist nach hiesigem Verständnis eine grenzüberschreitende Dienstleistung nur dann anzuerkennen, wenn das Rundfunksignal gezielt zu Zwecken der Einspeisung an den Kabelunternehmer übertragen wird. Der bloße unvermeidbare Overspill ist keine Dienstleistung[184]; auch die nachfolgende Kabeleinspeisung ändert diesen Befund nicht. Dienstleistungsfreiheit kann nur der Erstsender reklamieren, der dem in einem anderen Mitgliedstaat ansässigen Kabelunternehmer das Signal zur

---

181 Dieser Abschnitt gilt ebenso bei Einspeisung von für Privathaushalte nicht unmittelbar empfangbaren Signalen, die dem Kabelunternehmer via Richtfunk, Fernmeldesatellit oder Kabel übermittelt werden, vgl. *Ricker* a.a.O. (FN 89), S.12

182 "Zwei-Wege" bzw. "Zwei-Dienste" -Theorie, *Bueckling*, ZUM 1988, S.164, 168;
Der EuGH deutet in der RS 52/79 *"Debauve"* Slg. 1980, S.833 LS 2 an, daß er dieser Sichtweise nahesteht, wenn er ausführt, daß "die Vertragsbestimmungen [...] nicht auf Betätigungen anwendbar [sind], deren wesentliche Elemente nicht über die Grenzen eines Mitgliedstaates hinausweisen."; siehe auch die Ausführungen der Beteiligten, ebenda, S.838-848, insbesondere der RTBF, S.842; sowie zur RS 62/79 *"Coditel"* Slg. 1980, S.881, 886 ff.; *Sturm*, AfP 1980, S.190, 192; *Delbrück* in Hoffmann-Riem (FN 7), S.244, 249

183 vgl. GRÜNBUCH (FN 1), S.109; *Schwartz* in Schwarze (FN 7), S.45, 64

184 vgl. oben S.33, 53 f.; sowie *Jarass*, EuR 1986, S.75, 79

Weiterverteilung übermittelt; den privaten Rundfunkteilnehmern außerhalb des Direktempfangsbereiches erbringt er keine Dienstleistung.

ß) **Verteilerseite**

Logisch schlösse sich an diesen Grundsatz die Feststellung an, daß die Programmeinspeisung auf der Verteilerseite eine rein innerstaatliche Dienstleistung sei, die von Art.59, 60 EWGV nicht privilegiert wird[185]. Danach könnte eine staatliche Beschränkung der Tätigkeit des Netzbetreibers - zumindest aus europarechtlicher Sicht - nicht zu beanstanden sein[186].

Diese folgerichtige Erkenntnis erweckt Unbehagen. Hilfskonstruktionen werden angeboten, die diese Konsequenzen abfedern und dem gemeinschaftsrechtlichen Liberalisierungspostulat auch den hier geschilderten Fall zuführen sollen.

Die Erstsendung wirke fort, sie bilde das Hauptgewicht, den Schwerpunkt des Geschehens[187], so daß der Tatbestand der grenzüberschreitenden Dienstleistung zu bejahen sei.

Die etwaige Beschränkung des inländischen Kabelunternehmers beschränke "mittelbar" die Erstsendung des ausländischen Rundfunkunternehmens; auch dies verstoße gegen Art.59 Abs.1 EWGV[188].

bb) Kritik

Abgesehen davon, daß sich diese Überlegungen mit dem hier entwickelten Dienstleistungsbegriff nicht in Einklang bringen lassen[189], verleugnen sie die Tatsache, daß im Nichtempfangsbereich die eigentliche Leistung, die das Programm überhaupt empfangbar macht, die des Kabelunternehmers ist. Ohne sein Tätigwerden käme der Teilnehmer gar nicht in den Genuß des ausländischen Programms.

Zudem erweisen sich diese Lösungsansätze als wenig konsequent. Wenn man glaubt, die Weichen so stellen zu müssen, daß der Weg des Rundfunksignals vom Erstsender zum privaten Haushalt in zwei Etappen zu zerlegen ist, erscheint es wenig einleuchtend, diese Zweiteilung in einer ersichtlich ergebnisorientierten Sichtweise wieder zu verwischen. Man versucht zwar auf diese Weise, dem erkannten funktionalen

---

185 *Bueckling*, ZUM 1988, S.164, 168; für den Fall der Niederlassungsfreiheit neuestens EuGH RS 20/87 "*Supermarkt*" RIW 1989, S.389 f.

186 *Ipsen* a.a.O. (FN 9), S.88

187 vgl. *Degenhart*, EuGRZ 1983, S.205, 213

188 *Ipsen* a.a.O. (FN 9), S.88

189 Eine Dienstleistung wird dem privaten Teilnehmer außerhalb des Direktempfangsbereiches vom Erstsendeunternehmen ja gerade in keinem Falle erbracht

Zusammenspiel von Übermittlung des Signals an den Kabelnetzbetreiber und nachfolgender Einspeisung Rechnung zu tragen, wählt aber einen ungeeigneten Ansatz. Eine plausible Lösung muß diesen Funktionszusammenhang stärker akzentuieren und zugleich die lebensfremde getrennte Betrachtung von Zubringer- und Empfängerstrecke überwinden.

cc) Gesamtschau

Dem wird eine sog. **GESAMTSCHAU** gerecht, nach der die Kombination der beiden Leistungen als eine einzige grenzüberschreitende Dienstleistung anerkannt wird[190].
Die Gesamtschau fußt auf einer am Schutzzweck der Art.59, 60 EWGV und am Schutzbedürfnis der Beteiligten orientierten natürlichen Betrachtung der tatsächlichen Gegebenheiten.
Die Einspeisung des Rundfunksignals durch den Kabelunternehmer ist von der ihr vorgelagerten Übermittlung abhängig und mit ihr verschränkt. Es brächte keinem der Beteiligten einen Nutzen, wenn zwar die Signalübermittelung geschützt, die Einspeisung aber unbegrenzt verbietbar wäre. Jede Einzelleistung ist sinnlos ohne die ihr korrespondierende Leistung des anderen Teils. Dies gilt ebenso aus der Sicht der Sendeunternehmen wie der Kabelteilnehmer. Man kann von einem Zusammenwirken zwischen ausländischem Sendeunternehmen und inländischem Kabelunternehmen zum Zwecke der Rundfunkveranstaltung in Gebieten, die das Sendeunternehmen terrestrisch oder satellitisch nicht erreicht, sprechen. Diese planvolle Zusammenarbeit, und eine solche liegt bei beabsichtigter Übermittelung des Signals nahe, läßt das Erstsendeunternehmen trotz relativ schwach dimensionierter Sendeanlagen einen großen Kreis von Rezipienten ansprechen. Das Kabelunternehmen ist in diesem Falle nicht gemeinschaftliche Empfangsanlage der Teilnehmer[191], sondern inländischer Verstärker des Ausgangssenders.
Entscheidender Gesichtspunkt muß die Tatsache sein, daß nur die Kooperation von Erstsende- und Kabelunternehmen die aus dem einen Mitgliedstaat abgestrahlte Sen-

---

190 *Schwartz* in Schwarze (FN 7), S.45, 66; *Reich*, Schutz und Förderung diffuser Interessen durch die EG, S.93; *Bueckling*, DRiZ 1985, S.430, 433 f.; EG-Kommission in der schriftlichen Stellungnahme zur RS 352/85 "*Bond van Adverteerders*", S.18 der hektographierten französischen Fassung des Verhandlungsberichtes; diese Gesamtschau wird in der schriftlichen Stellungnahme der niederländischen Regierung, ebenda, S.17, als "contraire aux réalités technique, économique et juridique" bezeichnet. Später (S.36) bezeichnet die holländische Regierung dieses Phänomen als "radiodiffusion néerlandaise déguisée"; eine ausführliche Darstellung der in dieser Rechtssache vorgetragenen Auffassungen findet sich in den Schlußanträgen des GA *Mancini*, S.15 ff.
Die deutsche Regierung äußert sich nicht zur Frage der Grenzüberschreitung (S.17), die französische Regierung glaubt die Entscheidung über die Grenzüberschreitung in die Hände des nationalen Richters legen zu können (S.17)

191 wie bei der Kabeleinspeisung in Direktempfangsbereichen, vgl. oben B VII 5 a) aa) α)

dung den Empfängern in dem anderen Mitgliedstaat, für die sie (auch) bestimmt ist, verfügbar macht[192].

Gestützt wird diese Sichtweise von der Rundfunkgesetzgebung der deutschen Bundesländer. So heißt es etwa in in § 3 Abs.1 Satz 2 LRG Schleswig-Holstein[193]:

> "Rundfunkveranstalter ist ***nicht***, wer in- oder ausländische Rundfunkprogramme unverändert, vollständig und zeitgleich weiterverbreitet."

Diese Vorschrift erkennt an, daß ein funktionaler Zusammenhang zwischen Einspeisung und (ausländischer) Ursprungssendung existiert und stellt zugleich fest, daß der ausländische Charakter der Sendung erhalten bleibt. Die herangeführten Programme werden nicht "erneut" veranstaltet. Es handelt sich bloß um die technische Weiterverbreitung von Rundfunksignalen, die bereits im rundfunkrechtlichen Sinne veranstaltet und verbreitet sind.

c) Zwischenergebnis

Die zeitgleiche, unveränderte und vollständige Kabeleinspeisung eines auch an die Bürger eines anderen EG-Mitgliedstaates gerichteten Programmes läßt dessen Eigenschaft als grenzüberschreitende Dienstleistung im Direktempfangsbereich unberührt. Wird ein zum Zwecke der Einspeisung an den inländischen Kabelunternehmer übermitteltes Mitgliedsprogramm außerhalb des Direktempfangsbereiches weiterverteilt, so sind Signalübermittlung und nachfolgende Einspeisung als eine einheitliche grenzüberschreitende Dienstleistung anzuerkennen[194].

---

192 vgl. auch *Schricker*, GRUR Int. 1984, S.592, 594; GRÜNBUCH (FN 1), S.114; ein abweichendes Dienstleistungsverständnis offenbart die EG-Kommission in ihrer Stellungnahme zur RS 352/85 "*Bond van Adverteerders*", Bericht (FN 190), S.18: "Die zweite [Dienstleistung] [...] besteht im Angebot des Programmes durch den ausländischen Sender an die Abonnenten des niederländischen Kabelunternehmers." (*Übersetzung des Verf.*); da der Erbringer und die Empfänger in verschiedenen Mitgliedstaaten ansässig sind, besitzt diese Dienstleistung grenzüberschreitenden Charakter i.S.d. Art.59 ff. EWGV

193 GVBl. Schleswig-Holstein 1984, S.214 ff.; ähnlich § 44 Abs.1 und 6 NdsLRG v.23.05.1984 (GVBl.1984, S.147 ff.)
In diesem Sinne auch *Ricker* a.a.O. (FN 89), S.19, 39 unter Hinweis auf die Gegenansicht, etwa *Groß*, NJW 1984, S.409, 413, nach dem die Kabelunternehmer bereits durch die Auswahl der einzuspeisenden Programme zum Veranstalter werden.

194 Ähnlich GA *Mancini*, Schlußanträge RS 352/85 "*Bond van Adverteerders*" a.a.O. (FN 117), S.25 ff.; *Reinert*, a.a.O. (FN 9), S.188 f.

3. Zeitversetzte, unvollständige und/oder veränderte Einspeisung eines EG-ausländischen Programmes

a) Konsequenzen der eigenen redaktionellen Betätigung

Nimmt der Kabelunternehmer eigene Programmfunktionen wahr, indem er das einzuspeisende Programm anhält, redaktionell bearbeitet und umgestaltet, so wird er selbst zum Sender im technischen wie im juristischen Sinne[195].
Diese Feststellung fördert hier zwei Konsequenzen zutage.

aa) Eigene Programmdienstleistung des Kabelunternehmers

Erstens erübrigt sich eine Differenzierung zwischen Direktempfangsbereich des Ursprungssenders und sonstigen Gebieten, denn stets erhält der Kabelteilnehmer die eigenständige Programmdienstleistung seines Netzbetreibers.

bb) Unanwendbarkeit der Gesamtschau

Unabhängig von der Technik, mit deren Hilfe dem Kabelunternehmer das einzuspeisende Signal verfügbar gemacht wird, also unbeeinflußt dadurch, ob dem Kabelveranstalter eine grenzüberschreitende Dienstleistung dargebracht wird, kann das Verhältnis Erstsender - Kabelunternehmer nicht in Beziehung zum Verhältnis Kabelunternehmer - Kabelteilnehmer gesetzt werden. Aus der Sicht des privaten Teilnehmers tritt der Umstand, daß das Ursprungssignal die Grenze zweier Mitgliedstaaten passiert hat, völlig in den Hintergrund. Das grenzüberschreitend zu dem Kabelunternehmer gelangte Rundfunkprogramm ist nur dessen Grundstoff, die Rohware, aus der er sein eigenes Kabelprogramm formt. Dieses Programm überquert dann keine Staatsgrenzen mehr, es versteht sich als rein innerstaatliche Dienstleistung[196].
Das Anhalten und Verändern des Programms ist eine Zäsur im Geschehensablauf. Es ermangelt an der bei zeitgleicher, vollständiger und unveränderter Einspeisung außerhalb des Direktempfangsgebietes wesensnotwendigen Deckungsgleichheit der Programme und an der funktionalen Verschränkung von erster und zweiter Dienstleistung, also den Gesichtspunkten, die es rechtfertigen könnten, mit Hilfe der oben vorgestellten "Gesamtschau" auch hier ein grenzüberschreitendes Moment zu bejahen.
Sonach erfüllt nur die bewußte Übermittlung des Programms auf der Zubringerseite den Tatbestand einer grenzüberschreitenden Dienstleistung.

---

195 vgl. oben B VII 5 b); *Groß*, NJW 1984, S.409, 413
196 vgl. *Bueckling*, DRiZ 1985, S.431, 435

b) Zwischenergebnis

Die veränderte, unvollständige und zeitversetzte Kabeleinspeisung eines EG-ausländischen Rundfunkprogramms ist eine rein innerstaatliche Dienstleistung, die von Art.59 ff. EWGV nicht berührt wird.

E. ERGEBNISSE[197]

1. Die bewußte und planvolle terrestrische wie direktsatellitische Ausstrahlung eines Rundfunkprogrammes über die Landesgrenzen hinweg (sog. intended Overspill) durch ein privates Sendeunternehmen stellt einen Anwendungsfall der Art.59 ff. EWGV dar.
2. Dasselbe gilt für die Übermittelung eines Rundfunkprogramms an ein Kabelunternehmen im EG-Ausland zu Zwecken der Einspeisung.
3. Auch die zeitgleiche, unveränderte und vollständige inländische Kabeleinspeisung eines aus einem anderen Mitgliedstaat für das inländische Publikum eingestrahlten Rundfunkprogramms genießt den Schutz der Dienstleistungsfreiheit.

197 Die Ergebnisse dürften im wesentlichen außer Zweifel stehen, wenn auch regelmäßig pauschal von "Fernsehen als Dienstleistung" gesprochen wird, ohne daß die verschiedenen Sachverhalte gesondert untersucht würden.
vgl. *Seidel* in Bieber u.a. (FN 36), S.351, 361 f.; *ders.* in Schwarze (FN 7), S.121, 133 f., 137 f.; *Ipsen* a.a.O. (FN 9), S.59, 86; *Steindorff*, RIW 1983, S.831, 832; *Randelzhofer* in Grabitz (FN 24) Art.60 Anm.12; *Kühn* in Schwarze (FN 7), S.153, 156; *Damm* in Schwarze (FN 7), S.175, 179; *Sauter* in Schwarze (FN 7), S.167, 170; *Großfeld/Ebke* in Hübner u.a. (Hrsg.): Satellitenfernsehen und deutsches Rundfunksystem, S.29, 45; *Bleckmann* a.a.O. (FN 27), S.333 f.; *Götz v. Olenhusen* a.a.O. (FN 78), S.11; *Mestmäcker* in ders. (FN 23), S.9, 25; GRÜNBUCH (FN 1), S.167; EG-Kommission, Die audiovisuellen Medien im großräumigen Europäischen Markt, S.38 f.; *Fiuczinsky*, MA 1984, S.563, 566; Markenverband, Jahresbericht 1987/88, S.4; zur Rechtsprechung des EuGH *Schwarze* in ders. (FN 9), S.119, 121 f.;
zweifelnd *Herrmann* in Schwarze (FN 9), S.159, 163; *Preuß*, ZERP/DP 2/1987, S.75, 78; *Reich* (FN 190), S.92 f.; *Hunnings*, CMLR 1980, S.560, 564 f.;
differenzierend *Jarass*, EuR 1986, S.75, 80;
ablehnend *Hilf*, MP 1987, S.73; *Räuker/Hilf*, ZUM 1985, S.314; Bundesrat, Stellungnahme zum Richtlinienentwurf BR/Drs. 259/86, S.1 f.; Beschluß der Ministerpräsidentenkonferenz vom 1.-3.10.1986, MP-Dokumente I/87, S.78; *Stoiber*, Bayernkurier v.23.04.1988; *Hesse*, ARD-Magazin 3/89, S.5; DGB-Stellungnahme zum GRÜNBUCH, MP 1985, S.901; DGB-Stellungnahme zur Europäischen Medienpolitik; Stellungnahme der IG Medien zur EG-Richtlinie, Die Feder 11/1987, S.31;
Wenn *Heringer* a.a.O. (FN 1) durchweg zu anderen Ergebnissen gelangt, so ist das darauf zurückzuführen, daß sie zu stark auf ein Vertragsverhältnis zwischen Leistungserbringer und -empfänger, Identität von Leistungsempfänger und Entgeltpflichtigem und die Grenzüberschreitung der Zahlung fixiert ist, jene Prämissen also, die hier als mit dem Liberalisierungszweck des EWG-Vertrages unvereinbar abgelehnt werden.

§ 3 Möglichkeiten der Beschränkung grenzüberschreitender Rundfunksendungen

A. Präzisierung der Fragestellung

I. Vorbemerkung

1. Geltungsanspruch trotz praktischer Lückenhaftigkeit

Dem Staat, der Einfluß auf die in seinem Territorium empfangbaren Rundfunksendungen nehmen will, ist regelmäßig kein Zugriff auf die ausländischen Sendeunternehmen eröffnet. Er wird deshalb nach Wegen suchen, anstelle der Sendung den Empfang eines unerwünschten Programms zu unterbinden.

Terrestrisch oder von Direktempfangssatelliten abgestrahlte Programme sind weder rechtlich noch technisch erfaßbar[1].

Praktisch relevant werden die Fragen einer Empfangsbeschränkung deshalb eigentlich nur im Fall der Kabeleinspeisung[2]. Die inländische Einspeisungsstelle bietet den technischen Ansatzpunkt, den jede Kontrollregelung zu ihrer Durchsetzung benötigt[3]. Natürlich fände selbst hierbei ein effektives Fernhalten des Auslandsprogrammes nur in Gebieten außerhalb des Direktempfangsbereiches, die ausschließlich via Kabel versorgt werden, statt.

Doch stellt die faktische Nichtvollziehbarkeit einer inländischen Regelung hinsichtlich der drahtlosen Übertragungstechniken deren Geltungsanspruch auch in bezug auf diese nicht in Frage[4].

---

1 Es sei denn, unter Einsatz von Störsendern, sog. "Jamming"; dazu *Engelhard*, Satellitenfernsehen - neue Technologie für einen besseren Informationsfluß, S.138 ff.; *Köhler*, Auslandsrundfunk und Politik, S.119 ff. m.w.N.;
bzw. durch ein Verbot von Parabolantennen

2 *Schricker*, ZUM 1985, S.594, 596; *Deringer*, ZUM 1986, S.627, 632 m.w.N.; vgl. auch *Brühann* in AKW (Hrsg.): Europafernsehen und Werbung, S.11, 14; sowie *Stoffers*, Soziale Arbeit 1986, S.375, 376: "Beim Kabelrundfunk kann kontrolliert werden, welcher Empfänger was wann sieht"; GRÜNBUCH, S.157

3 *Reich*, Schutz und Förderung diffuser Interessen durch die EG, S.90, spricht plastisch vom "Nadelöhr"; *Preuß*, ZERP/DP 2/1987, S.75, prognostiziert, daß sich der Streit um Empfangsbeschränkungen angesichts des technischen Fortschritts in absehbarer Zeit erledigen werde, es deshalb gemeinschaftsrechtlich nur noch um die Frage der Pflicht der Länder der Bundesrepublik gehe, aus anderen EG-Ländern stammende Programme ohne Diskriminierung in die Kabelanlagen einzuspeisen.

4 so auch das GRÜNBUCH, S.157; ähnlich *Hoffmann-Riem*, FS Wassermann, S.472;

Der Europäische Gerichtshof sah sich in der Rechtssache "*Debauve*" mit demselben Vollzugsdefizit hinsichtlich inländischer Werberegelungen konfrontiert. Dazu führt er aus[5]:

> Da die Übertragung im Wege des Kabelfernsehens eine größere Verbreitung der Sendungen und eine bessere Durchdringung ermöglicht, verlieren die von einem Mitgliedstaat in seinem Gebiet für den Bereich der Fernsehwerbung aufgestellten Beschränkungen oder Verbote ihre Berechtigung nicht dadurch, daß die ausländischen Sender auch ohne Inanspruchnahme eines Kabelfernsehsystems im ganzen Staatsgebiet oder in bestimmten Zonen desselben empfangen werden können."[6]

Die streitbefangenen Werbeverbote in der Rechtssache "*Debauve*" waren explizit auf die Kabelweiterverteilung begrenzt[7]. Inzidenter hat der Gerichtshof also mit diesem Urteil sogar die Einführung bzw. Aufrechterhaltung von Vorschriften gutgeheißen, die die anderen Übertragungstechniken ausklammern. Selbst dann also, wenn man sich den technischen Gegebenheiten fügte und nur das Kabelfernsehen in ein Regelungswerk einbände, ließe sich nach der Rechtsprechung des Europäischen Gerichtshofes der Vorwurf der Ungleichbehandlung im Verhältnis zu den drahtlosen Sendetechniken bzw. der Nichtigkeit allgemeingültiger Normen wegen ihrer unvollständigen Durchsetzbarkeit nicht erheben[8].
Danach können hier, unabhängig von der jeweiligen Sendetechnik, juristische Möglichkeiten und Grenzen der Beschränkung europäischer Programme ausgelotet werden.

2. Abgrenzung Dienstleistungs- und Niederlassungsfreiheit

Eine Prämisse ist der weiteren Betrachtung allerdings noch voranzustellen.
Diese leitet sich aus dem Verhältnis der Niederlassungs- zur Dienstleistungsfreiheit ab. Niederlassungs- und Dienstleistungsvorgänge sind nicht generell, sondern im Einzelfall und jeweils nach den gesamten Umständen voneinander abzugrenzen[9].

Die EG-Kommission, Die audiovisuellen Medien im großräumigen Europäischen Markt, S.25, meint, daß noch einige Zeit vergehen werde, bis über 300 Millionen europäischer Fernsehzuschauer Satellitendirektsendungen über Spezialantennen empfangen können; bis dahin würden die Vorschriften für das herkömmliche wie für das Kabelfernsehen nichts von ihrer Bedeutung verlieren.

5 EuGH RS 52/79 "*Debauve*", Slg.1980, S.833, 858 Rdnr.19

6 Ähnlich auch die Stellungnahme der Bundesregierung, ebenda, S.848: Erreiche eine gesetzliche Maßnahme, die *im Prinzip* aus Gründen des übergeordneten öffentlichen Interesses gerechtfertigt sei, das ihr gesetzte Ziel nicht vollständig, so sei das jedenfalls dann unschädlich, wenn die durchgängige Zielverwirklichung ohne unzumutbare flankierende Maßnahmen nicht erreichbar sei.

7 siehe den Tatbestand Slg.1980, S.833, 836

8 Das Bundesverfassungsgericht (E 73, S.118, 196 ff.) bindet ausländische Programme zumindest insoweit in den nationalen Kontrollanspruch ein, als sie in Kabelanlagen außerhalb von Gebieten eingespeist werden, in denen sie mit durchschnittlichem Antennenaufwand empfangbar sind.
Einige Regierungen haben sich ausdrücklich zu dem Grundsatz bekannt, daß das inländische Rundfunkrecht erst und nur die Weiterverbreitung ausländischer Sendungen im Inland erfassen und regeln kann, vgl. EKM Baden-Württemberg 1981, Abschlußbericht, S.182, 159

9 *Beutler/Bieber/Pipkorn/Streil*, Die Europäische Gemeinschaft, S.317

Als Orientierungsrahmen gilt die wirtschaftliche Funktion des Niederlassungsrechts. Dem Regime des Niederlassungsrechts ist ein Unternehmer dann unterworfen, wenn er durch eine Standortveränderung die Produktionsfaktoren und sonstigen Kostenelemente einer fremden Volkswirtschaft nutzen will. Eine Dienstleistung erbringt er dann, wenn er lediglich die Leistung seines Betriebes, nicht diesen selbst, in die fremde Volkswirtschaft einbringt[10]. Intention der Niederlassung ist also die langfristige Integration in das Wirtschaftsleben des Aufnahmestaates[11]. Diese bestimmt sich nach den Kriterien "Einrichtung", "Dauer" und "Umfang und Schwerpunkt der Tätigkeit"[12]. Folglich muß sich selbst ein Dienstleistungserbringer dann, wenn er seine Tätigkeit nach Umfang und Schwerpunkt primär auf den ausländischen Mitgliedstaat ausrichtet, ohne daß dies zugleich faktisch seine dortige Anwesenheit oder Niederlassung voraussetzte, den Regeln über die Niederlassungsfreiheit und damit im wesentlichen dem Grundsatz der Inländerbehandlung beugen[13]. So wird verhindert, daß der bewußt nur einen anderen Staat versorgende Dienstleistungserbringer zwar die Vorteile der Volkswirtschaft dieses Staates genießt, dessen Schutzstandards aber unterläuft, wodurch ihm gegenüber den niedergelassenen Wettbewerbern ungerechtfertigte Vorteile erwüchsen.

3. Bedeutung für den grenzüberschreitenden Rundfunk

Übertragen auf den hiesigen Fall des grenzüberschrei-tenden Rundfunks bedeutet dies, daß sich auf die Dienstleistungsfreiheit nur derjenige Veranstalter berufen kann, der keine Niederlassung im Empfangsland betreibt und sein Programm nicht *ausschließlich* für dessen Bevölkerung ausstrahlt.

Diese Merkmale gelten auch im Falle der inländischen Kabelweiterverteilung eines vom Ausland eingestrahlten Programms.

Zwar läge der Gedanke nicht ganz fern, den inländischen Kabelunternehmer als eine Niederlassung[14] des ausländischen Erstsenders zu qualifizieren.

---

10 *Troberg* in Groeben/Boeckh/Thiesing/Ehlermann, EWG-Vertrag, Art.52 Anm.4

11 *Randelzhofer* in Grabitz, EWG-Vertrag, Art.52 Anm.10

12 *Beutler/Bieber/Pipkorn/Streil* a.a.O. (FN 9), S.317; anders *Wyatt/Dashwood*, The substantive law of the EEC, S.182 f., die diese Abgrenzung für ökonomisch willkürlich halten

13 EuGH RS 39/75 "*Coenen*", Slg.1975, S.1547, 1555 Rdnrn 8/11; RS 205/84 "*Versicherungen*", NJW 1987, S.572; dazu *Schwintowski*, NJW 1987, S.521, 522 ff.; *Dauses*, EuR 1988, S.378, 382; *Seidel*, ZVersWiss 1987, S.175, 184

14 zum Begriff *Bleckmann*, Europarecht, S.328 ff. m.w.N.; *Steindorff*, EuR 1988, S.19, 30 FN 36, moniert, daß der Gerichtshof in seinen Entscheidungen stets Art.59 EWGV für anwendbar gehalten habe, ohne auch nur zu diskutieren, daß Rundfunkanstalten regelmäßig über Vertretungen in anderen Staaten verfügen.
Nach hiesigem Verständnis kommt es indes auf die Sendetätigkeit an, die nicht von den Vertretungen ausgeübt wird. Diese werden in der Regel nur zur Sammlung von Informationen tätig, üben also interne Hilfsfunktionen für ihre Mutter aus, deren Recht, sich hinsichtlich der Sendungen auf die Dienstleistungsfreiheit zu berufen, davon unberührt bleibt.

Als Verstärker des ausländischen Ursprungssenders[15] ist er funktional einer leistungsfähigen Sendeanlage am ursprünglichen Sendeort gleichzuachten, ohne daß dies einer Wahrnehmung jener Aufgaben gleichkäme, die üblicherweise einer ausländischen Niederlassung übertragen sind[16]. Es ermangelt zudem an der rechtlichen wie auch an der wirtschaftlichen Einheit[17] zwischen Erstsender und Kabelunternehmer.
Zu fordern bleibt daher, daß der ausländische Sender seine Programmaktivitäten nicht ausschließlich auf das Inland ausrichten darf. Entweder muß er neben dem inlandsorientierten Programm ein weiteres, ausländisches, gestalten, oder aber Zielgruppe des einen Programms muß die inländische wie die ausländische Bevölkerung sein. Gleichermaßen kann sich ein Rundfunksender auf die Dienstleistungsfreiheit berufen, wenn er seine Programme nicht speziell für einen, sondern für mehrere Mitgliedstaaten konzipiert[18].
Sofern diesen Anforderungen Genüge getan ist, genießen sowohl drahtlos empfangbare als auch inländisch kabelverbreitete EG-ausländische Programme[19] den Schutz der Dienstleistungsfreiheit des Art.59 Abs.1 EWG-Vertrag.

II. Beschränkung auf das EWG-Recht

Entsprechend der Zielsetzung dieser Arbeit sollen Einspeisungs- oder Empfangsbeschränkungen bzw. -verbote nur am Maßstab des Gemeinschaftsrechts gemessen werden.
Verfassungs- oder menschenrechtliche Aspekte, etwa ein Verbot von Empfangsbeschränkungen aus Art.5 Abs.1 Satz 1 Grundgesetz[20] oder aus Art.10 Abs.1 EMRK[21]

---

15 bei zeitgleicher, unveränderter und vollständiger Einspeisung außerhalb des Direktempfangsbereichs, vgl. oben § 2 D IV 2 b), bzw. als gemeinschaftliche Empfangsanlage innerhalb des Direktempfangsbereichs, vgl. § 2 D IV 2 a)

16 Man sollte zudem berücksichtigen, daß der Kabelunternehmer regelmäßig nicht nur **ein**, sondern **mehrere** Programme in sein Netz einspeist. Sollte er dann ggf. Niederlassung **aller** Programmanbieter sein?

17 Den versicherungsrechtlichen Parallelfall schildert *Dauses*, EuR 1988, S.378, 382: Die Berufung auf die Dienstleistungsfreiheit ist dann nicht ausgeschlossen, wenn ein Versicherungsunternehmen mit Sitz in einem Mitgliedstaat durch Beauftragte bestimmte Zielgruppen in der Bundesrepublik systematisch bearbeitet.
Zum Problem der Einordnung des Maklers für ausländische Versicherungen in dieses System, siehe *Werber*, Versicherungswirtschaft 1988, S.1159 ff.

18 Gleichmäßige Verteilung auf mehrere Zielstaaten. Für das Versicherungswesen *Dauses*, EuR 1988, S.378, 382

19 nach Maßgabe der in § 2 aufgezeigten Einschränkungen

20 dazu *Degenhart*, EuGRZ 1983, S.205, 209 ff.; *Löwer*, JZ 1981, S.730, 732 ff.; neuestens LG Wiesbaden v.31.10.1988 (AZ 11 0 68/88), Auszug im HB v.10./11.12.1988 sowie in der F.A.Z.v.05.11.1988, S.14: Die Post verstößt gegen das Grundrecht auf Informationsfreiheit, wenn sie den Empfang ausländischer Satellitenprogramme von ihrer Genehmigung nach dem Fernmeldeanlagengesetz abhängig macht.

sollen hier insoweit ausgeklammert werden, als sie nicht Leitlinien zur Präzisierung auslegungsbedürftiger Rechtsbegriffe des Europarechts vorzeichnen.
Rein völkerrechtliche Fragen, etwa das Prior-Consent-Prinzip[22] oder die grundsätzliche Zulässigkeit des Einsatzes von Störsendern[23] sollen hier ebenfalls außer Betracht bleiben[24].
Zu untersuchen bleiben deshalb die im EWG-Vertrag ausdrücklich fixierten sowie ggf. darüber hinausreichende ungeschriebene Beschränkungsmöglichkeiten.

B. Die weitere Vorgehensweise

In einem ersten Abschnitt sollen kurz die allgemeinen Regelungsziele und Schutzgüter nationaler Normen, denen sich inländisch die Veranstaltung von Rundfunk anzupassen hat, vorgestellt werden.
Anschließend sollen diese Vorschriften verschiedenen Kategorien zugeordnet werden.
Es folgt der Versuch, Strukturprinzipien herauszuarbeiten, die einen Anspruch des inländischen Gesetzgebers auf Einbeziehung ausländischer Veranstalter in dieses Regelungsgeflecht rechtfertigen könnten.
In der Hauptsache wird der Frage nachzugehen sein, ob das Gemeinschaftsrecht dem inländischen Gesetzgeber die Handhabe bietet, den von ihm für unentbehrlich erachteten Regelungen auch EG-ausländischen Sendern gegenüber verbindliche Wirkung zu verleihen.

---

21 siehe allerdings unten § 3 F; ansonsten *Engel*, ZRP 1988, S.243 f., 245 f.; *ders.*, ZUM 1988, S.511 ff.; *Degenhart*, EuGRZ 1983, S.205, 212 ff.;
Die Bedeutung dieser Vorschrift in bezug auf die Wirtschaftswerbung erläutert *Friauf* in AKW (FN 2), S.23, 31 ff.

22 dazu *Abmeier/Rudolf*, AVR 1983, S.1, 9 ff.; *Bueckling*, NJW 1981, S.1113, 1117; zu dessen gemeinschaftsrechtlicher Dimension *Schwartz* in Magiera (Hrsg.): Entwicklungsperspektiven der Europäischen Gemeinschaft, S.121, 136;
Mit dem Gemeinschaftsrecht wäre es nach Ansicht einiger Autoren nicht vereinbar, da es die nach Art.66, 56 EWGV nur ausnahmsweise einschränkbare Dienstleistungsfreiheit zur Disposition der Mitgliedstaaten stellte, vgl. *Seidel* in Schwarze (Hrsg.): Fernsehen ohne Grenzen, S.121, 139; *Witt* in Mestmäcker (Hrsg.): Offene Rundfunkordnung, S.411, 422

23 dazu *Seidl-Hohenveldern* in Hübner u.a. (Hrsg.): Satellitenfernsehen und deutsches Rundfunksystem, S.13, 17 ff., der als Korrelat zur unbeschränkten völkerrechtlichen Sendefreiheit die unbeschränkte Stör-Sendetätigkeit attestiert; sowie *Löwer*, JZ 1981, S.730, 731, der von laut überlegten Abwehrstrategien deutscher Politiker berichtet; umfassend *Gornig*, EuGRZ 1988, S.1 ff.

24 siehe auch *Magiera*, EA 1981, S.579 ff.

C. Allgemeine Regelungsziele und Schutzgüter der Rundfunkgesetzgebung

Ein Rundfunkgesetzgeber wird bestrebt sein, den Regelungsstandard für grenzüberschreitende Rundfunksendungen nicht hinter das Niveau fallen zu lassen, das er den seiner Hoheitsgewalt unterworfenen Veranstaltern auferlegt.

Art.5 Abs.2 Grundgesetz[25] sowie die vom Bundesverfassungsgericht konkretisierten rundfunkspezifischen Handlungsaufträge und Garantien[26] umreißen den Rahmen dessen, was der bundesdeutsche Rundfunkgesetzgeber[27] an rundfunkrelevanten Vorschriften erlassen darf bzw. muß.

Eine kurze Bestandsaufnahme zeigt die Felder, auf denen in der Bundesrepublik Deutschland Vorschriften anzutreffen sind, die einen Bezug zur Ausübung der Rundfunktätigkeit aufweisen[28]:

I. Sicherung von Ausgewogenheit und Vielfalt in der Programmgestaltung, Verhinderung übermäßiger Medienkonzentration

Geprägt von historischen Erfahrungen und in Erkenntnis des Wertes der Rundfunkfreiheit nehmen Vorschriften, die Vielfalt und Ausgewogenheit bewahren sollen, den breitesten Raum ein[29]. Der Schutz der Rundfunkordnung als vom Bundesverfassungsgericht präzisierter Auftrag dient der Gewährleistung der Rundfunkfreiheit[30].

II. Sicherheit und Ordnung im polizeirechtlichen Sinn[31].

Staatliche Integrität, Funktionsfähigkeit seiner Organe sowie Frieden und Ordnung im menschlichen Zusammenleben wären als bedeutendste Einzelaspekte zu betonen[32].

---

25 dazu *Götz von Olenhusen*, Rundfunkrecht, S.27

26 dazu aus wettbewerbsrechtlicher Sicht knapp und prägnant Monopolkommission, HG VII, S.230; *Greiffenberg* in Mestmäcker (FN 22), S.311, 316 ff.

27 Die Gesetzgebungskompetenz des Bundes im Bereich des Rundfunks ist gem. Art.73 Nr.7 GG auf den technischen Bereich beschränkt, BVerfGE 12, S.205 ff.. Im übrigen besteht eine Kompetenz der Länder. Dies gilt natürlich nur für spezifisch rundfunkrechtliche Regelungen, nicht aber für die Ausgestaltung des Schrankenvorbehaltes des Art.5 Abs.2 GG, vgl. nur *Maunz* in Maunz/Dürig/Herzog/ Scholz, GG, Art.73 Anm. 120 ff.; *Stammler*, ZUM 1988, S.274, 275 ff.

28 Ähnlich systematisiert das GRÜNBUCH, S.285 ff., wenn es auch alle hier erwähnten Vorschriften mit Ausnahme von Werbe- und Urheberrecht in einem Komplex "Öffentliche Sicherheit und Ordnung" vereint. Die Verweise auf das GRÜNBUCH in den folgenden Anmerkungen benennen die Fundstellen, an denen es die rechtliche Situation in den einzelnen Mitgliedstaaten vorstellt.

29 vgl. z.B. § 14, 18 ff. LMG BaWü v.16.12.1985 (GVBl. 1985, S.539 ff.); Art.3 BayMEG v.22.11.1984 (GVBl. 1984, S.445 ff.); § 6 HmbMedienG v.03.12.1985 (GVB Hmb. 1985, S.315 ff.); § 15 NdsLRG v.23.05.1984 (GVBl. 1984, S.147 ff.); § 12 LRG Rhl.-Pf. v.24.06.1986 (GVBl. 1986, S.159 ff.)

30 vgl. BVerfGE 57, S.295 ff., dazu ausführlich unten § 3 H VI 2

31 zur Auslegung dieser Begriffe vgl. *Götz*, Allgemeines Polizei- und Ordnungsrecht, S.44 ff., 51 ff.; *Friauf* in v.Münch (Hrsg.): Besonderes Verwaltungsrecht, S.201, 217 ff., 219 ff.

32 vgl. z.B. § 48 LMG BaWü a.a.O. (FN 29); Art.4 BayMeG a.a.O. (FN 29);

III. Strafrechtsschutz

Die Beachtung der Strafgesetze wird den Rundfunkveranstaltern unabhängig von ihrer allgemeinen Unterworfenheit nochmals von den Landesrundfunkgesetzen auferlegt[33].

IV. Jugendschutz[34]

V. Persönlichkeitsrecht als Individualrecht

Privatsphäre und äußere Ehre[35] sind die wesentlichen Elemente des Persönlichkeitsrechts, denen sich die bundesdeutsche Gesetzgebung widmet[36].

VI. Lauterkeit des Wettbewerbs im Bereich der Werbung

Die Gefahr der Einflußnahme der Werbenden auf den Programminhalt wird erkannt und soll gesetzlich ausgeschlossen werden[37].

VII. Schutz des geistigen Eigentums[38]

VIII. Einen weiteren Aspekt, der bisher in der Bundesrepublik noch nicht relevant wurde, betont die niederländische Regierung in der Rechtssache "*Bond van Adverteerders*"[39]. Streitgegenstand war die Bewahrung des nichtkommerziellen Charakters des holländischen Fernsehwesens.

Diese schemenhafte Skizze erhellt, welche Materien der deutsche Gesetzgeber glaubt, nicht unreglementiert der Eigenverantwortlichkeit der Veranstalter und den Marktkräften überlassen zu können bzw. zu dürfen.

D. Bildung von Normgruppen

Es bietet sich an, die soeben vorgestellten Normen, abhängig von ihrer Bedeutung für den Rundfunk, in drei Klassen einzuteilen.

---

33 vgl. z.B. § 11 NdsLRG a.a.O. (FN 29)

34 z.B. § 8 HmbMedienG a.a.O. (FN 29); § 14 NdsLRG a.a.O. (FN 29); § 11 LRG Rhl.-Pf. a.a.O. (FN 29); allgemein BVerfGE 30, S.336 ff.; *Stefen*, ZUM 1986, S.115 ff.; GRÜNBUCH, S.210 ff.; *Kreile*, ZUM 1989, S.407 ff.

35 vgl. BVerfGE 35, S.226 ff. "*Lebach*"; BVerfGE 73, S.118, 201 ff.; verfahrensmäßig abgesichert durch das Gegendarstellungsrecht, dazu *Götz von Olenhusen* a.a.O. (FN 25), S.98; GRÜNBUCH, S.294 ff.; *Puttfarcken*, ZUM 1985, S.409 ff.; zu den derzeit herrschenden Problemen bei "grenzüberschreitenden" Rechtsverletzungen *Hohloch* in Gesprächskreis Medienrecht (Hrsg.): Rechtsprobleme grenzüberschreitender Rundfunksendungen am Beispiel des Satellitenfernsehens, S.10, 16 ff.

36 z.B. § 50 Abs.4 LMG BaWü a.a.O. (FN 29)

37 z.B. Art.30 BayMEG a.a.O. (FN 29); GRÜNBUCH, S.210 ff.

38 vgl. EuGH RS 62/79 "*Coditel*" Slg. 1980, S.881, 903 ff.

39 EuGH RS 352/85, Urteil v.26.04.1988, NJW 1989, S.2189 (bisher nicht in Slg.), dazu ausführlich unten § 4 A III

Im Rahmen der weiteren Untersuchung kann dann, anstelle einer Betrachtung jeder einzelnen Vorschrift, die grundsätzliche Vereinbarkeit der jeweiligen Normengruppe mit der Dienstleistungsfreiheit beurteilt werden.

I. Die stärkste Bedeutung für die Veranstaltung von Rundfunksendungen weisen die sog. *rundfunkverfassungsrechtlichen* Bestimmungen auf.
Dabei handelt es sich um die vom Bundesverfassungsgericht geforderten Vorschriften zur Gewährleistung der Rundfunkfreiheit, die auf den Säulen Ausgewogenheit und Meinungsvielfalt ruht. Sie betreffen die Organisation des Rundfunksenders, begrenzen die Freiheit des Rundfunkunternehmers, sein Sendeunternehmen ausschließlich an seinen persönlichen Meinungen und Interessen zu orientieren. Es sind, in der Terminologie des Bundesverfassungsgerichtes, diejenigen "*materiellen, organisatorischen und Verfahrensregelungen, die eine positive Rundfunkordnung konstituieren*"[40].
Die Normen dieser Gruppe reglementieren das unternehmerische Umfeld der Rundfunktätigkeit, dienen aber nicht dazu, Einfluß auf konkrete Inhalte einzelner Sendungen zu gewinnen[41]. Entsprechend der deutschen Grundrechtsdogmatik sind sie deshalb bei Art.5 Abs.1 Satz 2 GG und nicht etwa beim Zensurverbot oder der Schrankentrias des Art.5 Abs.2 GG zu verorten[42].

II. Eine zweite Gruppe formen die *rundfunkspezifischen* Vorschriften im engeren Sinne. Diese begrenzen den Inhalt einzelner Programme, indem sie Verbote oder Beschränkungen einzelner Sendungen aussprechen[43]. Sie betreffen demnach nicht die Rundfunkunternehmerfreiheit, sondern die Rundfunkinhaltsfreiheit, so daß sie grundrechtsdogmatisch im Bereich des Art.5 Abs.2 GG anzusiedeln sind. Beispielhaft wären etwa Werbebeschränkungen zu erwähnen[44].

III. In einer dritten Kategorie lassen sich die *allgemeinen* Rechtsvorschriften zusammenfassen, die keinen spezifisch rundfunkrechtlichen Einschlag zeigen, sondern Beachtung von jedermannn beanspruchen[45]. Exemplarisch seien die Strafgesetze genannt[46].

40 vgl. BVerfGE 57, S.295, 320 ff.; dazu *Herzog* in Maunz/Dürig/Herzog/Scholz (FN 27), Art.5 Anm.231 ff.

41 Zu dieser Unterscheidung siehe auch *Frowein* in AKW (FN 2), S.23, 44 m.w.N. (zu Art.10 Abs.1 Satz 3 EMRK)

42 *Hoffmann-Riem* in ders. (Hrsg.): Rundfunk im Wettbewerbsrecht, S.201, 210

43 vgl. z.B. §§ 7, 8 HmbMedienG a.a.O. (FN 29); § 11 NdsLRG a.a.O. (FN 29); allgemein *Ring/von Wallenberg* in Schwarze (Hrsg.): Rundfunk und Fernsehen im Lichte der Entwicklung des europäischen und internationalen Rechts, S.29, 32 ff.; *Pieper*, ZUM 1989, S. 396 ff., insbes. 401 ff.

44 § 30 LMG BaWü a.a.O. (FN 29); *Hohloch* in Schwarze (FN 43), S.149, 150

45 Zum Begriff des allgemeinen Gesetzes i.S.d. Art.5 Abs.2 GG siehe *Herzog* in Maunz/Dürig/Herzog/Scholz (FN 27), Art.5 Anm.249 ff.

46 dazu *Schneider* in Schwarze (FN 43), S.13, 19 f.

E. *Strukturprinzipien, die einen Geltungsanspruch nationaler Regelungen gegenüber ausländischen Rundfunksendern rechtfertigen können*

I. Vorbemerkung

Im allgemeinen sieht der inländische Gesetzgeber keine Veranlassung, sich um Rechtssubjekte anderer EG-Mitgliedstaaten oder deren Verhalten zu kümmern, selbst wenn hinter ihnen ausschließlich eigene Staatsangehörige stehen[47].

Doch erfährt diese prinzipielle Großmütigkeit stets dann Aushöhlungen, wenn die ausländischen Aktivitäten eine Berührung von für wichtig erachteten nationalen Interessen erwarten lassen.

Im folgenden wird die Frage zu stellen ein, warum der Gesetzgeber eine unlimitierte Einstrahlung bzw. Einspeisung EG-ausländischer Rundfunkprogramme - zumindest bis zum Eintritt einer vollständigen Harmonisierung bzw. gegenseitigen Anerkennung der mitgliedstaatlichen Rechtsvorschriften - nicht hinzunehmen gewillt sein kann, er also deren Integration in die nationale Rundfunkordnung begehren könnte.

II. Fehlende Rechtsmacht

Der nationale Gesetzgeber kann keinen Zugriff auf die ausländischen Veranstalter nehmen.

Es fehlt ihm die Rechtsmacht, die ausländischen Sender in derselben Weise in die Pflicht zu nehmen wie die inländischen, so daß sich die Gefahr abzeichnet, über das EG-Ausland jene Schutzstandards abzuschmelzen, die den nationalen ordre public prägen.

Dies gilt insbesondere dann, wenn der ausländische Sender sein Programm nach dem Recht des Sendestaates rechtmäßig abstrahlt, also dessen rechtliche Rahmenordnung weniger hohe oder gar keine vergleichbaren Anforderungen an den Veranstalter stellt[48].

In diesem Fall kann ein Einschreiten der Organe des Sendestaates gegen eine dem Empfangsstaat unerwünschte Sendung nach den Grundsätzen des gemeinschafts-

---

47 vgl. *Großfeld/Ebke* in Hübner u.a. (FN 23), S.29, 36

48 sog. Herkunftslandprinzip, der eigentliche Idealfall des Fernsehens ohne Grenzen, dessen Fundament die EG-Kommission mit dem GRÜNBUCH legen will und dessen Geltung im Rahmen der EG vor einer Harmonisierung von den Mitgliedstaaten generell bekämpft wird, dazu z.B. *Seidel*, ZVersWiss 1987, S.175, 188 f.; *Reich*, RuF 1989, S.305, 309

freundlichen Verhaltens[49] allenfalls im Ausnahmefall begehrt werden[50], etwa wenn der ausländische Sender gezielt unwahre Propaganda gegen den Empfangsstaat lanciert[51].

III. Mangelnde gerichtliche Verfolgbarkeit

Eine Parallele zu der soeben geschilderten Situation ist in der mangelnden gerichtlichen Verfolgbarkeit der ausländischen Veranstalter bzw. ihrer verantwortlichen Organe zu erblicken[52].

Dieser Aspekt ist unter zwei verschiedenen Blickwinkeln von Interesse.

Einmal ist keine effiziente Strafverfolgung gewährleistet, wenn der Veranstalter Programme ausstrahlt, die gegen inländische Strafgesetze verstoßen.

Bedeutender dürfte sogar noch der Nachteil sein, daß der zivilgerichtliche Individualschutz, etwa gegen Verletzungen des Persönlichkeitsrechts, geschwächt wird. Es sei angesichts der meinungsbeeinflussenden Kraft des Rundfunks nur auf die Notwendigkeit eines wirkungsvollen, durchsetzbaren Gegendarstellungsanspruchs erinnert[53]. Insoweit trifft den Staat sogar eine Schutzpflicht zugunsten seiner Angehörigen, die er prinzipiell auch von ausländischen Rundfunkanstalten nicht zu bloßen Objekten der Berichterstattung herabwürdigen lassen darf[54].

Die administrative wie judizielle Durchsetzung zulässig angewandter Beschränkungen könnte deshalb bereits ein nationales Regelungsinteresse legitimieren[55].

IV. *Kontrolltheorie* und aktives Personalitätsprinzip

Gleichermaßen ließe sich das Prinzip der völkerrechtlich anerkannten Kontrolltheorie fruchtbar machen, um ein nationales Regelungsinteresse zu stützen[56].

---

49 "Grundsatz der Gemeinschaftstreue", vgl. dazu EuGH RS 230/81 *"Sitz und Arbeitsort des Parlaments"* Slg. 1983, S.255, 287 Rdnr.37; BVerfGE 75, S.223, 237; *Reinert*, Grenzüberschreitender Rundfunk im Spannungsfeld von staatlicher Souveränität und transnationaler Rundfunkfreiheit, S.214

50 *Seidl-Hohenveldern* in Hübner u.a. (FN 23), S.13, 26 ff; *Herrmann*, ZUM 1985, S.175, 186; *ders.*, GRUR Int. 1984, S.578, 583: "Im Falle gezielter Auslandssendungen verdichtet sich das Prinzip des gemeinschaftskonformen Verhaltens zum verbindlichen Gebot"; ablehnend *Beutler/Bieber/Pipkorn/Streil* a.a.O. (FN 9), S.81 f.

51 womit sich der Sender in der Regel zugleich außerhalb des Rechts des Sendestaates bewegen dürfte

52 Zu Funktion und Stellung des Intendanten öffentlich-rechtlicher Anstalten siehe *Götz von Olenhusen* a.a.O. (FN 25), S.42

53 vgl. *Damm* in Schwarze (FN 22), S.175, 182 ff.; GRÜNBUCH, S.288, 294 ff.; *Romatka*, ZUM 1985, S.400 ff.

54 BVerfGE 73, S.118, 200 f.

55 vgl. *Delbrück* in Hoffmann-Riem (FN 42), S.244, 249

56 *Großfeld/Ebke* in Hübner u.a. a.a.O. (FN 23), S.29, 44;

Die Kontrolltheorie bestimmt die Zulässigkeit und Intensität extraterritorialer Rechtsnormen nach der Staatsangehörigkeit der hinter einer ausländischen Organisation verborgenen Personen[57].
Dieser Ansatz käme insbesondere dann zum Tragen, wenn Staatsangehörige des einen Mitgliedstaates einen Rundfunksender in einem anderen Mitgliedstaat bewußt zu dem Zweck unterhielten, die im Heimatstaat geltenden Rahmenvorschriften zu unterlaufen[58].
Ebenfalls dem Schutz vor Umgehung dient das sog. aktive Personalitätsprinzip[59], das es erlaubt, Staatsangehörigen Pflichten sogar für ihr Verhalten im Ausland aufzuerlegen[60].

V. Auswirkungsprinzip

Vergleichbare Erwägungen tragen das kartellrechtliche Auswirkungsprinzip[61]. Nach § 98 Abs.2 GWB ist selbst dann deutsches Kartellrecht zur Anwendung zu bringen, wenn eine Wettbewerbsbeschränkung zwar außerhalb des Geltungsbereiches des GWB veranlaßt wird, aber innerhalb desselben negative Wirkungen verursacht[62].
Die diese Vorschrift rechtfertigende Motivation ist vergleichbar mit derjenigen, auf die ein heutiger Rundfunkgesetzgeber sich berufen könnte: Es soll die Wirkungskraft der inländischen Rechtsnormen sichergestellt werden, die Vorkehrungen zum Erhalt eines vom mitgliedstaatlichen Gesetzgeber für erhaltenswert befundenen rundfunkrechtlichen Systems treffen[63].

VI. Schaffung identischer Wettbewerbsvoraussetzungen

Letztlich darf nicht unterschlagen werden, daß ein wesentlicher Aspekt die Schaffung und der Erhalt gleicher Wettbewerbsvoraussetzungen für in- und ausländische Veran-

---

57 wie FN 56

58 z.B. § 42 Abs.1 Satz 2 HmbMedienG v.03.12.1985 (GVB 1985, S.315 ff.); vgl. *Schwartz*, EuR 1989, S.1, 7; *Degenhart*, EuGRZ 1983, S.205 f.; *Schwarze* in ders. (FN 22), S.11, 22; *v.Münch* in ders. (Hrsg.): Grundgesetz, Art.5 Anm.36 m.w.N.; der Gedanke des Umgehungsschutzes findet sich auch in der Begründung des Normenkontrollantrages gegen das LRG Niedersachsen, vgl. BVerfGE 73, S.118, 143 f.

59 dazu *Seidl-Hohenveldern* in Hübner u.a. (FN 23), S.13, 21

60 *Großfeld/Ebke* in Hübner u.a. (FN 23), S.29, 45; z.B. das bundesdeutsche internationale Strafrecht erkennt u.a. das aktive Personalitätsprinzip an, vgl. *Eser* in Schönke/Schröder, StGB, Vorb. §§ 3-7 Anm.6

61 Siehe dazu neuestens EuGH RS 89/85 "*Zellstoff*" WuW/E EWG/MUV 829, wenn auch i.E. der Gerichtshof zu einer Anwendung des EWG-Kartellrechts über das ferner liegende Territorialitätsprinzip gelangt; *Schödermaier* WuW 1989, S.21 ff.; *Basedow*, NJW 1989, S.627, 634

62 *Rehbinder* in Immenga/Mestmäcker, GWB, § 98 Abs.2 Anm.19

63 Im Ergebnis ebenso *Jarass*, EuR 1986, S.75, 90

stalter ist. Angesichts der wirtschaftlichen Dimensionen, die die Veranstaltung nicht nur kommerziellen Rundfunks europaweit angenommen hat, hieße es eminente Wettbewerbsverzerrungen zu provozieren, wenn man den inländischen Veranstaltern rechtliche Fesseln anlegte, denen ausländische Konkurrenten keine Beachtung zu schenken bräuchten[64]. Chancengleichheit existierte dann weder im publizistischen noch im ökonomischen Wettbewerb[65]. Das Abwandern inländischer Werbekunden zu Veranstaltern in Ländern mit weniger strikten Werberegelungen, die aber dennoch die inländischen Rezipienten erreichten, wäre vorprogrammiert[66] (Wettbewerb der Rechtsordnungen, Problem der umgekehrten Diskriminierung).

VII. Zusammenfassung

Als hinter dem nationalstaatlichen Anspruch auf Einbeziehung ausländischer Rundfunkveranstalter in das inländische rundfunkrechtliche Regelungsgeflecht stehende Strukturelemente kristallisieren sich danach folgende Gesichtspunkte heraus:

- Fehlende Pflichtengebundenheit und gerichtliche Verfolgbarkeit des ausländischen Veranstalters
- Umgehungsschutz
- Auswirkungsprinzip
- Schaffung gleicher wettbewerblicher Ausgangsvoraussetzungen

F. Die generelle Beschränkbarkeit des Rundfunks

Bevor der Frage nachgegangen werden kann, welche Schutzgüter nach dem System des EWG-Vertrages eine Beschränkung grenzüberschreitender Rundfunksendungen legitimieren können, soll kurz der Blick auf die Frage gelenkt werden, ob dem nicht bereits unabhängig davon höherrangige verfassungs- oder menschenrechtliche Rechtssätze *prinzipiell* entgegenstehen.

---

64 dazu differenzierend *Bullinger* in Mestmäcker (FN 22), S.45, 69 ff.; *ders.* JZ 1987, S.259, 264

65 *Hoffmann-Riem* in ders. (FN 42), S.201, 215; *ders.*, MP 1985, S.181, 188; *ders.*, FS Wassermann, S.475; *Damm* in Schwarze (FN 22), S.175, 184 f.; *Schricker*, GRUR Int. 1984, S.592, 593; *ders.*, ZUM 1985, S.594, 596 f.

66 vgl. etwa *Seidel*, Referat auf der AEI-Tagung v.08.-10.09.1987, (nicht veröffentlicht), dokumentiert im Tagungsbericht von Cludius, AEI-Mitteilungen 14./15. 1988, S.26, 37; *Jacobs* in Gloy (Hrsg.): Handbuch des Wettbewerbsrechts, S.230; *Ricker*, Die Einspeisung von Rundfunkprogrammen in Kabelanlagen aus verfassungsrechtlicher Sicht, S.22, 94 m.w.N.; *Pieper*, ZUM 1989, S.396, 401, 406; *Schwintowski*, ZVglRWiss 1989, S.221, 229

I. Ein erster Gedanke trifft die Garantie der Freiheit des Rundfunks gem. Art.5 Abs.1 Satz 2 Grundgesetz[67]. Ein sehr enges Wortverständnis dieser Garantie könnte zu der Annahme verleiten, daß die Rundfunkbetätigung über jede sie begrenzende Regelung erhaben sei.

Doch erkannte das Bundesverfassungsgericht sehr bald, daß Art.5 Abs.1 Satz 2 Grundgesetz ausgestaltender, vorsorgender Regelungen bedarf, um die individuelle und die institutionelle Komponente der Rundfunkfreiheit abzusichern[68].

Daneben stößt die Rundfunkfreiheit dann an ihre Grenzen, wenn sie auf die in Art.5 Abs.2 Grundgesetz ausdrücklich genannten Schranken trifft[69].

Nach der Systematik des Grundgesetzes sind also Beschränkungen der Rundfunkausübung nicht unzulässig.

II. Ebenfalls den Rundfunk betrifft Art.10 der Europäischen Menschenrechtskonvention[70], die die Bundesrepublik unterzeichnet hat[71].

Diese Vorschrift gestattet ebenfalls Einschränkungen der Ausübung der Rundfunktätigkeit innerhalb eines von ihr geformten materiellen Rahmens[72].

Rundfunksendetätigkeit ist daher nicht generell uneinschränkbar.

G. Die Möglichkeiten der Beschränkung der Dienstleistungsfreiheit

Mitgliedstaatliches Rundfunkrecht einschließlich rundfunkrelevanter verfassungsrechtlicher Erwägungen kann gegenüber dem Gemeinschaftsrecht nur insoweit geltend gemacht werden, als dieses selbst eine Einschränkung seines Geltungsanspruches zuläßt[73].

Im Grundsatz ist die Rundfunksendetätigkeit als eine Dienstleistung zu qualifizieren[74].

---

67 vgl. dazu etwa *Klein*, Die Rundfunkfreiheit; *Scheuner*, Das Grundrecht der Rundfunkfreiheit; *Wieland*, Die Freiheit des Rundfunks, passim

68 vgl. dazu BVerfGE 12, S.205, 261 ff.; 31, S.314, 325 ff.; 57, S.295, 320 ff.; *v.Mangoldt/Klein/Starck*, Grundgesetz, Art.5 Anm.72; ausführlich wird auf diesen Gesichtspunkt später zurückzukommen sein, vgl. unten § 3 H VI 2 b)

69 *Herzog* in Maunz/Dürig/Herzog/Scholz a.a.O. (FN 27), Art.5 Anm.242 ff.; *v.Mangoldt/Klein/Starck* a.a.O. (FN 68), Art.5 Anm.117 ff.

70 dazu *Hoffmann-Remy*, Die Möglichkeiten der Grundrechtseinschränkung nach den Art.8-11 Abs.2 der EMRK, S.163 ff.; *Bullinger*, AfP 1985, S.257, 263; *Binder*, EuGRZ 1986, S.209 ff.; *Frowein*, AfP 1986, S.197 ff.

71 vgl. GRÜNBUCH, S.127 f., Abdruck des Wortlauts ebda., S.129

72 Dessen Bedeutung für die Auslegung der Vorschriften des EWG-Vertrages wird noch näher untersucht werden

73 *Seidel* in Scherer (Hrsg.): Nationale und europäische Perspektiven der Telekommunikation, S.133, 137

74 vgl. oben § 2

Deshalb sollen hier kurz die gemeinschaftsrechtlich anerkannten Beschränkungen der Dienstleistungsfreiheit in Erinnerung gerufen werden.

I. Zwingendes Allgemeininteresse

Ähnlich wie im Rahmen des Art.30 EWGV akzeptiert der Europäische Gerichtshof solche Behinderungen der Dienstleistungsfreiheit als vereinbar mit Art.59 Abs.1 EWGV, die gleichermaßen Inländer und Ausländer treffen und durch ein zwingendes Allgemeininteresse gerechtfertigt sind[75].

Trotz der terminologischen Unterschiede sind die Voraussetzungen der Vereinbarkeit behindernder Regeln mit Art.30[76] bzw. 59 Abs.1 EWGV im wesentlichen gleichzuachten[77].

II. Art.56 Abs.1 EWGV

Daneben läßt Art.56 Abs.1 EWGV die Anwendung ausländerdiskriminierender Sonderregeln zu, wenn diese aus Gründen der öffentlichen Ordnung, Sicherheit oder Gesundheit gerechtfertigt sind[78].

Regelfall bleibt die Freiheit der Dienstleistung, die im Einzelfall unter den einengenden Voraussetzungen des Art.56 Abs.1 EWGV eingeschränkt werden kann[79]. Der Kreis der nichtwirtschaftlichen Schutzgüter des Art.56 Abs.1 EWGV ist abschlie-ßend[80] und somit erheblich enger als der der tatbestandslosen nicht diskriminierenden Behinderungen[81].

---

75 sog. "Immanenzvorbehalt" EuGH RS 110 u. 111/78 "*v.Wesemael*" Slg. 1979, S.35, 52 ff.; RS 279/80 "*Webb*" Slg. 1981, S.3305, 3325; RS 205/84 "*Versicherungen*" NJW 1987, S.572, 574; RS 427/85 "*Rechtsanwälte*" NJW 1988, S.887; *Everling*, FS v.d.Groeben, S.111, 122 ff.; *Biagosch*, ZVersWiss 1987, S.245, 252 ff.:

76 dazu RS 120/78 "*Cassis de Dijon*" Slg. 1979, S.649, 662; *Beutler/Bieber/ Pipkorn/Streil* a.a.O. (FN 9), S.284 ff.; *Börner*, KSE 28, S.83, 85; *Moench*, NJW 1987, S.1109 m.w.N.

77 vgl. GA *Slynn*, Schlußanträge RS 60 u. 61/84 "*Cinéthèque*" Slg. 1985, S.2605, 2615 ff.; *Schwintowski*, Der private Versicherungsvertrag zwischen Recht und Markt, S.269

78 *Roth*, ZUM 1989, S.101, 105; natürlich gestattet diese Vorschrift auch die Anwendung unterschiedslos geltender Vorschriften aus den genannten Gründen, *Bleckmann*, Europarecht, S.339; *Ipsen*, EuR 1978, S.199, 214 ff. m.w.N.; die Vorschrift spricht von der "Staatsangehörigkeit von Ausländern" und es mag problematisch sein, Rundfunkveranstaltern, die als juristische Personen oder Handelsgesellschaften organisiert sind, eine Staatsangehörigkeit zuzuerkennen; doch ist jedenfalls die Ratio des Art.56 Abs.1 EWGV anwendbar, vgl. *Sandrock*, RIW 1989, S.506, 513

79 *Bongen*, Schranken der Freizügigkeit aus Gründen der öffentlichen Sicherheit und Ordnung im Recht der EWG, S.84 f. m.w.N.; *Schwarze* in ders. (FN 22), S.11, 42

80 vgl. EuGH RS 95/81 "*Kommission/Italien*" Slg. 1982, S.2187, 2204 Rdnr.27 (für die Parallelvorschrift Art.36)

81 vgl. *Jarass*, EuR 1986, S.75, 89

III. Kompetenzverschiebung in der Rechtssetzung der Gemeinschaft ?

Es ist bedeutsam, daß der Europäische Gerichtshof bei der Dienstleistungs- wie bei der Warenverkehrsfreiheit immanente Begrenzungen hinnimmt, die im Wortlaut der Vertragsvorschriften keine Grundlage finden. Damit entsteht an sich ein Widerspruch zur Systematik des EWG-Vertrages, der von dem Prinzip der ausdrücklichen Enumeration der Ausnahmen geleitet wird[82]. Prinzipiell sind danach die nun vom Gerichtshof tolerierten Fallgruppen von den Gründern der Gemeinschaft gerade nicht für wert genug befunden worden, die elementaren Vertragsfreiheiten suspendieren zu können.

Demnach erscheint es zumindest zweifelhaft, ob dem Gerichtshof die Macht verliehen ist, quasi autonom wesentliche Vertragsbestimmungen in ihrer Wirkkraft herabzusetzen. Denn, so ließe sich behaupten, er ändere faktisch den EWG-Vertrag und nehme damit materiell eine Aufgabe wahr, die nicht der Kompetenz eines Gemeinschaftsorgans unterliegt, sondern originär den Vertragsparteien zugewiesen ist und nur eine Beteiligung von Gemeinschaftsorganen vorsieht[83].

Insoweit stellt sich die Frage, ob nicht eine unzulässige außervertragliche Kompetenzverschiebung von den Mitgliedstaaten zum Gerichtshof stattgefunden haben könnte[84].

Dieser Prozeß ist vor dem Hintergrund zu bewerten, daß der Zeitablauf Entwicklungen und Probleme zutage gefördert hat, die zum Zeitpunkt des Abschlusses der Römischen Verträge nicht voraussehbar waren. Man denke nur an die gravierende Zuspitzung der Umweltverschmutzung. Der Gerichtshof hat sehr bald erkannt, mit welcher Schwerfälligkeit der Harmonisierungsprozeß in der Gemeinschaft behaftet ist[85] und daß oft genug Vorschriften entstanden, die nur das unterste mögliche Schutzniveau erreichten. Deshalb kam es dem Gerichtshof darauf an, dem EWG-Vertrag weniger methodisch-dogmatisch als pragmatisch[86] ein einzelfallorientiertes dynamisches Element hinzuzufügen, welches

---

82 vgl. *Sandrock*, RIW 1989, S.506, 513

83 *Vedder* in Grabitz (FN 11), Art.236 Anm.15; *v.Arnim* in Groeben/Boeckh/Thiesing/ Ehlermann, a.a.O. (FN 10), Art.236 Anm.1; zum Ganzen auch *Stein*, FS zur 600-Jahr-Feier der Universität Heidelberg, S.619 ff.

84 *Everling*, FS v.d.Groeben, S.111, 123 formuliert: "Dabei liegt das letzte Wort beim Gerichtshof, solange dem Rat keine Koordinierung der Rechtsvorschriften gelingt."

85 *Fiedler*, JZ 1986, S.60, 64, spricht deutlicher vom "partiellen Versagen der politischen Instanzen der Einzelstaaten"; ganz ähnlich *Stein* a.a.O. (FN 83), S.619, 626, 629 ff.; *v.Simson*, FS v.d.Groeben, S.391, 392

86 möglicherweise beeinflußt durch das anglo-amerikanische Rechtssystem, vgl. *v.Simson* a.a.O. (FN 85), S.391, 398; in diese Richtung auch *Everling*, RabelsZ 1986, S.193, 208 ff.; *ders.* in Nicolay-

ihm zunächst fehlte, aber als unentbehrlich erkannt wurde[87]. Das stets fallbezogene Vorgehen fördert die Dynamik, die die Gemeinschaft entwickeln muß, wenn sie den wechselnden Anforderungen der modernen Welt gerecht werden soll[88].

Die Vertragsparteien, die Mitgliedstaaten, haben erst mit Verabschiedung der Einheitlichen Europäischen Akte[89] in Art.100a Abs.4[90] sowie Art.130r bis 130t EWGV auf die drängenden Zeitprobleme reagiert; die vom Europäischen Gerichtshof autorisierten Behinderungsgründe gehen indes in ihrer Reichweite noch darüber hinaus.

Methodisch handelt es sich um eine teleologische Reduktion der Marktfreiheiten[91], um ein Aufzeigen ihrer systemimmanenten Begrenzungen, geboren aus der Erkenntnis, daß Liberalisierung kein Selbstzweck ist[92].

Diese Vorgehensweise ist einerseits die Folge der vom Gerichtshof praktizierten extrem restriktiven Auslegung der Vorbehalte des Art.36 EWGV[93]. Viele der nunmehr anerkannten ungeschriebenen Behinderungen hätten gleichermaßen bei Art.36 bzw. Art.56 Abs.1 EWGV angesiedelt werden können.

Andererseits ist die teleologische Reduktion das methodisch konsequente Verfahren, um neben den geschriebenen Ausnahmen weitere Begrenzungen der Marktfreiheiten begründen zu können.

Der Europäische Gerichtshof hat neben den Art.36 bzw. 56 Abs.1 EWGV keine weiteren Ausnahmen von den Marktfreiheiten geschaffen[94], wofür in der Tat die Mitgliedstaaten ausschließlich zuständig wären. Der Schutz des "zwingenden Allgemeininteresses" ist ebenso wenig als eine Beschränkung der Dienstleistungsfreiheit zu qualifizieren wie die Verteidigung "zwingender Erfordernisse" als eine Maßnahme gleicher Wirkung wie eine mengenmäßige Beschränkung des Warenverkehrs zu verurteilen ist. Der Begriff der Beschränkung hat sich zu einem umfassenden Wertungsbegriff gewandelt: "Beschränkungen" i.S.v. Art.59 Abs.1 EWGV sind danach nur solche staatlichen, den zwischenstaatlichen Dienstleistungsverkehr behindernden, hemmenden oder erschwe-

---

sen/Quaritsch (Hrsg.): Lüneburger Symposion für H.P.Ipsen zur Feier des 80.Geburtstages, S.63, 65 ff.

87 Ähnlich *v.Simson* a.a.O. (FN 85), S.391, 397

88 *Everling*, RabelsZ 1986, S.193, 212 ff.

89 vgl. dazu z.B. *Pescatore*, EuR 1986, S.153 ff.

90 dazu *Langeheine*, EuR 1988, S.235, 246 ff.

91 vgl. *Matthies* in Grabitz a.a.O. (FN 11), Art.30 Anm.20 f., 27a ff. (für den Warenverkehr)

92 *Everling*, RabelsZ 1986, S.193, 219, zeichnet die Entwicklung für das Gebiet der Warenverkehrsfreiheit nach

93 vgl. *Rabe*, EuR 1987, S.253, 256; deutlich EuGH RS 229/83 "*Leclerc*" Slg.1985, S.1, 35 Rdnrn 28 ff.

94 Ebenso *Everling*, EuR 1982, S.301, 305; *Seidel*, ZVersWiss 1987, S.175, 191; anders aber GRÜNBUCH, S.156 f., besonders S.166

renden Maßnahmen, die sich nicht durch ein zwingendes, nicht-protektionistisches Allgemeininteresse des Mitgliedstaates rechtfertigen lassen, oder die den zwischenstaatlichen Dienstleistungsverkehr stärker behindern als objektiv notwendig wäre, um legitime Regelungsziele durchzusetzen[95].

Der Gerichtshof hat lediglich ausgesprochen, daß die anerkannten Behinderungen außerhalb des Schutzbereiches der Art.30 und 59 Abs.1 EWGV liegen. Eine materielle Veränderung des Vertragsinhaltes ist darin nicht zu sehen[96].

Solange aber das interpretative Vorgehen des Gerichtshofes die tatsächliche Qualität einer Vertragsänderung nicht erreicht, ist es als notwendige richterliche Rechtsfortbildung[97] nicht zuletzt deshalb zu begrüßen, weil es einen mittelbaren Druck auf die Mitgliedstaaten ausübt, ihre Harmonisierungsbestrebungen auf einem hohen Niveau zu forcieren.

H. Beschränkungen der Rundfunkveranstaltung aus Gründen des Allgemeininteresses

I. Die Entwicklung der Rechtsprechung

In der Rechtssache "*van Wesemael*"[98] erkannte der Gerichtshof erstmals an, daß im Allgemeininteresse erlassene nationale Vorschriften, die die Dienstleistungsfreiheit behindern, unter gewissen Voraussetzungen nicht gegen Art.59 Abs.1 EWGV verstoßen. Dort heißt es:

> "In Anbetracht der Besonderheiten bestimmter Dienstleistungen wie der Vermittlung von Bühnenkünstlern dürfen allerdings solche an den Leistungserbringer gestellten besonderen Anforderungen nicht als mit dem Vertrag unvereinbar angesehen werden, die sich aus der Anwendung von durch das Allgemeininteresse oder durch die Notwendigkeit, den Schutz des Künstlers zu gewährleisten, gerechtfertigten Berufsregelungen ergeben und die für alle im Gebiet des genannten Staates ansässigen Personen verbindlich sind; dies gilt insoweit, als der Leistende in dem Staat, in dem er ansässig ist, nicht ähnlichen Vorschriften unterworfen ist"[99].

Dieser Grundsatz verfestigte sich zu einer ständigen Rechtsprechung[100].

---

95 vgl. *Roth*, Internationales Versicherungsvertragsrecht, S.665

96 vgl. *v.Simson* a.a.O. (FN 85), S.391, 398: "[Das Urteil] beläßt damit die politische Verantwortung bei denen, die den Vertrag abgeschlossen haben, mögen sie sich auch über dessen wandelbare und nunmehr im Einzelfall konkretisierte Interpretation nicht im klaren gewesen sein."

97 *Everling*, FS v.d.Groeben, S.111, 129; ganz deutlich *Fiedler*, JZ 1986, S.60, 64; *Stein*, FS Universität Heidelberg, S.619, 621

98 EuGH RS 110 u. 111/78 Slg. 1979, S.35 ff.

99 EuGH a.a.O. (FN 98), S.35, 52 Rdnr.28

100 RS 279/80 "*Webb*" Slg. 1981, S.3305, 3325; RS 205/84 "*Versicherungen*" NJW 1987, S.572, 574; RS 427/85 "*Rechtsanwälte*" NJW 1988, S.887

Damit hat der Gerichtshof anerkannt, daß die wirtschaftliche Freiheit keine absolute Größe darstellt, deren Glanz sämtliche anderen auf nationaler Ebene für schützenswert erachteten Wertvorstellungen verblassen und in den Hintergrund treten ließe[101].
Im folgenden wird daher festzustellen sein, ob unter Berufung auf das Allgemeininteresse Vorschriften der drei oben näher spezifizierten Kategorien vor dem EWG-Vertrag Bestand haben können.

II. Die Voraussetzungen der Rechtfertigung behindernder Regelungen im einzelnen[102]

1. Keine Harmonisierung

Logische Grundvoraussetzung der Aufrechterhaltung nationalstaatlicher Behinderungen der Dienstleistungsfreiheit ist zunächst prinzipiell das Fehlen einer europaweiten Harmonisierung des betreffenden Sachgebietes[103].
Ohne die Zustimmung Dänemarks, Belgiens und der Bundesrepublik Deutschland hat der Ministerrat der EWG am 13.04.1989 in erster Lesung die Richtlinie "*Fernsehen ohne Grenzen*"[104] verabschiedet, die nach dem Plan der EG-Kommission Anfang 1991 in Kraft treten soll[105]. Die Umsetzung von Richtlinien in nationales Recht der Mitgliedstaaten läßt eine Sperrwirkung für strengere nationale Vorschriften in den von der Richtlinie erfaßten Bereichen entstehen[106]. Doch gestattet selbst eine EG-Richtlinie die weitere Anwendung von Vorschriften in Sachgebieten, die von ihr nicht behandelt werden[107].

---

101 Die richterliche Zurückhaltung ist wohlerwogene Reaktion auf die Erkenntnis, daß die Liberalisierung auf der Grundlage der nationalen Regelungen im Heimat-(Sende)staat nicht ausreichen würde, um eine auf dem Prinzip des freien Marktzugangs beruhende Wettbewerbs-(Rundfunk)ordnung in Europa zu schaffen, vgl. *Mestmäcker* in ders. (FN 22), S.9, 28

102 siehe auch *Deringer*, ZUM 1986, S.627, 629; *Bueckling*, DRiZ 1985, S.431, 432 ff.

103 Eine Harmonisierung entzieht grds. jeder strengeren einzelstaatlichen Regelung die Legitimation (Art.130t EWGV), vgl. EuGH RS 205/84 "*Versicherungen*" NJW 1987, S.572, 575; RS 52/79 "*Debauve*" Slg. 1980, S.833, 856 Rdnr.12; *Langeheine* in Grabitz a.a.O. (FN 11), Art.100 Anm.69 ff.; *Schutt/Steffens*, RIW 1989, S.447; anders ist die Situation nach Art.100a Abs.4 EWGV, der die Anwendung strengerer nationaler Vorschriften trotz Richtlinienerlasses gestattet, kritisch dazu *Pescatore*, EuR 1986, S.151, 158

104 siehe oben S.1, FN 1, Dok KOM (89) 247 endg.
Ursprünglich war die Richtlinie für den Rundfunk ***insgesamt*** konzipiert, beschränkt sich indes nunmehr allein auf das Fernsehen, so daß der Hörfunk nicht mehr harmonisiert werden soll, dazu *Delbrück*, ZUM 1989, S.373, 376 m.N.

105 vgl. HB v.17.04.1989, S.5; *Middeke*, HB v.30.05.1989, S.4; doch ist nach den neuerlichen Widerständen weiterer Staaten das Inkrafttreten überhaupt in weite Ferne gerückt, vgl. *Gack*, "Europäische Bildstörung", H.A.Z. v.20.06.1989; *Wisdorff*, HB v.16./17.06.1989, S.2; zum derzeitigen Verfahrensstand *Schwartz*, ZUM 1989, S.381 mit FN 1

106 *Ipsen*, Europäisches Gemeinschaftsrecht, S.701; *Bleckmann* a.a.O. (FN 78), S.443

107 vgl. nur EuGH RS 205/84 "*Versicherungen*" NJW 1987, S.572, 574 f.; *Taschner* in Groeben/Boeckh/Thiesing/Ehlermann, a.a.O. (FN 10), Art.100 Anm.16; *Sedemund/ Montag*, NJW 1989, S.1409, 1413

Neben einigen Vorschriften über Werbung und Sponsoring[108], Jugendschutz[109] und das Recht auf Gegendarstellung[110] beinhaltet die Richtlinie eine Auflage für die Veranstalter, die sie verpflichtet, den Hauptteil ihrer Sendezeit mit Werken aus europäischer Produktion zu bestreiten[111].

Diese Bereiche wären für strengere nationale Regelungen gesperrt. Nicht harmonisierte Aspekte, etwa rundfunkpolitischer Art, dürften dennoch vom jeweiligen Mitgliedstaat in einer Weise normiert werden, die mit sonstigem Gemeinschaftsrecht, also mit Art.66, 56 Abs.1 EWGV bzw. dem Allgemeininteresse, in Einklang zu bringen ist. Dies erkennt der Richtlinienvorschlag in seinem Art.2 Abs.2 ausdrücklich an:

> "Die Mitgliedstaaten gewährleisten den freien Empfang und behindern nicht die Weiterverbreitung von Fernsehsendungen aus anderen Mitgliedstaaten aus Gründen, ***die in Bereiche fallen, die mit dieser Richtlinie koordiniert sind.***"[112]

Daneben beinhaltet die Richtlinie einige Vorschriften für das Verfahren der zeitweiligen Aussetzung der Weiterverbreitung von Fernsehsendungen[113]. Die EG-Kommission achtet darauf, daß eine derartige Aussetzung mit dem Gemeinschaftsrecht vereinbar ist[114].

Auch nach dem (zweifelhaften) Inkrafttreten der Richtlinie in einer Fassung, die Art.24 Abs.1 Grundgesetz nicht verletzt[115], wird keine Harmonisierung aller Vorschriften, die Bezüge zur Ausübung der Rundfunktätigkeit aufweisen, stattgefunden haben. Selbst dann wird eine davor prinzipiell statthafte Anwendung von aus Gründen des Allge-

---

108 Art.10-21 des Richtlinienvorschlags a.a.O. (FN 104), dazu *Klatten*, HB v.05.07.1989, S.18

109 Art.22 des Richtlinienvorschlags a.a.O. (FN 104); *Kreile*, ZUM 1989, S.407, 408 f.

110 Art.23 des Richtlinienvorschlags a.a.O. (FN 104)

111 Art.4-9 des Richtlinienvorschlags a.a.O. (FN 104); siehe (zum Vorentwurf der Richtlinie) die Stellungnahme des *Bundesverbandes Kabel und Satellit e.V.*, S.11 ff.; *Frohne*, ZUM 1989, S.390 ff.;
Nach einer Studie des französischen BIPS erfüllen alle Mitgliedsländer außer Luxemburg die Auflage, im Durchschnitt mehr als 50 % europäische Sendungen auszustrahlen. 20 von 70 untersuchten Programmen, darunter 17 von Privaten veranstaltete Programme, bleiben unter 50 %, vgl. F.A.Z. v.16.09.1989, S.6
Zu Sinn und Unsinn von Quoten, angereichert durch Vergleichsmaterial aus einigen Ländern Westeuropas und aus Kanada, *Wiesand*, Kunst ohne Grenzen, S.166 ff.; *Klatten*, HB v.05.07.1989, S.18; aus US-amerikanischer Sicht *Carla Hills*, HB v.08.08.1989, S.8; HB v.12.09.1989, S.8 "GATT-Verstoß"

112 *Kühn*, ZUM 1986, S.585, 586; nach dem unten § 3 H V 1, vorzutragenden Verständnis der EG-Kommission von Art.56 Abs.1 EWGV bzw. den Gründen des Allgemeininteresses wären allerdings Vorschriften in anderen als den koordinierten Bereichen per se unzulässig; ähnlich *Seidel* in Scherer (FN 73), S.133, 142

113 Art.2 Abs.2 Sätze 1 und 2 des Richtlinienvorschlags a.a.O. (FN 104)

114 Art.2 Abs.2 Sätze 3 und 4 des Richtlinienvorschlags a.a.O. (FN 104), dazu *Pieper*, ZUM 1989, S.396, 406

115 vgl. dazu unten § 3 H VI 6

meininteresses erlassenen behindernden Rechtsnormen nicht von vornherein ausgeschlossen sein[116].

2. "Sensibler Bereich"

Allen Urteilen des Gerichtshofes, die im Allgemeininteresse gerechtfertigte Begrenzungen der Dienstleistungsfreiheit zum Gegenstand hatten, ist gemein, daß sie auf die "**Besonderheiten *bestimmter* Dienstleistungen**"[117] abheben, welche den zwingenden Grund für die nationalen Schutzvorschriften darstellen.

Welches sind nun diese Besonderheiten, die eine immanent begrenzte Dienstleistung gegenüber den sonstigen, vollständig zu liberalisierenden Dienstleistungen kennzeichnen?

a) Das Urteil "*Versicherungen*"

> Das "Versicherungsurteil"[118] gibt einige verdeutlichende Hinweise preis.
> Der Versicherungssektor stelle einen im Hinblick auf den Schutz des Verbrauchers als Versicherungsnehmer und Versicherter ***besonders sensiblen Bereich***[119] dar. Der Versicherungsnehmer könne im allgemeinen nur äußerst schwer beurteilen, ob ihm die voraussichtliche Entwicklung der finanziellen Situation des Versicherers und die Versicherungsbedingungen, die ihm dieser meistens vorschreibe, eine ausreichende Garantie dafür bieten, daß er im Versicherungsfall entschädigt werde[120].
> Individuelle Beurteilungsschwierigkeiten der Rahmenbedingungen werden hier besonders betont.

116 siehe auch S.4 des Gemeinsamen Standpunktes des Ministerrates v.13.04.1989 zum Richtlinienvorschlag (Ratsdokumente 5858/89 vom 10.04.1989 und 5858/89 COR vom 13.04.1989) [zum sog. "Kooperationsverfahren" nach Art.149 EWGV siehe *Glaesner*, EuR 1988, S.121 f.; *Bieber*, NJW 1989, S.1395 ff.]; dort heißt es: "Diese Richtlinie regelt das notwendige Mindestmaß, um den freien Sendeverkehr zu verwirklichen. Sie berührt daher nicht die Zuständigkeit der Mitgliedstaaten und ihrer Untergliederungen für die Organisation - einschließlich der gesetzlichen oder behördlichen Zulassungen oder der Besteuerung - und die Finanzierung der Sendungen sowie die Programminhalte. Eigenständige kulturelle Entwicklungen in den Mitgliedstaaten und die Bewahrung der kulturellen Vielfalt in der Gemeinschaft bleiben deshalb wie bisher möglich."

117 vgl. nur RS 110 u. 111/78 "*van Wesemael*" Slg. 1979, S.35, 52 Rdnr.28, seitdem ständig

118 EuGH RS 205/84 "*Versicherungen*" NJW 1987, S.572 ff.; dazu *Schwintowski*, NJW 1987, S.521 ff.; *Schmidt*, VersR 1987, S.1 ff.; *Dauses*, EuR 1988, S.378 ff.

119 EuGH a.a.O. (FN 118), S.572, 574 Rdnr.30

120 Ähnlich bereits *Ipsen*, EuR 1978, S.199, 203 ff.

Weiterhin sei die Versicherung in vielen Sparten bereits ein Massenphänomen, so daß ***praktisch die gesamte Bevölkerung tangiert werde***[121].

b) Das Urteil "*Webb*"

Ähnliche Erwägungen tragen das Urteil "Webb"[122], dessen Gegenstand die Überlassung von Arbeitnehmern war. Hier hob der Gerichtshof auf die ***berufliche und soziale Bedeutung dieser Tätigkeit*** sowohl für den Arbeitsmarkt als auch für die berechtigten Interessen der betroffenen Arbeitnehmer ab[123].

c) Das Urteil "*van Wesemael*"

Derselbe Schutzgedanke verbirgt sich hinter der ersten Entscheidung dieser Reihe, die ebenfalls die gewerbliche Stellenvermittlung betraf[124] [125]. Die Gründe stellen hier den Schutz der zu vermittelnden Personen in den Vordergrund[126].

d) Das Urteil "*Rechtsanwälte*"

Ebenfalls Schutzgesichtspunkte bestimmten die Argumentation in der Frage der Dienstleistungsfreiheit für Rechtsanwälte[127].
Gründe des Allgemeininteresses könnten es nicht rechtfertigen, wenn ein dienstleistender EG-ausländischer Rechtsanwalt auch in solchen Verfahren nur im Einvernehmen mit einem in dem anderen Mitgliedstaat zugelassenen Anwalt auftreten dürfe, für die in dem Mitgliedstaat kein Anwaltszwang vorgesehen sei[128]. In diesen Verfahren nämlich verneine der Mitgliedstaat selbst bereits ein ***Schutzbedürfnis*** der Mandanten[129].

---

121 EuGH a.a.O. (FN 118), S.572, 574 Rdnr.31
122 EuGH RS 279/80 "*Webb*" Slg. 1981, S.3305 ff.
123 EuGH a.a.O. (FN 122), S.3305, 3325 Rdnr.18; *Steindorff*, RIW 1983, S.831, 835, spricht von "sozialstaatlichen Normen"
124 EuGH RS 110 u. 111/78 "*van Wesemael*" Slg. 1979, S.35 ff.
125 Unausgesprochen versteckt sich dieser Gedanke auch schon hinter der Entscheidung in der RS 39/75 "*Coenen*" Slg. 1975, S.1547, 1555 Rdnrn 8/11, in der es um die Umgehung nationaler Schutzvorschriften ging; davor ansatzweise RS 33/74 "*van Binsbergen*" Slg. 1974, S.1299, 1309 Rdnrn 10/12
126 EuGH a.a.O. (FN 124), S.35, 52 Rdnr.28
127 EuGH RS 427/85 "*Rechtsanwälte*" NJW 1988, S.887
128 EuGH a.a.O. (FN 121), S.887 Rdnr.14; kritisch dazu *Zuck*, EuR 1988, S.186, 188
129 Ähnlich argumentierte der Gerichtshof schon im Versicherungsurteil a.a.O. (FN 118), S.577 Rdnr.64 f.: Bei Mitversicherungen, die regelmäßig nur kommerzielle Risiken abdeckten, bestehe kein Schutzbedürfnis wie in anderen Sparten, so daß Zulassungs- und Niederlassungserfordernis unzulässig seien.

e) Zusammenfassung

Dienstleistungen, denen aus Gründen des Allgemeininteresses Begrenzungen innewohnen können, müssen demnach ***Gefahren in sich bergen, die der Bevölkerung insgesamt oder zumindest einem großen Teil drohen können***, sofern man die Dienstleistung gänzlich ungeregelt und unbeaufsichtigt erbringen dürfte.
Die zu regelnden Dienstleistungssektoren müssen außergewöhnlich anfällig für ***unseriöse, mißbräuchliche Darbietung sein, ohne daß der Großteil der Empfänger dies unmittelbar erkennen könnte***.
Die Betonung der "Besonderheiten gewisser Dienstleistungen" zeigt, daß der Europäische Gerichtshof die vollkommene Liberalisierung jener Dienstleistungen anstrebt, die ausschließlich wirtschaftlichen Charakter aufweisen. Zugleich wird erkennbar, daß die Besonderheiten ***nicht-ökonomischer*** Art sein müssen.
Dienstleistungen müssen von einem ***gesellschaftlich, politisch, kulturell oder sozial relevanten Einschlag*** geprägt sein, um aus Gründen des Allgemeininteresses Begrenzungen zu unterliegen[130].

3. Gleichbehandlung

Die Statthaftigkeit beschränkender Regelungen aus Gründen des Allgemeininteresses steht unter dem Vorbehalt der Gleichbehandlung in- und ausländischer Dienstleistungen[131].
Alle im Hoheitsgebiet des Bestimmungsstaates tätigen Personen oder Unternehmen müssen den beschränkenden Vorschriften gleichermaßen unterworfen sein[132].
Das Allgemeininteresse gestattet also - im Gegensatz zu Art.56 Abs.1 EWGV - nicht die Anwendung ausländerdiskriminierender Sondervorschriften[133]. Dies gilt nicht nur hinsichtlich förmlicher, sondern zugleich in bezug auf materielle, versteckte Diskriminierungen[134].

---

130 *Schwarze* in ders. (FN 43), S.119, 123, unter Berufung auf GA *Reischl*, Schlußanträge RS 155/73 "*Sacchi*" Slg.1974, S.409, 445

131 *Beutler/Bieber/Pipkorn/Streil* a.a.O. (FN 9), S.318; *Randelzhofer* in Grabitz a.a.O. (FN 11), Art.60 Anm.22; *Jacobs* in Gloy, Handbuch des Wettbewerbsrechts, S.231

132 EuGH RS 279/80 "*Webb*" Slg. 1981, S.3305, 3325 Rdnr.17; RS 427/85 "*Rechtsanwälte*" NJW 1988, S.887 Rdnr.12; *Bleckmann* a.a.O. (FN 78), S.332

133 vgl. *Schwintowski* a.a.O. (FN 77), S.269; GRÜNBUCH, S.125 f.; *Schwarze* in ders. (FN 22), S.11, 31 ff.; *Deringer*, ZUM 1986, S.627, 629; *Seidel*, ZVersWiss 1987, S.175, 191 ff.

134 *Randelzhofer* in Grabitz a.a.O. (FN 11), Art.60 Anm.24

4. Keine Doppelkontrolle[135]

Weitere Voraussetzung der Anwendung der Vorschriften des Bestimmungsstaates ist es, daß dem Allgemeininteresse nicht bereits durch die Rechtsvorschriften Rechnung getragen wird, denen der Leistungserbringer in dem Staat unterworfen ist, in dem er ansässig ist[136].

Eine Doppelkontrolle der Dienstleistungen soll ausgeschlossen werden. So darf der Bestimmungsstaat die Zulassung ausländischer Versicherer nicht an eine Wiederholung der bereits im Niederlassungsstaat erfüllten gleichwertigen gesetzlichen Voraussetzungen binden, und muß die nationale Aufsichtsbehörde die bereits im Heimatstaat vorgenommenen Kontrollen und Überprüfungen berücksichtigen[137].

Dieses Äquivalenzprinzip liegt auch dem im Zuge der EEA eingefügten neuen Art.100b EWGV zugrunde, durch den der Rat ermächtigt wird, nach dem Verfahren von Art.100a EWGV zu beschließen, daß die in einem Mitgliedstaat geltenden Vorschriften als den Vorschriften eines anderen Mitgliedstaates gleichwertig anerkannt werden müssen[138].

Natürlich schließt sich an diese Vorgabe die Frage an, unter welchen Voraussetzungen korrespondierende Vorschriften zweier Staaten als gleichwertig anzusehen sind[139].

Hinsichtlich der Gleichwertigkeit der Regelungen kann es auf eine formale Entsprechung nicht ankommen. Die Freiheit des Dienstleistungsverkehrs ist nach dem EWG-Vertrag die Regel und nicht die Ausnahme. Deshalb ist das Erfordernis der Ähnlichkeit oder Gleichwertigkeit weit auszulegen. Aus der Sicht des zu schützenden Personenkreises muß materiell bewertet werden, ob sich die Vorschriften bei gleichbleibendem Schutzniveau austauschen lassen[140]. Unterschiede, die qualitativ unbedeutsam sind, erlauben die Anwendung inländischen Rechts nicht[141].

---

135 dazu auch *Dauses*, EuR 1988, S.378, 386; *Roth*, EuR 1986, S.340, 359

136 vgl. z.B. EuGH RS 62 u. 63/81 "*Seco/Evi*" Slg.1982, S.223, 235 Rdnr.9; *Everling*, EuR 1982, S.301, 307; *Michaels*, ZVersWiss 1987, S.265, 269

137 EuGH RS 205/84 "*Versicherungen*" NJW 1987, S.572, 575 Rdnr.47; so auch schon das Weißbuch "Vollendung des Binnenmarktes" der Kommission an den Europäischen Rat v.14.06.1985, Dok KOM (85) 310 endg. Rdnr.77 ff.

138 *Beutler/Bieber/Pipkorn/Streil* a.a.O. (FN 9), S.381; *Pescatore*, EuR 1986, S.153, 156 m.w.N.

139 Dieses sog. Substitutionsproblem tritt in ähnlicher Weise bei den immanenten Beschränkungen der Warenverkehrsfreiheit auf, vgl. EuGH RS 188/84 "*Holzbearbeitungsmaschinen*" NJW 1986, S.1418 f.

140 In EuGH RS 205/84 "*Versicherungen*" NJW 1987, S.572, 574 Rdnr.33 heißt es: "...Voraussetzung, daß die Vorschriften des Niederlassungsstaates nicht ausreichen, um das notwendige Schutzniveau zu erreichen."; im Rahmen eines Zulassungserfordernisses (Rdnr.65) spricht der EuGH von "... gleichwertige(n) Bedingungen des Niederlassungsstaates ..."; dazu auch *Mestmäcker* in ders. (FN 22), S.9, 28 f.

141 GRÜNBUCH, S.146 unter Berufung auf EuGH RS 110 u. 111/78 "*van Wesemael*" Slg. 1979, S.35, 52 Rdnr.28 a.E., S.53 Rdnr.30, S.54 Rdnr.39

5. Verhältnismäßigkeit

Abschließend erfährt der soeben anerkannte Vorbehalt des Allgemeininteresses eine gewisse Relativierung. Angesichts der Tatsachen, daß die Dienstleistungsfreiheit ein fundamentaler Vertragsgrundsatz ist[142] und daß ihr materieller Kern anerkannt ist[143], darf das Ziel der Regelung nicht durch weniger einschneidende Bestimmungen erreicht werden können[144].

III. Immanente Schranken als Dauerzustand

Die Rechtsprechung des Europäischen Gerichtshofes läßt jeden Hinweis darauf vermissen, ob die dargestellten immanenten Grenzen der Marktfreiheiten als Dauerzustand hingenommen werden müssen, oder ob divergierende nationale Vorschriften einem umgehend zu realisierenden Harmonisierungsgebot unterworfen sind.
Wenn der Gerichtshof in der Rechtssache "*Debauve*" konstatiert, daß sich ein Verbot der Fernsehwerbung "*in Ermangelung einer Harmonisierung der geltenden Vorschriften*"[145] im Rahmen der jedem Mitgliedstaat belassenen Zuständigkeit bewegt, so läßt sich daraus nicht einmal mit einiger grammatikalischer Sicherheit ein Angleichungsauftrag herleiten. Eine ungleich größere Wahrscheinlichkeit streitet dafür, daß es sich um eine nüchterne Bestandsaufnahme der gegenwärtigen Situation und damit die bloße Feststellung der Anwendungs-voraussetzungen der Grundsätze des Allgemeininteresses handelt[146]. Hätte nämlich der Gerichtshof einen Harmonisierungsauftrag aussprechen wollen, so hätte es nahegelegen, einen deutlichen Hinweis zu erteilen und zugleich, ebenso wie es das Bundesverfassungsgericht zuweilen praktiziert[147], den Mit-

---

142 vgl. z.B. EuGH RS 352/85 "*Bond van Adverteerders*", S.18 Rdnr.36 der hektographierten französischen Fassung = NJW 1989, S.2189, 2191 Rdnr.36

143 dazu *Emmerich*, FS Keller, S.685, 696; *ders*., JuS 1983, S.549; GRÜNBUCH, S.142; *Bleckmann*, EuR 1987, S.28, 32 ff.; *Hübner*, JZ 1987, S.330, 332; *Dauses*, EuR 1988, S.378, 385; ebenso nunmehr der EuGH RS 279/80 "*Webb*" Slg. 1981, S.3305; 3324 Rdnr.16; RS 205/84 "*Versicherungen*" NJW 1987, S.572, 574

144 Die Anwendung des Verhältnismäßigkeitsgrundsatzes ist nicht zuletzt deshalb angezeigt, weil die Beschränkungen aus Gründen des Allgemeininteresses normativ in einer Parallele zu Art.30, 34, 36, 56 EWGV angelegt sind, vgl. *Schwintowski* a.a.O. (FN 77), S.269; *Biagosch*, ZVersWiss 1987, S.245, 252 ff.; *Roth*, ZUM 1989, S.101, 109; sehr deutlich auch EuGH RS 427/85 "*Rechtsanwälte*" NJW 1988, S.887, 888 Rdnrn 25, 32

145 EuGH RS 52/79 "*Debauve*" Slg. 1980, S.833, 857 Rdnr.15 und ständig; RS 205/84 "*Versicherungen*" NJW 1987, S.572, 575 Rdnr.11 "beim gegenwärtigen Stand des Gemeinschaftsrechts"

146 Darauf deutet auch die im Weißbuch a.a.O. (FN 137), Rdnrn 61 ff. ausgebreitete neue Konzeption der EG-Kommission hin, die nun nicht mehr eine lückenlose Harmonisierung sämtlicher Lebensbereiche anstrebt, sondern das Prinzip der gegenseitigen Anerkennung voneinander abweichender nationaler Regelungen favorisiert, dazu *Schwintowski*, ZVglRWiss 1989, S.221, 228 f.;
A.A. i.S.e. Harmonisierungsauftrages der EG und eines vorübergehenden Charakters der im Allgemeininteresse anwendbaren Vorschriften, *Schwartz*, ZUM 1989, S.381, 382, 389

147 z.B. BVerfGE 39, S.169 ff.; *Maunz/Zippelius*, Deutsches Staatsrecht, § 34 V, S.326

gliedstaaten eine Frist zur Anpassung zu setzen, bis zu deren Ablauf es die behindernden Vorschriften zu akzeptieren gewillt sein würde[148].

Behält man zudem im Auge, daß die Kompetenz der EWG im Grundsatz auf wirtschaftliche Sachverhalte begrenzt ist und der Binnenmarkt nach der hier vertretenen Auffassung keine einheitlichen Strukturen des Rundfunks erfordert (vgl. Art.100a EWGV), so wird sich eine Pflicht zur Harmonisierung der im Allgemeininteresse erlassenen, nicht-ökonomischen Schutzvorschriften nicht begründen lassen. Diese können vielmehr dauerhaft angewendet werden.

IV. Rundfunk als "sensibler Bereich" i.S.d. Rechtsprechung des Europäischen Gerichtshofs

Nachdem soeben abstrakt die Grundsätze immanenter Begrenzungen der Dienstleistungsfreiheit im Allgemeininteresse erläutert worden sind, soll nunmehr untersucht werden, ob diese im Rundfunkwesen Anwendung finden können.

Der Rundfunk nimmt in der Bundesrepublik Deutschland eine besondere Funktion und Aufgabe wahr[149]. Er soll informierend, meinungsbildend und dadurch staatsintegrativ wirken. Er soll offen für die Vielfalt der vertretenen Meinungen sein[150] und das demokratische Staatswesen fördern[151]. Die jüngere deutsche Geschichte hat die Väter des Grundgesetzes gelehrt, den Wert freien Rundfunks zu achten und die Rundfunkfreiheit als individuelles Freiheitsrecht eines jeden Bürgers und als institutionelle Rahmen- und Strukturgarantie zu zementieren[152].

Das Bundesverfassungsgericht hat es unternommen, aus dieser Ausgangsposition Grundstrukturanforderungen für die landesrechtliche Rundfunkgesetzgebung abzuleiten[153]. Die Landesgesetzgeber haben sich bemüht, diesem ihnen erteilten Auftrag zu entsprechen und die Rundfunkfreiheit abzusichern.

So darf Rundfunk nur mit Erlaubnis veranstaltet werden[154]. Regelmäßig bleibt die Zulassung je Veranstalter auf maximal ein Hörfunk- und ein Fernsehprogramm

148 Erlaß einer Appellentscheidung, *Stein*, FS Universität Heidelberg, S.619, 634

149 dazu umfassend die in FN 67 Genannten

150 vgl. *Götz von Olenhusen* a.a.O. (FN 25), S.22 ff.

151 vgl. BVerfGE 57, S.295, 320 ff.; 73, S.118, 158 ff.; 74, S.297, 323 ff.; deutlich *Stoiber*, ZUM 1986, S.672, 673

152 dazu *Bausch*, Rundfunkpolitik nach 1945, 1.Teil 1945-1962, S.17 ff., 65 ff., 160 ff.; darauf wird unten § 3 H VI 2 ausführlich zurückzukommen sein

153 Eine knappe Darstellung der Verfassungsrechtsprechung zum Rundfunk liefert die Monopolkommission, HG VII, S.229 f.

154 *Götz von Olenhusen* a.a.O. (FN 25), S.15: *Jarass*, DJT-Gutachten 1986, S. G 72

beschränkt[155]. Gewissen Bewerbern, wie etwa juristischen Personen des öffentlichen Rechts[156], Angehörigen der gesetzgebenden Körperschaften oder Mitgliedern einer Bundes- oder Landesregierung, darf die Erlaubnis nicht erteilt werden[157]. Gleiches gilt für politische Parteien oder von ihnen abhängige Unternehmen[158].

Flankiert werden diese Sicherungen von der Verpflichtung, daß die Programme, jeweils für sich oder doch zumindest in ihrer Gesamtheit, sicherzustellen haben, daß alle bedeutsamen politischen, weltanschaulichen und gesellschaftlichen Kräfte angemessen zu Wort kommen[159].

Diese Vorschriften sind in ihrer Gesamtheit Ausdruck der Gefahren, die aus der manipulativen Wirkkraft des Rundfunks resultieren. Der Rundfunkveranstalter genießt eine erhebliche Machtfülle im Hinblick auf die Rezipienten. Politische wie kommerzielle Beeinflussung können, ohne daß der Hörer sich dessen bewußt würde, kaum effektiver durchgeführt werden als mit Hilfe des Rundfunks.

Machtfülle und Suggestivkraft, die der Rundfunk besitzt, werden durch den ihm eigenen Bequemlichkeitsvorsprung noch potenziert; es ist bequemer zuzuhören bzw. zuzuschauen als zu lesen[160]. Es tritt die ihm eher unreflektiert zugestandene höhere Glaubwürdigkeit infolge des scheinbar höheren Authentizitätsgrades der Berichterstattung hinzu[161]. Schließlich sei an den höheren Zeitaufwand erinnert, den die umfassende Information aus dem Rundfunk erfordert, der dadurch entsteht, daß der Rezipient keine Möglichkeit besitzt, ihm bereits bekannte Informationen nach dem Vorbild der Printmedien einfach zu überblättern[162].

Ein weiterer struktureller Unterschied zur Presse darf nicht unerwähnt bleiben.

Informationen, die durch die Printmedien verbreitet werden, können aus nahezu unendlich vielen Druckwerken entnommen werden, da der Leser die Wahl hat, welche Presseerzeugnisse er wann, wo und in welcher Reihenfolge beachten will. Diese Ausgangsvoraussetzungen bietet der Rundfunk nicht. Dessen geringere Disponibilität gestattet dem Rezipienten nicht, aus einer vergleichbaren Vielzahl unterschiedlichster

---

155 vgl. z.B. § 19 Abs.1 LMG BaWü (GVBl.1985, S.539 ff.); § 19 Abs.1 HmbMedienG (GVB Hmb 1985, S.315 ff.); § 5 Abs.3 LRG Rhl.-Pf. (GVBl. 1984, S.159 ff.)

156 § 40 Abs.3 LRG Saarland (Amtsblatt 1984, S.1249); § 5 Abs.1 NdsLRG (GVBl. 1984, S.147 ff.); § 19 Abs.1 HmbMedienG a.a.O. (FN 155)

157 Art.25 Abs.1 Satz 3 BayMEG (GVBl. 1984, S.445 ff.); § 40 Abs.2 Nr.2 LRG Saarland a.a.O. (FN 156)

158 Einzelheiten bei *Jarass* a.a.O. (FN 154), S. G 73 sowie ZUM 1986, S.303 ff.

159 Art.3 BayMEG a.a.O. (FN 157); § 12 Abs.2 LRG Rhl.-Pf. a.a.O. (FN 155); § 11 Abs.1 LRG SLH (GVBl. 1984, S.214 ff.)

160 vgl. *Schmidt*, Die Rundfunkgewährleistung, S.80; *Lieb*, Kabelfernsehen und Rundfunkgesetze, S.220 ff.

161 *Klein*, Die Rundfunkfreiheit, S.64; *Faul* in Scherer (FN 73), S.103, 105

162 vgl. umfassend *Herrmann*, Fernsehen und Hörfunk in der Verfassung der Bundesrepublik Deutschland, S.320 ff.; *Stammler*, Verfassungs- und organisationsrechtliche Probleme des Kabelrundfunks, S.12 ff.; *Lieb*, a.a.O. (FN 160), S.224 ff. m.w.N.

Informationsangebote zu schöpfen. Rundfunk verlangt die Unterordnung des Teilnehmers unter örtliche und zeitliche Strukturen, während vollständige Information durch die Presse allein vom Willen des Lesers abhängt[163].

Eine Gefährdung der kulturellen Dimension[164] des Rundfunks im Falle von dessen vollständiger Preisgabe an Marktmechanismen kann ebenfalls nicht ausgeschlossen werden[165]. Konzentration im Medienwesen, Abhängigkeit von der werbenden Wirtschaft und damit verbundene Kommerzialisierung können das Programmniveau erheblich in Mitleidenschaft ziehen[166].

Auch zeigt die Diskussion um eine Kompetenz der Gemeinschaft zum Tätigwerden im Rundfunkwesen[167] recht eindeutig, daß der Sendetätigkeit gewisse Besonderheiten zu eigen sind, die sie vom Kreis der Dienstleistungen abgrenzen, die infolge ihrer wirtschaftlichen Prägung diskussionslos der gemeinschaftsrechtlichen Regelungsmacht überlassen werden[168]. Der meinungsbildende und kulturelle Schwerpunkt[169] des Rundfunks rechtfertigt eine abweichende Behandlung gegenüber den rein wirtschaftlichen Dienstleistungen in Parallele zu den im Arbeitsvermittlungs-, Versicherungs- und Rechtspflegebereich anerkannten Grundsätzen.

> Der Rundfunksektor ist daher nach den Maßstäben des Europäischen Gerichtshofs als ein "sensibler Bereich" anzuerkennen, in dem im Allgemeininteresse erlassene Vorschriften, zumindest vom Grundsatz her, die Dienstleistungsfreiheit begrenzen können[170].

---

163 vgl. *Lieb* a.a.O. (FN 160), S.224

164 ausführlich dazu unten § 3 H VI 4 a)

165 vgl. *Hilf*, MP 1987, S.73, 74; *Bullinger* in Mestmäcker (FN 22), S.45, 68; *Hoffmann-Riem*, RuF 1986, S.5, 16 ff.;
Selbst die EG-Kommission verschließt sich dieser Dimension des Rundfunks nicht, wie die von ihr vorgeschlagene "Euroquote" (Art.4-9 des Richtlinienvorschlages a.a.O. [FN 104]) beweist

166 vgl. *Klein* a.a.O. (FN 161), S.65

167 vgl. oben S.2 ff.

168 vgl. *Reich*, Schutz und Förderung diffuser Interessen durch die EG, S.92

169 vgl. *Roth*, EuR 1987, S.7, 8 "Schwerpunkt im nicht-ökonomischen Bereich"

170 *Seidel* in Scherer a.a.O. (FN 73), S.133, 140; *Reich*, RuF 1989, S.305, 308 mit FN 10; zwanglos ohne tiefere Begründung hat dies der Europäische Gerichtshof in den Rechtssachen 52/79 "*Debauve*" Slg. 1980, S.833, 856 Rdnr.12 und 352/85 "*Bond van Adverteerders*", S.17 Rdnr.38 der hektographierten französischen Fassung = NJW 1989, S.2189, 2191, postuliert

V. Die Bestimmung des Allgemeininteresses

1. Die Auslegung des Begriffs "Allgemeininteresse" durch die EG-Kommission

a) Vorbemerkung

Die EG-Kommission hat es, ihrer Rolle als Lokomotive der europäischen Integration gerecht werdend, als erste unternommen, eine einheitliche, abstrakte und in sich geschlossene Konzeption der im Allgemeininteresse anzuerkennenden Reglementierungen des Rundfunkwesens zu entwickeln[171].

Leider läßt die Kommission eine Trennung zwischen ausländerdiskriminierenden Vorschriften aus Gründen des Art.56 Abs.1 EWGV und sonstigen, unterschiedslos anwendbaren Behinderungen im Allgemeininteresse vermissen[172]. Beide Alternativen werden gleichgesetzt, ohne daß man sich der naheliegenden Frage gewidmet hätte, ob tatsächlich eine Kongruenz der tatbestandlichen Voraussetzungen und der Rechtsfolgen existiert[173].

Deshalb beansprucht die im folgenden wiedergegebene Argumentation für beide Begrenzungen der Dienstleistungsfreiheit Geltung.

b) Ausgangspunkt: Art.10 EMRK

Das gedankliche Fundament der Argumentation der EG-Kommission wird von Art.10 der Europäischen Menschenrechtskonvention gestellt[174].

Die EG-Kommission glaubt der Rechtsprechung des Europäischen Gerichtshofs die Direktive entnehmen zu müssen, daß materiellrechtlich der Rahmen des Art.10 EMRK

171 GRÜNBUCH, S.125 ff., 166 ff.; *Schwartz* in Magiera (FN 22), S.136 ff.; *ders.* in Schwarze (FN 22), S.45, 99 ff.; *ders.*, Diskussionsbeitrag auf dem 11. F.I.D.E. -Kongreß v.19.-22.Sept.1984, dokumentiert bei *Stender*, Tagungsbericht, ZUM 1985, S.204, 206; dort beipflichtend *Clough*; *Vogel*, Blick durch die Wirtschaft v.20.08.1984

172 dazu bereits oben § 3 G I und II; siehe GRÜNBUCH, S.156; auch der Gerichtshof, der bisher diese Differenzierung stets vollzog, hat dies in der RS 352/85 "*Bond van Adverteerders*" versäumt; ähnlich "trauernd" *Hoffmann-Riem* in Nicolaysen/Quaritsch (FN 86), S.75, 79; dazu eingehend unten § 3 H V 4 d) und VI 4

173 dazu unten § 3 H V 4 d; sowie *Reich* in Hoffmann-Riem (FN 42), S.224, 227; *Engel*, ZRP 1988, S.240, 241; *Rudolph*, AfP 1986, S.106, 110 sowie in VBlBW 1986, S.252, 255 f.;
Anzumerken bleibt, daß diese Zusammenfassung aus der Sicht der Kommission durchaus konsequent erscheint, wenn man berücksichtigt, daß sie die immanenten Begrenzungen der Dienstleistungsfreiheit aus Gründen des Allgemeininteresses als echte Ausnahmen neben Art.56 Abs.1 EWGV wertet (GRÜNBUCH, S.156, dagegen bereits oben § 3 G III) und man sich zugleich ihr Ergebnis verdeutlicht, daß allein polizeirechtliche Gesichtspunkte *überhaupt* Beschränkungen der Dienstleistungsfreiheit rechtfertigen können (GRÜNBUCH, S.135).

174 Konvention zum Schutz der Menschenrechte und Grundfreiheiten v.04.11.1950 (BGBl.1952 II, S.686 ff.); Abdruck des Wortlauts von Art.10 im GRÜNBUCH, S.129 sowie bei *Engel*, ZRP 1988, S.240, 241 FN 3

diktiere, welcher Spielraum zur Einschränkung der rundfunklichen Dienstleistungen zur Verfügung stehe[175].

Kern der Ableitung ist die Feststellung, daß die materiellrechtlichen Bestimmungen der Konvention in allen Mitgliedstaaten verbindlich seien und daher eine gemeinschaftsweit einheitlich geltende Grundrechtsordnung geschaffen werde[176]. Die von der EMRK postulierten Grundrechte garantierten die Mindeststandards, welche die Auslegung des Gemeinschaftsrechts prägten, soweit nicht sogar dessen Schutz im Einzelfall umfassender sei[177].

> ***Da in den Genuß der Freiheiten des Art.10 EMRK neben den "aktiven" Rundfunksendern und Kabelunternehmern zugleich die Veranstalter "passiven" Kabelfernsehens gelangten, seien ausschließlich in den in Art.10 Abs.2 EMRK spezifizierten Fällen Beschränkungen der Veranstaltung wie des Empfangs mit anschließender Weiterverteilung von Rundfunk-sendungen statthaft***[178].

Mit dieser Folgerung war zumindest der erste juristische Graben übersprungen. Doch galt es auf dem Kurs zur Dienstleistungsfreiheit eine weitere Klippe zu umschiffen.

Art.10 Abs.1 Satz 3 EMRK garantiert die in den Sätzen 1 und 2 deklarierten Freiheiten Rundfunkunternehmen nur dann, wenn diese, sofern ein staatliches Genehmigungsverfahren eingeführt ist, auch tatsächlich genehmigt sind[179]. Dieser Vorbehalt gestattet die Einführung eines Lizenzierungszwanges, nennt aber keine Anforderungen an dessen inhaltliche Ausgestaltung.

Die EG-Kommission deutet zwar an, daß dem Genehmigungsvorbehalt des Art.10 Abs.1 Satz 3 EMRK andere Kriterien als den Beschränkungsmöglichkeiten nach Art.10 Abs.2 zugrunde liegen könnten[180], vertieft diese Frage indes nicht. Etwaige Zweifel an einer Kongruenz der Gründe, die eine Versagung der Genehmigung nach Art.10 Abs.1 Satz 3 EMRK erlauben und den Beschränkungs- bzw. Verbotsgründen des Abs.2 werden bereits im nachfolgenden Absatz lapidar und ohne Begründung weggewischt[181].

---

175 GRÜNBUCH, S.127, 128 f. und passim; zustimmend *Mestmäcker* in ders. (FN 22), S.9, 30; *Roth* ZHR 149 (1985), S.679, 692; *Fiucynski*, MA 1984, S.563 ff., 566; *Brühann* in AKW (FN 2), S.11, 16

176 GRÜNBUCH, S.128

177 GRÜNBUCH, S.128

178 GRÜNBUCH, S.131

179 vgl. *Frowein/Peukert*, EMRK, Art.10 Rdnr.19; *Degenhart*, EuGRZ 1983, S.205, 212; *Schwartz* in Schwarze (FN 22), S.45, 90; *Hoffmann-Remy*, Die Möglichkeiten der Grundrechtseinschränkung nach Art.8-11 Abs.2 EMRK, S.166

180 GRÜNBUCH, S.133, 3.Absatz

181 GRÜNBUCH, S.133, 4.Absatz

Die erste Säule der Konzeption der EG-Kommission war damit errichtet: Die Möglichkeit eines jeden Rundfunkveranstalters, sich vorbehaltslos auf die Freiheiten des Art.10 Abs.1 Satz 1 EMRK berufen zu können.

An diese grundlegende Weichenstellung schließt sich die Prämisse an, daß der in Art.10 Abs.2 EMRK verwandte Terminus "défense de l'ordre" bzw. "prevention of disorder"[182] erheblich enger gefaßt sei als der Begriff des "ordre public" in Art.56 Abs.1 EWG-Vertrag[183]. Er sei ausschließlich im polizeirechtlichen, den öffentlichen Frieden verteidigenden Sinne zu begreifen, so daß auch die Beschränkungsmöglichkeiten des Art.56 Abs.1 EWGV auf diesen Gehalt zu reduzieren seien[184]. Diese Abgleichung sei geboten, wenn man verhindern wolle, daß einer Erosion der von Art.52 bis 66 EWG-Vertrag und Art.10 EMRK garantierten europäischen Gleichheits- und Freiheitsrechte Tür und Tor geöffnet werde[185].
Eine weitere Überlegung soll dieses Ergebnis der EG-Kommission untermauern.
Die Gründungsmitglieder der EWG hatten bei Abschluß der Römischen Verträge bereits alle die Menschenrechtskonvention unterzeichnet. In fünf der sechs Gründungsstaaten galt die EMRK bereits völkerrechtlich wie innerstaatlich, so daß diese Staaten sich der Dispositionsbefugnis begeben hätten, die drei Vorbehalte, die sie in Art.56 Abs.1 EWGV niederlegten, hinsichtlich der Materien, welche zugleich unter Art.10 EMRK fallen, über die Grenzen der korrespondierenden Vorbehalte des Art.10 Abs.2 EMRK hinaus auszudehnen[186].
Die Grenzen des Art.10 Abs.2 EMRK sprengende Einschränkungsmöglichkeiten nach Art.56 Abs.1 EWGV widersprächen zudem der Systematik der beiden Vertragswerke: Es könne angenommen werden, daß die EG-Mitgliedstaaten die in ihrem engeren Zusammenschluß, der EWG, verbürgten Freiheiten als das gemeinsame ***Minimum*** angesehen hätten, die Einschränkungsbefugnisse des Art.10 Abs.2 EMRK hingegen als ein von ihnen nicht auszunutzendes ***Maximum***[187].

c) Konsequenzen der Auslegung der EG-Kommission

Werden allein polizeirechtliche Gesichtspunkte als Rechtfertigungsgründe i.S.d. Art.56 Abs.1 EWGV bzw. des Allgemeininteresses anerkannt, so resultiert daraus unmittelbar

182 Für die innerstaatliche Anwendung der EMRK sind die authentischen englischen und französischen Texte maßgeblich, vgl. Schlußklausel zur EMRK sowie *Binder*, EuGRZ 1986, S.209; *Preslmayr*, EuGRZ 1985, S.221, 222
183 nach der Ausgangsvoraussetzung natürlich auch die des "Allgemeininteresses"
184 GRÜNBUCH, S.135, 2.Absatz; ähnlich *Hauschka*, ZUM 1987, S.559, 563
185 GRÜNBUCH, S.135, 6.Absatz
186 GRÜNBUCH, S.135 f., 169
187 GRÜNBUCH, S.136

der Befund, daß die soziale, gesellschaftliche und kulturelle Ordnung eines Staates, sei es generell oder partiell, etwa im Presse- oder Rundfunkwesen, keinesfalls der (rundfunklichen) Dienstleistungsfreiheit Einhalt gebieten könnte[188].
Ebenso gestattet das Allgemeininteresse nach Ansicht der EG-Kommission nicht den Schutz der wirtschaftlichen Ordnung des Staates oder einzelner Sektoren oder die Sicherung bestimmter öffentlicher Interessen wirtschaftlicher oder finanzieller Art[189].
Dasselbe Verbot träfe Bestimmungen, die einem ausländischen Rundfunksender als Bedingung auferlegten, wie ein inländischer organisiert zu sein oder ein Programm auszustrahlen, das den Anforderungen an inländische Programme gerecht wird[190].
Ein Kunstgriff ermöglicht aber auch der EG-Kommission ein Abrücken von ihrem restriktiven "Ordre public"-Begriff. Die Kommission erkennt an, daß Art.10 Abs.2 EMRK Güter aufzählt, die über ein enges polizeirechtliches Verständnis hinausweisen[191]. Die Kommission weist diese schutzbedürftigen Güter dennoch als Unterfälle des "Ordre public" aus, wodurch trotz terminologischer Gradlinigkeit das enge polizeirechtliche Korsett gesprengt wird[192].

d) Zusammenfassung

Nach Auffassung der EG-Kommission können allenfalls nachstehende Gründe Einschränkungen des freien Flusses der Information rechtfertigen[193]:
- Nationale Sicherheit
- Territoriale Unversehrtheit
- Öffentliche Sicherheit
- Aufrechterhaltung der Ordnung

(im polizeirechtlichen wie im strafrechtlichen Sinn[194])
- Verhütung von Verbrechen
- Schutz der Gesundheit
- Schutz der Moral
- Schutz des guten Rufs oder der Rechte anderer

188 GRÜNBUCH, S.135, 136, 171; zustimmend *Roth*, ZHR 149 (1985), S.679, 692; *Kresse*, WRP 1988, S.575, 578; anders *Hoffmann-Riem* in Nicolaysen/Quaritsch (FN 86), S.75, 78 f.; *Seidel* in Scherer (FN 73), S.133, 141 ff.

189 GRÜNBUCH, S.135

190 GRÜNBUCH, S.137, 174

191 als Beispiel sei nur die "Moral" genannt

192 GRÜNBUCH, S.135

193 GRÜNBUCH, S.169; eine exemplarische Prüfung eines die Freiheit der Mitteilung beschränkenden Gesetzes am Maßstab des Art.10 Abs.2 EMRK zeigt *Ehlermann* im Plädoyer der EG-Kommission in den verbundenen Rechtssachen 60 und 61/84 "*Cinéthèque*" Slg. 1985, S.2605 ff., dort allerdings nicht abgedruckt, sondern in Schwarze (FN 22), S.240, 242 ff.

194 GRÜNBUCH, S.170

- Verhinderung der Verbreitung von vertraulichen Informationen
- Gewährleistung des Ansehens und der Unparteilichkeit der Rechtsprechung

2. Kritik an der Auslegung der EG-Kommission

Die EG-Kommission darf sich rühmen, ein aus ihrer integrationsfreundlichen Perspektive konsequent erscheinendes Modell entwickelt zu haben. Der Rekurs auf Art.10 EMRK in Verbindung mit der ihm von der Kommission verliehenen Bedeutung stellt das effizienteste Konzept zur Realisierung des "*Fernsehens ohne Grenzen*" dar.
Doch muß sich die EG-Kommission im Gegenzug die Frage gefallen lassen, ob ihre liberalisierungsfreudige Sicht nicht billigenswerte nationalstaatliche Interessen vollständig ausblendet, ohne daß das Gemeinschaftsrecht dies veranlaßte oder gar zwingend forderte.

a) Der Ausgangspunkt

Als Herzstück des Argumentationsstranges stellt der von der EMRK gewährleistete Bestand an Grundrechten eine sinnvolle und europarechtlich zumindest naheliegende Ausgangsbasis dar. Soweit nämlich derzeit in den Mitgliedstaaten überhaupt den Gesetzgeber bindende Grundrechtsgewährleistungen anzutreffen sind, sind sie, sowohl hinsichtlich ihres materiellen Gehalts als auch hinsichtlich ihrer Durchsetzbarkeit, unterschiedlich ausgeformt; ein einheitliches Schutzniveau ist nicht erkennbar[195].
Daneben darf ein weiterer Aspekt nicht unterschätzt werden. Zöge man die maßgeblichen Auslegungsgesichtspunkte für Umfang und Grenzen von Freiheitseinschränkungen ausschließlich aus den nationalen Grundrechten des jeweiligen Empfangsstaates, so würde ein Schutz grenzüberschreitender Rundfunksendungen regelmäßig verfehlt, weil ausländische Sendeunternehmen im Inland weithin keinen Grundrechtsschutz genießen[196].

195 *Pernice*, Grundrechtsgehalte im Europäischen Gemeinschaftsrecht, S.17 ff. mit umfangreichen Nachweisen. In dieser Schärfe gilt diese Aussage indes einzig für die Berufsfreiheit, vgl. *Ipsen* a.a.O. (FN 106), S.732 f.;
Diese Inkongruenzen erklären zugleich den Art.27 der Erklärung des Europäischen Parlaments über Grundrechte und Grundfreiheiten vom 12.April 1989 (abgedruckt in EuGRZ 1989, S.205 ff.), der die Harmonisierungsprobleme unterschiedlicher Grundrechtsstandards in den Mitgliedstaaten im Sinne der Garantie eines Maximalstandards löst. Es wird klargestellt, daß der bestehende Schutz von Grundrechten im nationalen und internationalen Bereich durch die Erklärung nicht angetastet wird, vgl. *Beutler*, EuGRZ 1989, S.185, 186

196 vgl. Art.19 Abs.3 GG; siehe ferner die sog. "Deutschengrundrechte"; dazu *Bleckmann* a.a.O. (FN 78), S.342; *Friauf* in AKW (FN 2), S.23, 25; umfassend *Schröder*, FS Schlochauer, S.137 ff.;

Allerdings läßt dieser Ansatz der EG-Kommission jeden Versuch vermissen, das Spektrum des Art.56 Abs.1 EWGV anhand eines selbständigen, nicht von der EMRK abgeleiteten bzw. mit dieser gleichzusetzenden, genuin gemeinschaftsrechtlichen Grundrechtsniveaus auszuleuchten.
Die Gemeinschaftsverträge selbst enthalten zwar bis auf einzelne Artikel, die - wie Art.7 und Art.119 EWGV - Aspekte des Gleichheitsgrundsatzes betreffen, keinen ausdrücklichen Grundrechtskatalog[197].
Doch hat der Europäische Gerichtshof seit 1969 anerkannt, daß es zu seinen vornehmsten Aufgaben gehöre, im Rahmen der von ihm zu respektierenden allgemeinen Rechtsgrundsätze des Gemeinschaftsrechts auch die Grundrechte zu wahren[198]. Diese würden von den gemeinsamen Verfassungsüberlieferungen der Mitgliedstaaten getragen, seien aber dessenungeachtet in die Struktur und die Ziele der Gemeinschaft zu integrieren[199].
In einem späteren Urteil zieht der Gerichtshof hieraus die Konsequenz, daß er keine Maßnahmen als Rechtens anerkennen könne, "*die unvereinbar sind mit den von den Verfassungen dieser Staaten* [der Mitgliedstaaten] *anerkannten und geschützten Grundrechten*"[200]. **Auch**[201] die internationalen Verträge über den Schutz der Menschenrechte, an deren Abschluß die Mitgliedstaaten beteiligt waren oder denen sie beigetreten sind, könnten Auslegungshinweise liefern, die im Rahmen des Gemeinschaftsrechts zu berücksichtigen seien[202].

Eine Besonderheit zeigt sich natürlich bei der eigentlich einzig effizienten Konstellation des Fernhaltens grenzüberschreitender Sendungen, dem Fall der unveränderten Kabeleinspeisung eines grenzüberschreitenden Signals im Nichtempfangsbereich. Dort findet zwar die Einwirkung auf eine inländische Rechtsperson, den Kabelunternehmer, statt. Doch trifft die Beschränkung nach der hier favorisierten GESAMTSCHAU (vgl. oben § 2 D IV 2 b) cc)) eine grenzüberschreitende Dienstleistung. Da die Kabelstation aber kein inländischer "Sender" im juristischen Sinne ist (vgl. oben § 3 A I 2 und 3), könnte der ihr offen stehende Grundrechtsschutz nicht zugunsten der Auslandssendung streiten.

197 *Beutler*, EuGRZ 1989, S.185, 186; *Schweitzer/Hummer*, Europarecht, S.157; *Bleckmann* a.a.O. (FN 78), S.107; dies war zugleich der Grund für den sehr zurückhaltenden Beschluß des Bundesverfassungsgerichts v.29.05.1974 "*Solange I*", BVerfGE 37, S.271 ff.

198 deutlich z.B. EuGH RS 60 u. 61/84 "*Cinéthèque*" Slg. 1985, S.2605, 2627 Rdnr.26; *McKenzie Stuart*, ZfRV 1988, S.202, 206; *Langeheine*, Diss.iur. Berlin 1988, S.56 ff.; zur Entwicklung europäischer Grundrechte *Zuleeg*, FS Schlochauer, S.983, 985 ff.; *v.Simson*, FS v.d.Groeben, S.391, 400 f.; *Schwarze*, EuGRZ 1986, S.293 ff.

199 vgl. EuGH RS 29/69 "*Stauder*" Slg. 1969, S.419, 425 Rdnr.7; RS 11/70 "*Internationale Handelsgesellschaft*" Slg. 1970, S.1125, 1135 Rdnr.3; *Ipsen* a.a.O. (FN 101), S.730 f.; *McKenzie Stuart*, ZfRV 1988, S.202, 206

200 EuGH RS 4/73 "*Nold*" Slg. 1974, S.491, 507 Rdnr.13; bestätigend RS 44/79 "*Hauer*" Slg. 1979, S.3727, 3744 Rdnr.15

201 Hervorhebung vom Verfasser

202 EuGH a.a.O. (FN 200); *Herrmann*, GRUR Int. 1984, S.578, 580; zur Methodik *Pernice* a.a.O. (FN 195), S.25 ff.; *Ipsen*, EuR 1987, S.1, 2, spricht von "normativer Inbezugnahme"; zum Beitrag der deutschen Grundrechtsdogmatik für die Europäische Grundrechtsdogmatik siehe *Everling* in Nicolaysen/Quaritsch (FN 86), S.63, 66 ff.

Der bewußte Gebrauch des Adverbs "**auch**" in der Diktion des Gerichtshofs verdeutlicht, daß nicht allein die EMRK einen europäischen Grundrechtsstandard formuliert. Der Gerichtshof ist nicht, wie dies die pauschale Gleichsetzung im Konzept der EG-Kommission vermuten ließe, auf Grund einer Rechtsvergleichung zu dem Ergebnis gelangt, die "europäischen" Grundrechtsverbürgungen und die Garantien der EMRK seien deckungsgleich[203]. Letztere steuern lediglich Orientierungsmarken zur Bestimmung ersterer bei[204]. Vergeblich wird man etwa im Rahmen der Menschenrechtskonvention eine Abdeckung der sog. wirtschaftlichen und sozialen Gesichtspunkte suchen[205]. Anders ließe es sich kaum erklären, daß in der Gemeinschaft leidenschaftlich um die verbindliche Garantie sozialer Grundrechte, zumindest aber den Erlaß einer Europäischen Sozialcharta gerungen wird[206].
Letztlich bedeutete die beschriebene Gleichsetzung zumindest faktisch die allgemein abgelehnte Bindung der Gemeinschaft als Institution an die Garantien der EMRK[207].
Umso gravierender ist deshalb das Versäumnis der EG-Kommission, nicht versucht zu haben, aus den europäischen Staatenverfassungen einen möglicherweise legitimierbaren gemeinsamen Bestand an kommunikationspolitischen Schutzanliegen herauszufiltern, der über die Güter des Art.10 Abs.2 EMRK hinausgeht[208].
Angesichts der Feststellung, daß die jeweiligen Grundrechtsgewährleistungen der mitgliedstaatlichen Verfassungsordnungen nicht auf den Katalog der Menschenrechtskonvention beschränkt sind, wäre vor einem pauschalen Verweis auf deren Art.10 - soweit man seine Anwendbarkeit überhaupt für gegeben erachtet - darzulegen gewesen, daß der von der EMRK gesetzte Standard nicht bereits durch europäische Grundrechte umfassenderen, zumindest aber anderen Inhalts abgelöst ist[209].

---

203 vgl. *Bleckmann*, EuGRZ 1976, S.265, 266

204 so auch *Ipsen*, Rundfunk im Europäischen Gemeinschaftsrecht, S.57; *Bleckmann*, EuGRZ 1976, S.265, 266; *Hoffmann-Riem*, MP 1985, S.181, 187; *Herrmann*, GRUR Int. 1984, S.578, 580; *Roth*, ZUM 1989, S.101, 108; *Schmidt*, NJW 1986, S.1792, 1795; *Jarass*, EuR 1986, S.75, 86; ganz deutlich GA *Slynn* in seinem Schluß-antrag in den RS 60 u. 61/84 "*Cinéthèque*" Slg. 1985, S.2605, 2616 unter Dar-stellung der EuGH-Rechtsprechung; ebenso das Bundesverfassungsgericht in seinem "*Solange II*"-Beschluß v.22.10.1986, BVerfGE 73, S.339 ff.

205 vgl. *Glaesner*, EuR 1980, S.119; *Riedel* in Schwartländer/Willoweit (Hrsg.): Meinungsfreiheit, S.275, 279 f.; *Bahlmann*, FS Carstens, S.17, 24 f.; *Beutler/Bieber/Pipkorn/Streil* a.a.O. (FN 9), S.220 f. m.w.N.

206 siehe dazu nur HB v.23.05.1989, S.4; 26./27.05.1989, S.5; 31.05.1989, S.6; 07.06.1989, S.3; 08.06.1989, S.4, 12.06.1989, S.6; 14.06.1989, S.8; 19.06.1989, S.4; 26.06.1989, S.3; 27.06.1989, S.10; 06.07.1989, S.4; 27.07.1989, S.3; 14.09.1989, S.6

207 *Pernice* a.a.O. (FN 185), S.135, 136; *Bahlmann* a.a.O. (FN 205), S.23 ff.; *Weber*, EuGRZ 1976, S.157, 158 m.w.N.; Stellungnahme der britischen Regierung in der RS 118/75 "*Watson*" Slg. 1976, S.1185, 1191; *Roth*, ZUM 1989, S.101, 108; zweifelnd *Claudi*, Die Bindung der EWG an Grundrechte, S.109 ff.

208 so *Hoffmann-Riem* in ders. (FN 42), S.201, 206

209 In diese Richtung führt ebenfalls die Stellungnahme der britischen Regierung in der RS 118/75 "*Watson*" Slg. 1976, S.1185, 1191, wo sie ausführt: "Die für die Gemeinschaft wichtigsten Grundrechte sind im Vertrag und im abgeleiteten Gemeinschaftsrecht niedergelegt. Einige dieser Grundrechte spiegeln Grundsätze wider, die in der Konvention enthalten sind"; vgl. dazu auch *Ros*, Die

Nicht zuletzt die Bekundungen der Organe der Gemeinschaft deuten auf die Existenz eines gegenüber dem Gehalt der EMRK weitergehenden gemeinschaftsrechtlichen Grundrechtsstandards hin[210].

Aus diesen Gründen begegnet bereits der Ausgangspunkt der EG-Kommission Bedenken[211].

b) Kompetenzverlagerung auf die EG ?

Ein weiteres Bedenken gegen die generelle Anwendbarkeit von Art.10 EMRK trägt ***BÖRNER*** vor[212].

Schränke man den für mitgliedstaatliche Regelungen offenen Bereich mit Hilfe der EMRK ein, so erweitere das die Eingriffsbefugnisse und Rechte der Gemeinschaft entgegen der Absicht ihrer Mitglieder. Zudem spreche nichts dafür, daß die Mitgliedstaaten die Durchsetzung der Menschenrechtskonvention außer den in der Konvention vorgesehenen Instanzen auch noch den Institutionen der Gemeinschaft übertragen wollten[213].

In der vorgetragenen Generalität kann der Kritik von ***BÖRNER*** nicht beigetreten werden. Die EG-Kommission zeigt in ihrem Modell den Umfang der nach ihrer Ansicht möglichen mitgliedstaatlichen Beschränkungen auf, ohne eine Kompetenz zugunsten

---

unmittelbare Anwendbarkeit der EMRK, S.42, sowie BVerfGE 73, S.339 ff., wo es zutreffend heißt, daß der naturgemäß fallweise sich entwickelnde und ggf. gegenüber dem Grundgesetz noch lückenhafte Grundrechtsschutz der EG das ihn tragende Prinzip nicht in Frage stelle.

210 Die Gemeinsame Erkärung von Europäischem Parlament, Rat und Kommission v.05.04.1977 (ABl. C 103/1 v.27.04.1977) stellt insbesondere ein Bekenntnis zu einem in Geltung stehenden, formulierten Katalog europäischer Grundrechte dar, der die EMRK weit hinter sich läßt.
Dasselbe gilt für die Erkärung des Europäischen Parlaments v.12.04.1989 (FN 195).
Gegen den Charakter der EMRK als zwingenden alleinigen Grundrechtskatalog spricht vor allem ihr Art.65, der eine Kündigung gestattet.

211 so auch *Jarass*, EuR 1986, S.75, 86; *Hoffmann-Riem*, MP 1985, S.181, 187;
Einschränkend muß allerdings hinzugefügt werden, daß der Geltungsbereich gemeinschaftsrechtlicher Grundrechte ausdrücklich auf die Auslegung und Anwendung von Gemeinschaftsrecht durch Organe der Gemeinschaft beschränkt ist. Die Überprüfung mitgliedstaatlicher Rechtsakte auf Gebieten eigener Zuständigkeit, der eigentlich für Empfangsbeschränkungen relevante Fall, kann nicht am Maßstab von Gemeinschaftsgrundrechten stattfinden, vgl. EuGH RS 60 u. 61/84 "*Cinéthèque*" Slg. 1985, S.2605, 2627 Rdnr.26; *Seidel*, Diskussionsbeitrag auf dem 11.Kongreß der F.I.D.E. v.19.-22.09.1984, dokumentiert bei *Stender*, Tagungsbericht, ZUM 1985, S.204, 206;
Doch ist der EG-rechtliche Grundrechtslevel Abbild des in den einzelnen Mitgliedstaaten bewahrten Standards. Ist hiernach bereits die EG zur Beachtung über die EMRK hinausgehender Grundrechte verpflichtet, so muß dies erst recht für die Mitgliedstaaten gelten; vgl. *Frowein* in Cappelletti/Seccombe/Weiler (Hrsg.): Integration through law, Europe and the American Federal Experience, Band I, S.302;
In der RS 352/85 "*Bond van Adverteerders*" NJW 1989, S.2189, 2191 Rdnrn 40 ff., weicht der Gerichtshof einer Entscheidung dieser Frage aus.

212 *Börner*, ZUM 1985, S.577, 586

213 *Börner* a.a.O. (FN 212), S.586

der EWG in Anspruch zu nehmen. Sie stellt lediglich nach ihrem Verständnis bereits existente Sperren dar, die zugleich europarechtliche unbestimmte Rechtsbegriffe ausfüllen. Dadurch werden aber keinesfalls Eingriffsbefugnisse der Mitgliedstaaten auf die EWG hinübergezogen[214]. Es darf auch nicht übersehen werden, daß zwar die Mitgliedstaaten, an die EMRK gebunden sind, nicht aber die EG als Institution[215].

Insofern erhebt sich die EG-Kommission nicht zur Kontrollinstanz für die Menschenrechtskonvention, sondern bleibt Organ zur Bekämpfung einzelstaatlicher Verstöße gegen den EWG-Vertrag, der in diesem Falle nach ihrem Verständnis deckungsgleich mit der EMRK ist[216]. Sie läßt zugleich erkennen, daß sich eine Richtlinie der EG auf dieses Verständnis stützen werde, also, aus ihrer Sicht konsequent, nicht in ureigene Befugnisse der Mitgliedstaaten eingreifen werde[217].

c) Das Genehmigungserfordernis des Art.10 Abs.1 Satz 3 EMRK

Selbst wenn im Sinne der EG-Kommission Art.10 EMRK generell einschlägig sein sollte, kann die materielle Bedeutung, die diese Vorschrift durch die Interpretation der Kommission erhält, nicht akzeptiert werden.

Die EG-Kommission als Organ einer Wirtschaftsgemeinschaft kann nicht umhin, wirtschaftlich zu argumentieren[218] und muß folglich rundfunkspezifische Motivationen als Begrenzungen der Dienstleistungsfreiheit ablehnen[219].

Dieser Hintergrund mag sich als Erklärung für den Hauptmangel erweisen, der dem Argumentationsgebäude anhaftet.

Man sah sich mit dem Problem konfrontiert, daß Art.10 Abs.1 Satz 3 EMRK den Unterzeichnerstaaten ausdrücklich das Recht zugesteht, Rundfunkunternehmen einem Genehmigungszwang zu unterwerfen[220].

In der Frage nach dem materiellen Gehalt des Genehmigungserfordernisses ersichtlich in Begründungsschwierigkeiten getrieben, begnügt man sich damit, die Auffassung,

214 Insofern unterscheidet sich dieser Fall von der Konstellation, die zu der Entscheidung des Bundesverfassungsgerichts v.11.04.1989 führte, dazu unten § 3 H VI 6 b).

215 vgl. FN 207

216 ähnlich *Mestmäcker* in ders. (FN 22), S.9, 24

217 Dazu pessimistisch *Hoffmann-Riem* in Nicolaysen/Quaritsch (FN 86), S.75, 81: "Wird die Legitimität des eigenständigen Schutzes dieser [rundfunkverfassungs-rechtlicher] Interessen vollständig bestritten, so können sie auch als überna-tionale Werte - etwa bezogen auf die spätere politische Verfassung der EG - nicht mehr gesondert geschützt werden. An die Stelle der bisherigen staatlichen Regelungskompetenz über rundfunkverfassungsrechtliche Fragen tritt nicht etwa eine europäische, sondern die Nichtkompetenz, die insofern zur Nichtregulierung führen muß."

218 vgl. *McKenzie Stuart*, ZfRV 1988, S.202, 206

219 vgl. GRÜNBUCH, S.135 f., 137, 171, 174 ff.

220 *Binder*, EuGRZ 1986, S.209, 211, unterscheidet zwischen Rundfunkunternehmen und Rundfunk in nicht-unternehmerischer Form. Letzterer soll von der Vorbehaltsklausel nicht erfaßt sein. Diese Frage kann indes offenbleiben, da nach hiesigem Verständnis alle Rundfunkveranstalter - zumindest partiell - unternehmerisch tätig sind.

nach der die Unterzeichnerstaaten die Genehmigungsvoraussetzungen des Art.10 Abs.1 Satz 3 nur in den von Absatz 2 abgesteckten Grenzen ausgestalten dürften, für verbindlich zu deklarieren[221].

Diese These wird nicht einmal zur Diskussion gestellt, geschweige denn argumentativ untermauert, fungiert aber als zweite Säule des Argumentationsstranges der EG-Kommission[222]. Für sie spräche das Bedenken, daß sich Art.10 Abs.1 Satz 3 EMRK anderenfalls nur aus sich selbst heraus im Wege der freien Rechtsschöpfung auslegen ließe, während mit Art.10 Abs.2 EMRK und der dazu ergangenen Rechtsprechung der Straßburger Organe ein differenziertes Schrankensystem zur Verfügung stehe[223].

Gerade wenn aber neben die Einschränkungsgründe des Art.10 Abs.2 EMRK kumulativ ein Genehmigungserfordernis für Rundfunkunternehmer treten darf, muß es dem Rundfunkgesetzgeber gestattet sein, die Erlaubnis zur Veranstaltung von Rundfunk an andere Voraussetzungen zu binden als ein Verbot[224].

Die Worte "*schließt nicht aus*" in Art.10 Abs.1 Satz 3 EMRK legen die Annahme nahe, daß der besondere Rundfunkvorbehalt die Möglichkeiten der nationalen Eingriffe im Vergleich zu Absatz 2 nicht vermindert, sondern vermehrt, so daß der Rundfunk auch dann noch einem Konzessionierungszwang unterworfen werden kann, wenn die materiellen Voraussetzungen eines Eingriffs nach Art.10 Abs.2 EMRK zu verneinen sind[225]. Anderenfalls verlöre das Genehmigungserfordernis seinen eigenständigen Sinn; es würde zu einem bloßen Formalakt degradiert[226].

Beispielhaft sei die von der Menschenrechtskommission für zulässig erachtete öffentlich-rechtliche Organisation des Rundfunks mit Monopolanspruch erwähnt[227]. Die monopolistische Struktur des Rundfunkwesens ist Ausdruck einer - material begriffenen - Rundfunk- und Meinungsfreiheit in Art.10 Abs.1 Satz 1 EMRK[228]. Das Genehmigungserfordernis des Art.10 Abs.1 Satz 3 EMRK soll die spezifischen Gemeinwohl-

---

221 GRÜNBUCH, S.133, Absätze 3 und 4; wortgleich *Schwartz* in Schwarze (FN 22), S.45, 92; zustimmend *Brühann* in AKW (FN 2), S.11, 16; wohl auch *Engel*, ZRP 1988, S.240, 244 und ZUM 1988, S.511, 525; zweifelnd *Mestmäcker* in ders. (FN 22), S.9, 28; allgemein zum Streitstand *Wittmann*, Rundfunkfreiheit, S.26 ff.

222 vgl. auch *Hoffmann-Riem* in ders. (FN 42), S.201, 209 "zentrale Weichenstellung"

223 *Engel*, ZRP 1988, S.240, 244

224 *Binder*, EuGRZ 1986, S.209, 210; *Hoffmann-Remy* a.a.O. (FN 179), S.170; *Hoffmann-Riem* in ders. (FN 42), S.201, 208 f.; *ders.* in Nicolaysen/Quaritsch (FN 86), S.75, 79 f. m.w.N.; wohl auch *Bullinger*, AfP 1985, S.257, 263; weitere Nachweise bei *Engel*, ZRP 1988, S.240, 244 FN 47

225 *Binder*, EuGRZ 1986, S.209, 210; *Bullinger*, AfP 1985, S.257, 263

226 *Wittmann* a.a.O. (FN 221), S.29; *Hoffmann-Riem* in ders. (FN 42), S.201, 208

227 dazu *Frowein*, AfP 1986, S.197, 199; *Hoffmann-Remy* a.a.O. (FN 179), S.166 f.; zumindest früher war die Zulässigkeit unbestritten, heute mehren sich - auch innerhalb der Menschenrechtskommission - die Zweifel daran, ob angesichts des Zuwachses der Übertragungsmöglichkeiten diese Rechtsauffassung unreflektiert beibehalten werden könnte; vgl. auch *Engel*, ZRP 1988, S.240, 243 f.; *Wittmann* a.a.O. (FN 221), S.141 ff.

228 vgl. *Reich* a.a.O. (FN 168), S.92; ähnlich *Herrmann*, GRUR Int. 1984, S.578, 580; *Stock*, RuF 1989, S.180, 197

bindungen des Rundfunks sicherstellen helfen[229], ohne daß aus der Vorschrift selbst herauszulesen wäre, welche Kautelen in den nationalen Rundfunkordnungen vorgesehen werden dürfen[230]. Wie hätte man auf dem Boden des Art.10 Abs.2 EMRK derart gravierende Rahmenbedingungen legitimieren können?[231]
Letztlich erhellt die Tatsache, daß die Menschenrechtskommission glaubte, ein generelles Verbot politischer Werbung im Rundfunk nicht auf Art.10 Abs.2 EMRK stützen zu können, sondern auf Absatz 1 Satz 3 der Vorschrift abstellen zu müssen, daß beiden Absätzen unterschiedliche Kontrolltopoi immanent sind und im Rahmen der Genehmigung nicht nur der enge polizeirechtliche Blickwinkel Platz greift[232].

d) Rundfunkunternehmer- und Rundfunkinhaltsfreiheit

An die unter c) vorgetragenen Bedenken muß sich ein weiterer struktureller Vorbehalt gegenüber den Ausführungen der EG-Kommission anschließen.
Die Kommission ist der Auffassung, auf jegliche Differenzierung hinsichtlich des Inhalts und der Wirkungen der verschiedenen einem Rundfunkunternehmen zu diktierenden Auflagen verzichten zu können. Somit versperrt sie sich die Einsicht in das hinter Art.10 EMRK stehende Regelungsprinzip.
Der in Art.10 Abs.1 Satz 3 EMRK gewählte Begriff "Genehmigung" bzw. "licensing" umfaßt im üblicherweise verstandenen Wortsinn nur solche Auflagen und Bedingungen, die die Meinungsfreiheit des Unternehmens und der darin beschäftigten Personen nicht unmittelbar betreffen, sondern in erster Linie die sachlichen und persönlichen Voraussetzungen für den Sendebetrieb festlegen[233].

---

229 vgl. *Frowein/Peukert*, EMRK, Art.10 Rdnr.19; *Frowein*, AfP 1986, S.197, 199; *Wittmann* a.a O. (FN 221), S.28; *Hoffmann-Riem* in Nicolaysen/Quaritsch (FN 86), S.75, 80; zur Rundfunkklausel auch *Engel* in Mestmäcker (Hrsg.): The law and economics of transborder communications, S.55, 57

230 *Rudolph*, AfP 1986, S.106, 111; *ders.*, VBlBW 1986, S.252, 256; "Art.10 Abs.1 Satz 3 EMRK hat auf die staatlichen Rundfunkgesetzgebungskompetenzen Rücksicht genommen", *Hoffmann-Riem*, RuF 1988, S.5, 11 m.w.N.

231 Die Kongruenz von Art.10 Abs.1 EMRK und Art.5 Abs.1 GG hinsichtlich der ausgestaltenden Regelungen betont auch der Diskussionsbeitrag von *Frowein* auf der 59.Tagung des Studienkreises für Presserecht und Pressefreiheit, dokumentiert bei *Wenzel*, Publizistik 1986, S.447, 449; ähnlich *Jarass*, EuR 1986, S.75, 86 m.w.N.

232 *Seidl-Hohenveldern* in Hübner u.a. (FN 23), S.13, 23; a.A. *Hoffmann-Remy* a.a.O. (FN 179), S.170, der ein solches Verbot auf Absatz 2 gründet;
kritisch zu dieser Entscheidung aus heutiger Sicht *Frowein*, AfP 1986, S.197, 200: heute dürften nur noch die nicht zugelassenen Parteien ausgeschlossen werden. Indes stellte diese Modifikation nicht das die Entscheidung tragende Prinzip in Frage; ähnlich *Wittmann* a.a.O. (FN 221), S.29 f.

233 *Hoffmann-Remy* a.a.O. (FN 179), S.169 ff.

Aus diesem Grunde liegt es nahe, Maßnahmen zur abstrakten Ausgestaltung der Rundfunkordnung eines Staates von Maßnahmen zur Beschränkung konkret gesendeter Informationen zu unterscheiden[234].

Gegenstand des Art.10 Abs.1 Satz 3 EMRK ist die Regelung der unternehmerischen Tätigkeit im Rundfunkwesen, also die organisatorische Seite des Sendebetriebs. Soweit die Erfüllung der Zulassungsvoraussetzungen den Veranstalter beschränkt, handelt es sich um Eingriffe in die Rundfunk**unternehmer**freiheit.

Demgegenüber gestattet die Vorschrift keine weitergehenden Beschränkungen der Rundfunk**inhalts**freiheit[235], welche in der Tat nur nach Maßgabe des Absatzes 2 zu rechtfertigen wären[236]. Unabhängig davon könnten derartige ***präventive*** Inhaltsbeschränkungen nicht vor dem grundgesetzlichen Verbot der Vorzensur bestehen[237].

Sonach verbietet Art.10 Abs.1 Satz 3 EMRK nicht pauschal rechtliche Rahmenbedingungen für die Aufnahme des Sendebetriebs aus rundfunkverfassungspolitischen Motiven[238]. Art.10 Abs.1 Satz 3 EMRK ist damit zwar kein Totalvorbehalt, läßt aber Beschränkungen der Rundfunkunternehmerfreiheit zu, wobei den Staaten eine gewisse "margin of appreciation" zuerkannt wird, deren Grenzen von der Menschenrechtskommission schrittweise ausgelotet werden[239].

e) Terminologische Inkonsequenz

Die Zusammenfassung der Eingriffsgründe des Art.10 Abs.2 EMRK unter dem Sammelbegriff "polizeirechtliche Schutzgüter"[240] fordert den Vorwurf der terminologischen Inkonsequenz heraus.

Durchhalten kann die EG-Kommission diese Interpretation nur deshalb, weil sie auch jene Ausnahmetatbestände des Art.10 Abs.2 EMRK, die nicht zu den eigentlichen poli-

---

234 *Hoffmann-Riem* in ders. (FN 42), S.201, 210

235 *Friauf* in AKW (FN 2), S.23, 44; *Engel*, ZRP 1988, S.240, 244 bei FN 47, jeweils m.w.N.; vgl. auch *Frowein*, AfP 1986, S.197, 200: "Art.10 Abs.1 Satz 3 EMRK gestattet ein Verbot der Werbung für illegale Sendungen, ohne aber selbst zu bestimmen, wann eine Sendung illegal ist."

236 *Hoffmann-Riem* in ders. (FN 42), S.201, 210; zu den Eingriffsvoraussetzungen *Hauschka*, ZUM 1987, S.559, 563; *Hoffmann-Remy* a.a.O. (FN 179), S.167, nennt als Anwendungsfälle des Abs.2 neben inhaltlichen feuerpolizeiliche und gewerberechtliche Bestimmungen

237 Soweit sich der ausländische Veranstalter im Einzelfall darauf berufen könnte; allerdings gilt die EMRK auch innerstaatlich als Gesetz, so daß die Auslegung übertragbar wäre.

238 *Bullinger*, AfP 1985, S.257, 263; *Degenhart*, EuGRZ 1983, S.205, 214; *Binder*, EuGRZ 1986, S.209, 210; *Trettenbrein*, ÖJZ 1989, S.363, 364 f. m.w.N.; zu weitgehend allerdings *Hoffmann-Remy* a.a.O. (FN 179), S.170, wenn er ausführt: "Art.10 Abs.1 Satz 3 EMRK ist eine Definition der Meinungsfreiheit im negativen Sinne, das Genehmigungsverfahren somit auch kein Eingriff in ein von Art.10 garantiertes Recht, der nach Art.10 Abs.2 zu beurteilen wäre."

239 *Riedel* in Schwartländer/Willoweit (FN 205), S.275, 292; *Wittmann* a.a.O. (FN 221), S.182 f.; *Engel*, ZRP 1988, S.240, 243 FN 46; 244; *Trettenbrein*, ÖJZ 1989, S.363, 364 f.

240 GRÜNBUCH, S.135, Absatz 2

zeipolitischen Schutzgütern zählen[241], zu Aspekten der öffentlichen Ordnung und Sicherheit i.S.d. Art.56 Abs.1 EWGV umdefiniert.
Täte sie dies nicht, so stellten die Tatbestände des Art.56 Abs.1 EWGV lediglich eine Teilmenge der Gesichtspunkte des Art.10 Abs.2 EMRK dar, denn prinzipiell gehen die dort aufgeführten Belange nach Art und Umfang weit über die im EWG-Vertrag ermöglichten Ausnahmen zum Schutz der öffentlichen Sicherheit, Ordnung und Gesundheit hinaus[242 243].
Systemgerechter wäre es gewesen, polizeipolitische und sonstige Gesichtspunkte zu trennen, um deren Vereinbarkeit mit der Dienstleistungsfreiheit gesondert zu untersuchen. Erstere wären im Rahmen des Art.56 Abs.1 EWGV, letztere nach den Grundsätzen des Allgemeininteresses zu überprüfen gewesen[244]. Hier offenbart sich ein weiteres Mal als Mangel, daß die EG-Kommission Art.56 Abs.1 EWGV und das "Allgemeininteresse" in Voraussetzungen und Wirkungen miteinander vermengt[245].

f) Verhältnismäßigkeit

Die EG-Kommission untermauert ihre Ableitung mit einem weiteren Argument.
Die Kongruenz von Art.10 Abs.2 EMRK und Art.56 Abs.1 des EWG-Vertrages werde durch die Erwähnung der Art.8, 9, 10 und 11 der EMRK in der Rechtsprechung des Europäischen Gerichtshofes zur Freizügigkeit nachgewiesen[246].
Der eigentlich relevante Satz in den Urteilen des Gerichtshofs, auf den sich die Kommission stützt, dürfte allerdings eine derart weitgehende These nicht tragen. Wenn nämlich der Gerichtshof ausführt, daß Beschränkungen der Freizügigkeit von EG-Ausländern erlaubt seien, "***soweit dies zum Schutz in einer demokratischen Gesellschaft notwendig ist***"[247], so muß dies - trotz der Wortentleihe bei der EMRK - nicht die oben vorgetragene Gleichsetzung bedeuten.
Der Gerichtshof stellt in der Rechtssache "*Rutili*" zwar eine Verzahnung zwischen der EMRK und Art.56 Abs.1 EWGV her, erklärt indes die ausländerpolizeilichen Befug-

241 wie *Schwartz* in Schwarze (FN 22), S.45, 109 selbst konzediert; vgl. auch GRÜNBUCH, S.135, Absatz 4

242 *Rudolph*, VBlBW 1986, S.252, 256; *ders.*, AfP 1986, S.106, 110; *Weber*, EuGRZ 1978, S.157, 158

243 Dies erscheint insbesondere deshalb inkonsequent, weil auf S.128 des GRÜNBUCHES behauptet wird: "Das Gemeinschaftsrecht ist im Lichte dieser europäischen Grundrechte [der EMRK] auszulegen und anzuwenden, soweit sein Schutz nicht weiter geht." Dies wäre hier gerade der Fall.

244 dazu im einzelnen unten § 3 VI

245 vgl. oben § 3 V 1 a)

246 GRÜNBUCH, S.127 f.; 134; 136; 172 f.

247 vgl. EuGH RS 36/75 "*Rutili*" Slg. 1975, S.1219, 1232 Rdnr.32; ergänzend wird auf die RS 30/77 "*Bouchereau*" Slg. 1977, S.1999, 2012 Rdnr.31/32 f. bzw. S.2014, Ziff.3 des Tenors; RS 115 u. 116/81 "*Adoui*" Slg. 1982, S.1665, 1707 f. Rdnr.8 verwiesen

nisse der Mitgliedstaaten als *besondere Ausprägung eines in der EMRK niedergelegten allgemeinen Grundsatzes*[248].

Eine Betrachtung dieser Aussage im Kontext mit den Auslegungsmaßstäben, die der Gerichtshof in den weiteren genannten Urteilen entwickelt hat, deutet eher darauf hin, daß nicht der materielle Inhalt, sondern das hinter beiden Vorschriften sich verbergende Prinzip identisch sind. Systemgerecht dürften sich die Verknüpfungen von EMRK und Art.56 Abs.1 EWGV eher als Erinnerung an die Mitgliedstaaten begreifen lassen, dem Grundsatz der Verhältnismäßigkeit[249] bei Erlaß jeder ihrer Maßnahmen ausreichende Beachtung zu schenken[250].

Diese Interpretation wird der Tatsache gerecht, daß die Dienstleistungsfreiheit ursprünglich nur als Gebot der Inländergleichbehandlung anerkannt wurde[251]. Sowohl diesem Zweck als auch der Durchsetzung der heute anerkannten materiellen Komponente der Dienstleistungsfreiheit[252] erscheint es dienlich, Maßnahmen gegenüber Ausländern in derselben Weise am Grundsatz der Verhältnismäßigkeit zu verifizieren wie gegenüber Staatsangehörigen.

g) Widerspruch zur Warenverkehrsfreiheit

Das Auslegungskonzept der EG-Kommission und die daraus abzuleitenden Folgen treten in einen unauflösbaren Widerspruch zur Rechtsprechung des Europäischen Gerichtshofs in den verbundenen Rechtssachen 60 und 61/84 "*Cinéthèque*"[253] und zu der von ***ihr selbst*** in jenem Verfahren vertretenen Rechtsauffassung.

Diesem Verfahren lag das französische Verbot zugrunde, Videokassetten eines Films, der gleichzeitig in den Filmtheatern vorgeführt wird, für ein Jahr nach dem Zeitpunkt der Erteilung der Verwertungsgenehmigung für den Film zu verleihen oder zu verkaufen, sofern nicht eine Ausnahmegenehmigung erteilt ist[254]. Die Klägerinnen machten

---

248 EuGH RS 36/75 "*Rutili*" Slg. 1975, S.1219, 1232 Rdnr.32

249 als europaweit anerkannter Rechtsgrundsatz sowohl die Organe der Gemeinschaft als auch die Mitgliedstaaten bindend; dazu *Kutscher* in Kutscher/Ress/Teitgen u.a. (Hrsg.): Der Grundsatz der Verhältnismäßigkeit in Europäischen Rechtsordnungen, S.89 mit Rechtsprechungsnachweisen in FN 2; *Gündisch* in Schwarze (Hrsg.): Das Wirtschaftsrecht des Gemeinsamen Marktes, S.97, 103 ff.; *Grabitz*, NJW 1989, S.1776, 1779 m.w.N.

250 vgl. *Rudolph*, AfP 1986, S.106, 110; *ders.*, VBlBW 1986, S.252, 256; so auch andeutungsweise GRÜNBUCH, S.173, Absatz 4 a.E.

251 vgl. *Beutler/Bieber/Pipkorn/Streil* a.a.O. (FN 9), S.287 f., 298; EuGH RS 33/74 "*van Binsbergen*" Slg. 1974, S.1299, 1309 Rdnr.10/12; RS 115 u. 116/81 "*Adoui*" Slg. 1982, S.1665, 1708 f. Rdnr.8

252 vgl. nur EuGH RS 205/84 "*Versicherungen*" NJW 1987, S.572, 574; *Bleckmann*, DVBl. 1986, S.69 ff.; *Emmerich*, FS Keller, S.685, 696 m.w.N.

253 Slg. 1985, S.2605 ff.; dazu *Roth*, ZUM 1989, S.101, 109 f.

254 zum Sachverhalt GA *Slynn*, Schlußanträge a.a.O. (FN 253), S.2606 ff.

geltend, daß diese französischen Rechtsvorschriften[255] im Widerspruch zu den Art.30, 34 und 36 EWG-Vertrag stünden.

Insbesondere von der Kommission wurde vorgetragen, Filme seien ein Teil der zeitgenössischen Kultur, so daß es legitim sei, Einschränkungen des freien Warenverkehrs einzuführen, die dem in Art.30 EWGV niedergelegten Grundsatz vorgehen könnten, um kulturelle Aktivitäten zu erhalten oder zu unterstützen[256]. Sofern die in Frage stehenden Beschränkungen ohne Unterschied für einheimische und für eingeführte Erzeugnisse Geltung hätten, sie dem verfolgten kulturellen Zweck angemessen seien und sie das Mittel darstellten, das den innergemeinschaftlichen Handel am wenigsten behindere, seien sie gerechtfertigt[257].

Angesichts der unverkennbaren Annäherung der maßgebenden Wertungen und Abwägungen bei der Dienstleistungs- und der Warenverkehrsfreiheit[258] müssen sich diese Grundsätze auf das Dienstleistungsrecht übertragen lassen[259].

Die Übereinstimmung von Art.30 und Art.59 EWGV ist sachgerecht, weil Warenverkehrs- und Dienstleistungsfreiheit dieselbe wirtschaftliche Funktion erfüllen. Praktische Schwierigkeiten, die bestehen, wenn immaterielle Güter einmal in verkörperter Form und dann im Wege elektronischer Übertragung geleistet werden, erhärten die Notwendigkeit einer solchen Interpretation[260].

Streng formal ist zwar die Notwendigkeit einer Abgrenzung der Freiheiten nicht völlig von der Hand zu weisen. Rechtssystematisch ist die Dienstleistungsfreiheit subsidiär gegenüber der Warenverkehrsfreiheit. Hinzu kommt die unterschiedliche Ausgestaltung der Rechtsgrundlagen für die Schaffung von sekundärem Gemeinschaftsrecht im Bereich der jeweiligen Freiheit[261].

---

255 In anderen Mitgliedstaaten gibt es zwar keine entsprechenden Vorschriften, doch wird derselbe Effekt durch Vereinbarungen der Filmindustrie erreicht.

256 vgl. GA *Slynn*, Schlußanträge a.a.O. (FN 254), S.2613; *Reich* in Hoffmann-Riem (FN 42), S.224, 227; *Schwartz*, ZUM 1989, S.381, 384 f.

257 RS 60 u. 61/84 a.a.O. (FN 253), Rdnr.18 des Urteils (Wiedergabe der Erklärung der Kommission); ebenso der Gerichtshof in Rdnrn 21 ff.; ebenso RS 229/83 "*Leclerc*" Slg. 1985, S.1, 35 Rdnrn 28 ff.

Eine vergleichbare Regelung existiert für das französische Fernsehen: Den Veranstaltern ist zum Schutz des Kinovertriebs während einer dreijährigen Schutzfrist verboten, **neue** Filme auszustrahlen. Ergänzend gilt ein Verbot der Ausstrahlung von Filmen an bestimmten Tagen und zu bestimmten Zeiten; Einzelheiten bei *Bullinger* in Mestmäcker (FN 22), S.45, 61 mit FN 83

258 *Roth*, ZUM 1989, S.101, 106; *ders.*, EuR 1986, S.340, 357; *Steindorff*, RIW 1983, S.831, 834; *Schwintowski* a.a.O. (FN 77), S.269; GA *Slynn*, Schlußanträge a.a.O. FN 254), S.2615 f.; *Beutler/Bieber/Pipkorn/Streil* a.a.O. (FN 9), S.318; *Bleckmann* a.a.O. (FN 78), S.344; *ders.*, EuR 1987, S.28, 33 f.; *Delbrück*, Direkter Satellitenrundfunk und nationaler Regelungsvorbehalt, S.64; *Reich*, ZERP/DP 2/87, S.65, 70, spricht von "zunehmender Konkordanz des Regelungsgehaltes von Art.30 ff. und Art.59 ff."; *ders.*, ZHR 153 (1989), S.571, 580, 582

259 Dem Sinne nach auch die EG-Kommission in ihrem Weißbuch "Vollendung des Binnenmarktes" vom 14.06.1985 an den Rat, Dok KOM (85) 310 endg., Rdnr.102

260 vgl. *Steindorff*, RIW 1983, S.831, 834

261 *Roth*, ZUM 1989, S.101, 106

Diese zutreffenden Einwände sind hier insoweit irrelevant, als es nur auf die Kongruenz des materiellen Gehaltes der Freiheiten bzw. der sie begrenzenden Wertungen ankommt. Abgesehen von diesen formalen Differenzen erfordern beide Freiheiten - jedenfalls im Grundsatz - ähnliche Lösungen[262]. Das Gemeinwohl ist unteilbar; akzeptiert man die Methodik des Gerichtshofes, immanente Schranken der Marktfreiheiten zu deduzieren, so muß man konsequenterweise beide Freiheiten durch dieselben Interessen begrenzen.

Nach dem Konzept der EG-Kommission wäre dies nicht möglich, da Art.10 Abs.2 EMRK kulturelle Gesichtspunkte ignoriert[263].

Geht man jedoch - wie hier - davon aus, daß zwar nicht im Rahmen des Art.10 Abs.2 EMRK - soweit diese Vorschrift überhaupt einschlägig ist - aber doch nach Maßgabe des Art.10 Abs.1 Satz 3 EMRK gesellschafts- oder kulturpolitisch motivierte Ziele verfolgt werden dürfen, so lassen sich Wertungswidersprüche vermeiden.

h) Folgen für die innerstaatliche Rundfunkorganisation

Ein kurzer Blick auf die unausweichlichen Folgen des Konzeptes der EG-Kommission enthüllt weitere, innerstaatlich kaum akzeptable Konsequenzen.

Die Vorschriften des Gemeinschaftsrechts untersagen den Mitgliedstaaten nicht die sog. Inländerdiskriminierung[264]. Die eigenen Staatsangehörigen können nationalen Vorschriften unterworfen werden, denen sich EG-Ausländer nicht zu fügen brauchen[265]. Insoweit wäre es EG-rechtlich prinzipiell statthaft, den inländischen Rundfunkveranstaltern Einschränkungen der von der EG-Kommission abgelehnten Qualität aufzuerlegen.

Indes gilt Art.10 EMRK für jegliche Rundfunktätigkeit. Sein Geltungsanspruch ist nicht auf den grenzüberschreitenden Rundfunk reduziert[266].

Wäre nun die Konzeption der EG-Kommission, die Dekkungsgleichheit der Zulassungskriterien des Art.10 Abs.1 Satz 3 und der Eingriffsvoraussetzungen des Art.10 Abs.2 EMRK, zutreffend, so wären auch innerstaatliche, nur Inländer betreffende

---

262 *Jarass*, EuR 1986, S.75, 87; *Seidel*, ZVersWiss 1987, S.175, 182, 195 f.; *Roth*, EuR 1986, S.340, 342 m.w.N.

263 Im Gegensatz dazu sieht nun wieder Art.7 des Richtlinienvorschlags a.a.O. (FN 104) Sperrfristen zugunsten von Kinofilmen vor, die grds. nicht vor Ablauf von zwei Jahren nach ihrer Kinopremiere im Fernsehen sollen gezeigt werden dürfen; ähnlich Art.19 und 20 des Richtlinienvorschlags.

264 dazu *Weis*, NJW 1983, S.2721 ff.; *Beutler/Bieber/Pipkorn/Streil* a.a.O. (FN 9), S.308 f.; *Schricker*, ZUM 1985, S.594, 599; siehe auch die Stellungnahme des Bundesverbandes Kabel und Satellit e.V., S.30; a.A. *Fiuczinsky*, MA 1984, S.563

265 vgl. z.B. EuGH RS 90/86 "*Italienisches Reinheitsgebot*" NJW 1988, S.2169, 2170; *Grabitz* in ders. (FN 11), Art.7 Anm.7; *Gerth*, Diskussionsbericht, ZUM 1985, S.601

266 *Hoffmann-Riem* in Nicolaysen/Quaritsch (FN 86), S.75, 81; *Trettenbrein*, ÖJZ 1989, S.363 ff.

Kautelen zum Schutze der Rundfunkordnung menschenrechtlich nicht (mehr) legitimierbar. Dieses Ergebnis widerspräche evident den mit der Tolerierung eines Zulassungserfordernisses in Art.10 Abs.1 Satz 3 EMRK ins Auge gefaßten Zielen[267].

Nach dem Konzept der EG-Kommission wäre der Empfangsstaat machtlos gegenüber politischer Einseitigkeit, kommerzieller Manipulation und Vielfaltsgefährdungen durch Medienkonzentration.

Systematisch muß diese Kritik deshalb besonders schwer wiegen, weil Gemeinschaftsrecht primär Wirtschaftsrecht ist und demgegenüber über die Ausgestaltung der gesellschaftlichen und politischen Systeme die jeweiligen Mitgliedstaaten nach wie vor souverän entscheiden sollen[268].

3. Zusammenfassung

Zusammenfassend zeigt sich, daß der von der EG-Kommission gewählte Ansatz zu eng ist.

Selbst wenn man Art.10 der Europäischen Menschenrechtskonvention in den Art.56 Abs.1 EWG-Vertrag hineinzuprojizieren hat, verbietet diese Vorschrift bei richtigem Verständnis nicht per se Begrenzungen der Rundfunkunternehmerfreiheit aus anderen als polizeirechtlichen Gesichtspunkten[269].

Die überproportional wirtschaftlich geprägte Sichtweise der Kommission ignoriert das legitime Interesse der Mitgliedstaaten, außerhalb des der Gemeinschaft anvertrauten Bereiches der Wirtschaft tätig zu werden[270] und verkennt den Wert nicht-ökonomischer Lebensgüter. Sie legt Zeugnis von einem Denken ab, daß von Marktkategorien, denen

---

267 vgl. dazu oben § 3 H V 2 c)

In ihrem Richtlinienvorschlag a.a.O. (FN 104) wiederum tritt die EG-Kommission zu diesem ihrem eigenen Ergebnis in Widerspruch:

Art.3 Abs.1 des Richtlinienvorschlages gestattet ausdrücklich den Erlaß strengerer oder ausführlicherer Vorschriften in den von der Richtlinie erfaßten Bereichen. Ähnliches gilt für Art.8 des Richtlinienvorschlages, der in den Kontext der Reservierung eines Anteils an der Gesamtsendezeit für Europäische Produktionen gebettet ist. Den Mitgliedstaaten wird der Erlaß ausführlicherer oder strengerer Bestimmungen, die insbesondere an Sprachkriterien, also ***eindeutig kulturellen Gesichtspunkten*** anknüpfen, zugestanden. Auch die Art.19 und 20 des Richtlinienvorschlages, die die Werbung betreffen, erlauben die Errichtung höherer Hürden für nationale Veranstalter, "wobei insbesondere zu berücksichtigen ist:

a) Die Funktion des Fernsehens als Träger von Information, Bildung, Kultur und Unterhaltung

b) Die Wahrung der Informations- und Medienvielfalt".

268 vgl. Art.2 und 3 EWGV; *Hoffmann-Riem* in ders. (FN 42), S.201, 215; ähnlich *Börner*, ZUM 1985, S.577, 586; *Seidel* in Scherer (FN 73), S.133, 144; *ders.* in Schwarze (FN 22), S.121, 125

269 Ablehnend wohl auch die Diskussionsbeiträge von *Mestmäcker*, *Bullinger* und *Engel*, dokumentiert bei *Engel*, Diskussionsbericht, in Mestmäcker (FN 22), S.505, 553; *Stock*, RuF 1989, S.180, 197 ff.; *Delbrück*, ZUM 1989, S.373, 380

270 Exemplarisch Beschluß des Bundesrates zum Vorschlag einer Rundfunkrichtlinie BR/Drs.259/86, S.2

ein absoluter Wert beigemessen wird, geleitet ist. Um eine ungehinderte Zirkulation der "*Dienstleistung Rundfunk*" zu ermöglichen, versucht man die Voraussetzungen für eine legale Unterbindung ausländischer Programme möglichst eng zu schnüren.
Dieses Anliegen ist zwar in Anbetracht der beschränkten Funktion und Legitimation der EG-Kommission nachvollziehbar, wird aber der Systematik des EWG-Vertrages nicht gerecht.

4. Versuch einer eigenen Präzisierung der Grenzen des Allgemeininteresses bzw. des Art.56 Abs.1 EWGV

Aus den Vorgaben des Europäischen Gerichtshofs und aus der Systematik des EWG-Vertrages lassen sich einige Leitlinien herausfiltern, denen im Allgemeininteresse oder durch Art.56 Abs.1 EWGV gerechtfertigte Vorschriften zu entsprechen haben.

a) Wirtschaftliche Kompetenz der EG

Grundsätzlich ist die Kompetenz der EG auf die Regelung wirtschaftlicher Fragen begrenzt[271].
Das erkennt auch die EG-Kommission an; so erklärt sich ihr Bemühen, über Art.10 EMRK nicht etwa eigene Regelungsbefugnisse in kultureller Hinsicht zu beanspruchen, sondern lediglich "Nichtbefugnisse" der Mitgliedstaaten in diesem Sektor zu behaupten[272]. Dies drückt sich ebenfalls in den Regelungen des Richtlinienvorschlags[273] aus, der den Mitgliedstaaten durchaus kulturelle "Vertiefungsbefugnisse" zugesteht. Die Richtlinie soll allein in den von ihr koordinierten Bereichen vorwiegend wirtschaftlichen Einschlags und nur für grenzüberschreitende Rundfunksendungen abschließend sein. Ansonsten beinhaltet sie Öffnungsklauseln zugunsten der Mitgliedstaaten[274]. Inländische Veranstalter sollen mit Rücksicht auf sprachpolitische Ziele ausdrücklich diskriminiert werden dürfen[275] und zwar auch insoweit, als grenzüberschreitende Sendungen betroffen sind.
Daraus läßt sich folgern, daß in bezug auf grenzüberschreitende Rundfunkprogramme wirtschaftliche Kompetenzen der Mitgliedstaaten aufgehoben sind, kultur- oder gesell-

271 vgl. nur Beschluß des Bundesrates a.a.O. (FN 270), S.2
272 Dies nämlich steckt dahinter, wenn im GRÜNBUCH, S.175 ff., ganz deutlich S.172, jegliche Notwendigkeit einer Harmonisierung *nicht-polizeirechtlicher* Vorschriften geleugnet wird: diese seien schon wegen der Unvereinbarkeit mit Art.10 EMRK per se gemeinschaftswidrig und deshalb unwirksam; folglich bestehe kein Harmonisierungsbedarf; vgl. auch oben § 3 H V 1 c)
273 a.a.O. (FN 104)
274 vgl. Art.2 Abs.2 Satz 1, Art.3 Abs.1 des Richtlinienvorschlags a.a.O. (FN 104)
275 vgl. Art.8 des Richtlinienvorschlags a.a.O. (FN 104)

schaftspolitische Aspekte aber prinzipiell im Rahmen des Allgemeininteresses bzw. des Art.56 Abs.1 EWGV Schutz finden könnten.

b) Keine Sperre durch Art.10 EMRK

Eine Sperre für Normierungen aus den soeben genannten Gesichtspunkten wird nach dem hier favorisierten Verständnis von Art.10 Abs.1 Satz 3 EMRK von dieser Garantie nicht errichtet[276].

c) Vermeidung von Wertungswidersprüchen

Wertungswidersprüche zu anderen vom Gerichtshof anerkannten "sensiblen Bereichen"[277] wie auch zu den Grundsätzen der Warenverkehrsfreiheit[278] müssen vermieden werden.

d) Spezialität von Art.56 EWGV

Rechtsgüter des Art.56 Abs.1 EWGV können nicht zugleich solche des "Allgemeininteresses" sein, da die erstgenannte Vorschrift innerhalb ihres Anwendungsbereiches als Spezialtatbestand für diskriminierende und unterschiedslos anwendbare Beschränkungen der Dienstleistungsfreiheit den Vorrang genießt[279].
Art.56 Abs.1 EWGV steht in der Vergleichsreihe mit Art.36 und 48 Abs.3 EWGV, die im Bereich der Freiheit des Warenverkehrs und der Freizügigkeit der Arbeitskräfte Gründe der öffentlichen Ordnung, Sicherheit und Gesundheit mitgliedstaatlichen Rechtsvorschriften vorbehalten, deren Geltung durch die vertragsrecht-lichen Gewährleistungen nicht berührt wird[280].
Ein Unterschied zwischen den Vorschriften besteht insofern, als Art.56 Abs.1 - im Gegensatz zu Art.36 und 48 Abs.3 - seinem Wortlaut nach so zu verstehen sein könnte, als gestattete er nur die Anwendung diskriminierender Sonderregelungen für Ausländer[281]. Dürfen aber ***sogar*** diskriminierende Vorschriften für Ausländer trotz Gewährlei-

---

276 vgl. oben § 3 H V 2 c) und d)

277 Rechtspflege, Arbeitsvermittlung, Versicherungswesen, vgl. oben § 3 H II 2

278 vgl. RS 60 u. 61/84 "*Cinéthèque*" Slg. 1985, S.2605 ff., dazu oben § 3 H V 2 g)

279 Nach dem Vorbild des Verhältnisses von Art.36 EWGV zu den "zwingenden Erfordernissen", dazu *Matthies* in Grabitz a.a.O. (FN 11), Art.30 Anm.19 f., 29;
ähnlich *Ipsen*, EuR 1978, S.199, 214 f.; *Steindorff* in Lagrange/Möller/Sieg/ Steindorff, Dienstleistungsfreiheit und Versicherungsaufsicht im Gemeinsamen Markt, S.79, 90, 96, 120

280 "permanente Limitierung des Vertragsbereiches und der Gemeinschaftskompetenz", *Wägenbaur*, KSE 28, S.1,2

281 Anders ausdrücklich Art.48 Abs.3, dazu *Randelzhofer* in Grabitz a.a.O. (FN 11), Art.48 Anm.26 ff.; Art.36 Satz 2, dazu etwa EuGH RS 34/79 "*Henn*" Slg. 1979, S.3795, 3815

stung der Marktfreiheiten weiterhin angewandt werden, dann erschiene es kaum verständlich, warum nicht-diskriminierende Normen, die Gesichtspunkten der öffentlichen Ordnung, Sicherheit oder Gesundheit Rechnung tragen, nicht weiterhin sollen Bestand haben dürfen. Deshalb müssen ***erst recht***[282] solche Regeln auch im Rahmen der Dienstleistungsfreiheit weiter Bestand haben dürfen, die ein in Art.56 Abs.1 EWGV genanntes Schutzgut diskriminierungsfrei garantieren sollen[283]. Auf diese Weise gewinnt Art.56 EWGV dieselbe Funktion und Tragweite wie Art.36 und Art.48 Abs.3 EWGV[284].

Die *begriffliche* Priorität der Gesichtspunkte eines überwiegenden Allgemeininteresses gegenüber Art.56 Abs.1 EWGV bedeutet nicht, daß sie in jedem Falle vor Art.56 Abs.1 EWGV zu prüfen sind. Die klare Rechtfertigung einer Maßnahme gemäß Art.56 Abs.1 EWGV läßt die Prüfung, ob (außerdem) zwingende Erfordernisse zu bejahen wären, entbehrlich werden[285]. Anders ausgedrückt: Kann eine Maßnahme sogar als Ausnahme von den Marktfreiheiten legitimiert sein, so stellt sich die Frage nach dem Bedürfnis einer Rechtfertigung aus einem zwingenden Allgemeininteresse gar nicht mehr. Es braucht in einem solchen Fall also nicht die oben geschilderte umfassende Abwägung zwischen betroffener Freiheit und Regelungsziel[286] bewerkstelligt zu werden, als deren Ergebnis der Tatbestand einer Beschränkung zu verneinen sein müßte.

Es muß daher der Inhalt der Schutzgüter des Art.56 Abs.1 EWGV in bezug auf den Rundfunk beschrieben und von möglicherweise zusätzlichen, weitergehenden Gesichtspunkten des Allgemeininteresses abgehoben werden.

e) Inländerbehandlung und materielle Dienstleistungsfreiheit

Der nationalstaatliche Souveränitätsvorbehalt wird durch den Grundsatz der Inländerbehandlung und die nunmehr allgemein anerkannte materielle Komponente der Dienstleistungsfreiheit begrenzt.

Der Grundsatz der Inländerbehandlung[287] gebietet als Integrationsziel der Gemeinschaft, eine rechtliche Gleichstellung von EG-Ausländern und Inländern vor dem nationalen Recht zu realisieren. Es soll sichergestellt werden, daß Dienstleistungen aus

---

282 Formel von *Steindorff* a.a.O. (FN 279), S.90, 96; *Reinert*, a.a.O. (FN 49), S.210

283 *Ipsen*, EuR 1978, S.199, 214 f. nennt dies die "selbstverständliche, logisch und teleologisch gerechtfertigte Forderung", siehe auch S.216; zuletzt *Reich*, ZHR 153 (1989), S.571, 593

284 *Ipsen*, EuR 1978, S.199, 215; *Schwartz*, GRUR Int. 1982, S.713, 717

285 In diesem Sinne etwa *Matthies* in Grabitz a.a.O. (FN 11), Art.30 Anm.29

286 vgl. oben § 3 G III

287 dazu *Beutler/Bieber/Pipkorn/Streil* a.a.O. (FN 9), S.308 f.; EuGH RS 33/74 "*van Binsbergen*" Slg. 1974, S.1299, 1309 Rdnrn 10/12

anderen Ländern der Gemeinschaft unter den gleichen Bedingungen wie inländische Dienstleistungen angeboten werden können[288].

Der Grundsatz der Dienstleistungsfreiheit erschöpft sich nicht in dieser formalen Gleichbehandlung[289]. Denn dies bedeutete, daß jede nationale Beschränkung der Dienstleistungsfreiheit statthaft wäre, sofern sie nur unterschiedslos angewandt würde[290]. Ein solches Verständnis stellte die Dienstleistungsfreiheit zur Disposition der Mitgliedstaaten und wäre mit dem bereits oben angedeuteten Grundsatz der Parallelität der Vertragsfreiheiten[291] nicht zu vereinbaren[292].

Diese Erkenntnis wird gleichermaßen durch die Existenz des Art.7 EWGV untermauert. Wenn Art.59 Abs.1 EWGV nur die Inländerbehandlung verankerte, würde entgegen der Doktrin des Gerichtshofes, daß jedes Kapitel, jeder Artikel, sogar jeder Absatz des EWG-Vertrages einen eigenständigen Sinn aufweise (effet-utile-Prinzip)[293], entweder Art.59 oder Art.7 EWGV überflüssig[294].

Deshalb hat sich nunmehr die Erkenntnis durchgesetzt, daß Art.59 Abs.1 EWGV ein umfassendes Liberalisierungsgebot mit der Möglichkeit zu diskriminierungsfreien und - nach Maßgabe des Art.56 Abs.1 - diskriminierenden Restriktionen der Dienstleistungsfreiheit im Einzelfall statuiert[295].

Das bedeutet zugleich, daß auch im Rahmen des Art.56 Abs.1 EWGV diskriminierende Vorschriften dann verboten sind, wenn der mit ihnen verfolgte Schutzzweck in derselben Weise mit Hilfe von unterschiedslos anwendbaren Vorschriften erreichbar wäre, die den materiellen Kern der Dienstleistungsfreiheit unangetastet lassen.

f) Verhältnismäßigkeit

Den letzten und doch gewichtigsten Auslegungsmaßstab liefert der auch im Gemeinschaftsrecht fest verankerte, eng mit dem materiellen Gehalt der Dienstleistungsfreiheit verknüpfte Grundsatz der Verhältnismäßigkeit[296].

---

288 *Seidel*, GS Sasse, S.351, 358; *Troberg* in Groeben/Boeckh/Thiesing/Ehlermann, a.a.O. (FN 10), Art.59 Anm.2; *Schöne*, RIW 1989, S.450

289 so aber noch *Ipsen* a.a.O. (FN 106), S.645; *Nicolaysen*, Europäisches Gemeinschaftsrecht, S.116

290 ausdrücklich in diesem Sinne *Ipsen* a.a.O. (FN 106), S.645

291 vgl. oben § 3 H V 2 g)

292 *Bleckmann*, EuR 1987, S.28, 33; *ders.*, DVBl. 1986, S.69, 73 f.

293 dazu *Beutler/Bieber/Pipkorn/Streil* a.a.O. (FN 9), S.224, 230

294 vgl. *Bleckmann*, DVBl. 1986, S.69, 73; ähnlich *Steindorff*, RIW 1983, S.831, 834 zum Verhältnis von Art.60 Abs.3 zu Art.59 Abs.1

295 vgl. bereits oben § 3 H II 5, sowie *Gornig*, NJW 1989, S.1120, 1124; *Schöne*, RIW 1989, S.450, *Hübner*, JZ 1987, S.330, 332; *Vogel*, Blick durch die Wirtschaft v.20.08.1984; exemplarisch GA *Warner*, Schlußanträge RS 52/79 "*Debauve*" Slg. 1980, S.833, 870 ff.

296 dazu *Kutscher* a.a.O. (FN 249), S.89 ff.; *Schweitzer/Hummer*, Europarecht, S.158; *Bleckmann* a.a.O. (FN 75), S.155; siehe auch *Pernice* a.a.O. (FN 195), S.231 ff.

Inhaltlich deckt sich der gemeinschaftsrechtliche Verhältnismäßigkeitsgrundsatz weitgehend mit seinem sich in drei Teilgrundsätze gliedernden deutschen Pendant[297].
Geeignetheit[298], Erforderlichkeit[299] und Angemessenheit der Zweck-Mittel-Relation[300] heißen auch europarechtlich die Anforderungen, denen eine Maßnahme gerecht zu werden hat[301].
Unmittelbar gilt der Verhältnismäßigkeitsgrundsatz in der soeben beschriebenen Ausprägung nur für Akte der Organe der Gemeinschaft. Er ist also Prüfungsmaßstab für sämtliches Sekundärrecht der Europäischen Gemeinschaft[302].
Seine Kongruenz mit dem deutschen Verhältnismäßigkeitsgrundsatz impliziert seine Beachtung auch bei der Schaffung nationaler Regelungen, soweit gemeinschaftsrechtliche Belange tangiert sind. Dies muß insbesondere dann gelten, wenn die Auslegung unbestimmter Rechtsbegriffe des Gemeinschaftsrechts und deren Konkretisierung durch nationale Rechtssätze in Rede steht. Immerhin geht es hier um die Einschränkung der fundamentalen gemeinschaftsrechtlichen Dienstleistungsfreiheit[303], die unter der Kontrolle des Gerichtshofes stattfindet, der gemeinschaftsrechtliche Maßstäbe an die nationalen Regelungen anlegt[304].
Das bedeutet, daß jede Gesetzgebungs- oder Verwaltungsmaßnahme eines Mitgliedstaates auch insoweit, als sie einen EG-Ausländer betrifft, der Verhältnismäßigkeit Genüge zu tun hat[305].
Geradezu klassisch wird dieser Zusammenhang im Urteil "*Adoui*" illustriert, welches zur Voraussetzung einer Beschränkung der Freizügigkeit wenigstens "***eine tatsächliche und hinreichend schwere Gefährdung, die ein Grundinteresse der Gesellschaft berührt***"[306], fordert.

---

297 *Schiller*, RIW 1983, S.928, 929; ähnlich *Bleckmann* a.a.O. (FN 78), S.110

298 EuGH RS 25/70 "*Einfuhr- und Vorratsstelle*" Slg. 1970, S.1161, 1177 Rdnrn 26 ff.; RS 808/79 "*Pardini*" Slg. 1980, S.2103, 2120 Rdnr.18

299 EuGH RS 99 und 100/76 "*Butterschmelzwerk*" Slg. 1977, S.861, 873 Rdnr. 11; RS 147/81 "*Merkur Fleisch-Import*" Slg. 1982, S.1389, 1397 Rdnrn 10 ff.

300 EuGH RS 90/86 "*Reinheitsgebot für Teigwaren*" NJW 1988, S.2169 f.; RS 178/74 "*Reinheitsgebot für Bier*" NJW 1987, S.1133, 1134

301 vom GRÜNBUCH, S.168 als formelle Bedeutung der Rechtfertigungsklausel verstanden

302 *Schiller*, RIW 1983, S.928, 930; *Schwarze*, Europäisches Verwaltungsrecht, S.661; vgl. auch *Bleckmann* a.a.O. (FN 78), S.112, 115; BVerfGE 73, S.339 ff. "*Solange II*" m.w.N.

303 Dies dürfte auch aus dem Grundsatz der Inländerbehandlung folgen. In den RS 115 und 116/81 "*Adoui*" Slg. 1982, S.1665, 1708 Rdnr.8 heißt es nämlich, daß eine Maßnahme gegenüber einem Angehörigen eines anderen Mitgliedstaates nicht zu rechtfertigen ist, wenn das gleiche Verhalten eines eigenen Staatsangehörigen keine Zwangsmaßnahmen nach sich zöge; in diesem Sinne auch *Bleckmann*, DVBl. 1986, S.69, 74

304 vgl. *Ipsen*, EuR 1978, S.199, 232

305 In diese Richtung auch *Ress* in Kutscher u.a. (FN 249), S.5, 39 ff.; *Pernice* a.a.O. (FN 195), S.229 f., 231 ff.; *Bleckmann* a.a.O. (FN 78), S.115 ff.; *ders.*, DVBl. 1986, S.69, 74; *Beutler/Bieber/Pipkorn/Streil* a.a.O. (FN 9), S.219; sowie oben § 3 H V 2 f)

306 EuGH RS 115 und 116/81 Slg. 1982, S.1665, 1707 f. Rdnr.8 unter Berufung auf die RS 30/77 "*Bouchereau*" Slg. 1977, S.1999, 2013 Rdnrn 33/35

Insoweit zeigt sich auch eine Übereinstimmung mit dem Auslegungsansatz der EG-Kommission, nach dem in Anlehnung an die EMRK nur solche Behinderungen der Rundfunksendetätigkeit statthaft sind, die zum Schutz in einer demokratischen Gesellschaft notwendig sind[307].

VI. Die Vorbehalte der Art.66, 56 Abs.1 EWGV

1. Vorbemerkung

Art.66 und 56 Abs.1 EWGV gestatten die Anwendung dienstleistungsbeschränkender Vorschriften, sofern diese aus Gründen der öffentlichen Ordnung, Sicherheit oder Gesundheit gerechtfertigt sind. Regelfall bleibt die Dienstleistung, die im Einzelfall unter sehr engen Voraussetzungen eingeschränkt werden darf[308].

Die Anwendung von zum Schutze der Güter des Art.56 Abs.1 EWGV erlassenen Vorschriften ist dem Mitgliedstaat überantwortet, der sie geschaffen hat. Mit dieser Kompetenzzuweisung wird dem den grenzüberschreitenden Dienstleistungsverkehr beschränkenden Staat keine Befugnis eingeräumt, Art.56 Abs.1 EWGV unkontrolliert und ausschließlich an nationalen Wertungen orientiert auszulegen[309].

Die Aufzählung der eine Beschränkung der Dienstleistungsfreiheit legitimierenden Gründe ist abschließend; darüber hinausgehende Gesichtspunkte können keine rechtfertigende Wirkung entfalten[310].

Die Begriffe "öffentliche Ordnung" und "öffentliche Sicherheit" können ähnlich interpretiert werden, wie dies im deutschen Polizeirecht geschieht[311].

Schutzgüter der öffentlichen Sicherheit sind der Staat und seine wesentlichen Einrichtungen, das Leben, die Freiheit, die Ehre und das Vermögen des einzelnen[312].

---

307 z.B. GRÜNBUCH, S.172 f.

308 vgl. *Randelzhofer* in Grabitz a.a.O. (FN 11), Art.56 Anm.1; *Bongen*, Schranken der Freizügigkeit aus Gründen der öffentlichen Ordnung und Sicherheit im Recht der EWG, S.84; *Schwarze* in ders. (FN 22), S.11, 42

309 EuGH RS 41/74 "*van Duyn*" Slg. 1974, S.1337, 1350 Rdnr.18; RS 36/75 "*Rutili*" Slg. 1975, S.1219, 1231 Rdnr.27; RS 30/77 "*Bouchereau*" Slg. 1977, S.1999, 2013 Rdnr.33; *Troberg* in Groeben/Boeckh/Thiesing/Ehlermann, a.a.O. (FN 10), Art.56 Anm.1;

310 vgl. *Bleckmann*, EuR 1987, S.28, 46; *Schwartz*, MA 1988, S.423, 425;
Auf diese Weise wird auch der Gleichklang zu Art.36 und den "zwingenden Erfordernissen" hergestellt, vgl. EuGH RS 95/81 "*Kommission/Italien*" Slg. 1982, S.2187, 2204 Rdnr.27

311 *Troberg* in Groeben/Boeckh/Thiesing/Ehlermann, a.a.O. (FN 10), Art.56 Anm.2; sofern überhaupt für das Gemeinschaftsrecht eine Differenzierung zwischen "Ordnung" und "Sicherheit" angezeigt sein sollte, dazu *Bongen* a.a.O. (FN 308), S.92 ff. m.w.N.

312 *Götz*, Allgemeines Polizei- und Ordnungsrecht, S.44 ff.; *Drews/Wacke/Vogel/Martens*, Gefahrenabwehr, S.232 ff.; *Friauf* in v.Münch (Hrsg.): Besonderes Verwaltungsrecht, S.201, 217 ff.

Unter dem Schlagwort "öffentliche Ordnung" wird der Schutz gegen Bedrohungen des gedeihlichen menschlichen und staatsbürgerlichen Zusammenlebens verstanden. Dies gilt auch und gerade dann, wenn dieses durch ungeschriebene Regeln für das Verhalten der Menschen in der Öffentlichkeit gesichert wird und diese Sicherung die unerläßliche Voraussetzung eines geordneten Gemeinschaftslebens ist[313].

Diese relativ weitgehenden Formeln eröffnen den Mitgliedstaaten einen gewissen Spielraum hinsichtlich der Schutzgüter.

Eine Grenze errichtet, wie bereits oben angeklungen, der Regelungsgegenstand des EWG-Vertrages. Der Vertrag greift tief in die Wirtschaftsordnung der einzelnen Mitgliedstaaten ein und prägt sie in bedeutsamen Bereichen. In Sektoren, die Regelungsgegenstand des EWG-Vertrages sind, können die Mitgliedstaaten nicht unter Berufung auf die Vorbehaltsklausel widerstreitende eigene Maßnahmen durchführen, da anderenfalls die Vertragsziele selbst zu ihrer Disposition gestellt wären[314]. Ziele ökonomischer Natur können keine Gründe des ordre public i.S.d. Art.56 Abs.1 EWGV abgeben[315].

2. Die nationale Rundfunkordnung als Schutzgut vor dem EWG-Vertrag

a) Einführung

Die besondere Verantwortung des Rundfunks in der Bundesrepublik, die die Sonderstellung von Rundfunksendungen gegenüber sonstigen - ausschließlich wirtschaftlichen - Dienstleistungen legitimieren soll und den Sendebetrieb überhaupt erst für gewisse Grenzziehungen zugänglich macht, wurde bereits zuvor angedeutet[316].

Diese besondere Aufgabenstellung soll hier nochmals hergeleitet und präzisiert werden, da sie - über die prinzipielle Rechtfertigung von das Rundfunkwesen ausgestaltenden bzw. limitierenden Vorschriften hinausgehend - zugleich geeignet ist, Grenzen der Regelungsintensität sowie die Zuordnung der betreffenden Normen zu Art.56 Abs.1 EWGV oder dem "Allgemeininteresse" zu erklären.

313 *Götz* a.a.O. (FN 312), S.51 ff.; *Drews/Wacke/Vogel/Martens* a.a.O. (FN 312), S.245 ff.; *Friauf* a.a.O. (FN 312), S.219 ff.

314 vgl. *Bongen*, a.a.O. (FN 308), S.85; *Ipsen* a.a.O. (FN 106), S.646; *Schwartz* in Magiera (FN 22), S.120, 136; *ders.*, MA 1988, S.423, 425

315 so jüngst der EuGH in der RS 352/85 *"Bond van Adverteerders"*, S.17 der hektographierten französischen Fassung = NJW 1989, S.2189, 2191 Rdnr.34; *Reich*, ZHR 153 (1989), S.571, 582; *Selmer*, DöV 1967, S.328, 330; diese Erkenntnis läßt sich gleichermaßen aus Art.226 Abs.1 EWGV gewinnen, vgl. *Steindorff* a.a.O. (FN 279), S.79, 92

316 siehe § 3 H IV, "Rundfunk als sensibler Bereich"; exemplarisch *Lieb*, Kabelfernsehen und Rundfunkgesetze, S.220 ff.

b) Die Rundfunkfreiheit

Die Rundfunkfreiheit gem. Art.5 Abs.1 Satz 2 GG weist eine individuelle und eine institutionelle Komponente auf[317].

aa) Individuelle Komponente

Die individuelle Komponente fordert, daß jedem, der dies begehrt, die Ausübung der Rundfunkfreiheit ermöglicht werden muß[318].
Frequenzknappheit und finanzieller Aufwand bei Gründung und Betrieb einer Rundfunkanstalt sind die Begründungselemente[319], die staatliche Vorkehrungen zur Verwirklichung und Aufrechterhaltung der Freiheit des Rundfunks fordern, damit das Grundrecht auf Rundfunkfreiheit in eine ausübbare Form gerät[320]. Die öffentlich-rechtlichen Monopolanstalten, die idealtypisch jedem staatlichen Einfluß entzogen sind und deren programmbestimmende Kollegialorgane faktisch in angemessenem Verhältnis aus Repräsentanten aller bedeutsamen politischen, weltanschaulichen und gesellschaftlichen Gruppen zusammengesetzt sind[321], wurden geschaffen, um trotz der genannten Hindernisse die Rundfunkfreiheit für jedermann nicht zu einem Scheinrecht verblassen zu lassen; das Individualrecht wurde "eingefroren"[322].
Sprachliche Formulierung und systematischer Ort der Rundfunkgewährleistung im Rahmen der anderen Kommunikationsfreiheiten des Art.5 Abs.1 GG im Zusammenhang mit der Bindungsklausel des Art.1 Abs.3 GG sprechen deutlich für eine unmittelbar aus Art.5 Abs.1 Satz 2 folgende individuelle Veranstaltungsfreiheit, die nur so lange ruht und in vergesellschafteter Form ausgeübt wird, wie die Sendefrequenzen und Kanäle knapp sind[323].
Das Bundesverfassungsgericht hat den (Landes-) Gesetzgebern substantiiert aufgezeigt, auf welche gesetzlichen Ausgestaltungen eine verfassungsgemäße Rundfunkordnung zu gründen ist.
Im Rahmen des von ihm favorisierten Ordnungsmodells hat der Gesetzgeber dafür Sorge zu tragen, daß das Gesamtangebot der *in*ländischen Programme der bestehenden

---

317 *Schmidt*, Die Rundfunkgewährleistung, S.92; *Wittmann*, Rundfunkfreiheit, S.36 ff.; *Stock* in Seidel (Hrsg.): Hörfunk und Fernsehen, S.25 ff.; *Klein*, Die Rundfunkfreiheit, S.20 spricht von einem gegenwärtig dominierenden institutionellen Verständnis

318 vgl. *Klein* a.a.O. (FN 317), S.53 f. m.w.N.

319 *Wolf*, Medienfreiheit und Medienunternehmen, S.361

320 vgl. *v.Mangoldt/Klein/Starck*, GG, Art.5 Anm.72

321 BVerfGE 12, S.205, 261 f.; *Klein* a.a.O. (FN 317), S.14

322 *Ipsen*, Mitbestimmung im Rundfunk, S.35

323 v.*Mangoldt/Klein/Starck* a.a.O. (FN 320) Art.5 Anm.68; *Schleyer* in AKW (Hrsg.): Europafernsehen und Werbung, S.91, 95; ähnlich die BReg. in ihrer Stellungnahme im Verfahren BVerfGE 74, S.297, 312

Meinungsvielfalt im wesentlichen entspricht, daß der Rundfunk nicht einer oder einzelnen gesellschaftlichen Gruppen ausgeliefert wird und daß alle in Betracht kommenden Kräfte im Gesamtprogrammangebot zu Wort kommen können[324].
Diese Konkretisierungen sollen die individuelle Rundfunkfreiheit stärken[325].

bb) Objektive Funktion

Über den Individualaspekt hinaus dient die Rundfunk-freiheit auch der Gewährleistung freier öffentlicher Meinungsbildung[326]. Rundfunk ist "Medium" und "Faktor" dieses verfassungsrechtlich geschützten Prozesses[327].
Jedes Rundfunkprogramm spiegelt durch die Auswahl und Gestaltung der Sendungen eine gewisse Tendenz wider, insbesondere soweit es um die Entscheidung darüber geht, was nicht gesendet werden soll, was ohne Schaden für die öffentliche Meinungsbildung vernachlässigt werden kann, und wie das Gesendete geformt und gesagt werden soll[328]. Es muß gesetzlich sichergestellt sein, daß die Vielfalt der bestehenden Meinungen in möglichster Breite und Vollständigkeit zum Ausdruck gelangt, so daß umfassende Information geboten wird[329]. Anders als manches andere Grundrecht ist Art.5 Abs.1 GG nicht nur eine Konkretisierung der in Art.1 und Art.2 Abs.1 GG als thematischer Grundakkord niedergelegten Freiheits-idee. Als zweiter Grundakkord tritt das demokratische Prinzip hinzu[330]. Damit wird der Rundfunkfreiheit, ebenso wie der Pressefreiheit, eine dem demokratischen Staatswesen dienende objektive Funktion beigelegt[331].
Auch aus dieser Funktion wird gefolgert, daß der Gesetzgeber eine an den tatsächlichen gesellschaftlichen Kräfteverhältnissen ausgerichtete Ausgewogenheit des Gesamtprogramms herbeiführen muß, wobei ihm das Ermessen zusteht, zu entscheiden, welche gesellschaftlichen Kräfte tatsächlich existent sind. In diesem Ordnungsprozeß ist ihm ein gewisser Prognosespielraum eröffnet; von Verfassungs wegen ist er auch nicht auf

324 BVerfGE 73, S.118, 153; die inländische Ausrichtung betont auch *Roth*, ZHR 149 (1985), S.679, 691 zieht aber daraus den Schluß, daß eine Einbeziehung ausländischer Programme gerade *nicht* geboten sei; ebenso GRÜNBUCH, S.159 f.; dagegen *Ossenbühl*, Rundfunk zwischen nationalem Verfassungsrecht und europäischem Gemeinschaftsrecht, S.60 ff.; *Jarass*, EuR 1986, S.75, 76; *Hoffmann-Riem*, FS Wassermann, S.475

325 *Hoffmann-Riem*, Rundfunkfreiheit durch Rundfunkorganisation, S.18; *Lieb* a.a.O. (FN 316), S.156 ff.

326 BVerfGE 73, S.118, 152

327 BVerfGE 12, S.205, 260; BVerfGE 74, S.297, 323; *Hoffmann-Riem* a.a.O. (FN 325), S.17

328 vgl. BVerfGE 12, S. 205, 260

329 vgl. BVerfGE 57, S. 295, 320; *Badura*, Rundfunkfreiheit und Finanzautonomie, S.46

330 *Herzog* in Maunz/Dürig/Herzog/Scholz, GG, Art.5 Anm.8; *Schmidt* a.a.O. (FN 317), S.30; *Badura* a.a.O. (FN 329), S.38; *Ricker*, Die Einspeisung von Rundfunkprogrammen in Kabelanlagen aus verfassungsrechtlicher Sicht, S.48

331 Diese Funktion des Rundfunks auch für die Demokratisierung der Gemeinschaft streicht *Ipsen*, EuR 1982, S.205 ff., heraus; ebenso das GRÜNBUCH, S.1

eine binnen- oder außenplurale Organisation fixiert[332]. Allerdings darf er die modernen Entwicklungen auf dem Gebiet der Rundfunktechnik nicht unberücksichtigt lassen[333]. Die systembedingte (Werbefinanzierung) Unvollkommenheit des privaten Rundfunks im Hinblick auf inhaltliche Ausgewogenheit und Breite des Programmangebotes darf der Gesetzgeber akzeptieren, solange das öffentlich-rechtliche System funktionsfähig und dadurch sowohl Meinungsvielfalt als auch ein breites Programmspektrum gewährleistet ist[334]. Deshalb sind für private Rundfunkveranstalter weniger strenge Grundsätze als für öffentlich-rechtliche Anstalten hinnehmbar. Grenze ist ein unabhängig von der Organisationsform zu respektierender Grundstandard, der die ***wesentlichen Voraussetzungen von Meinungsvielfalt***, die gegen konkrete und ernsthafte Gefährdungen zu schützen sind, beinhaltet. Dabei handelt es sich um die reale Möglichkeit für alle Meinungsrichtungen, - auch diejenigen von Minderheiten - im (privaten) Rundfunk zum Ausdruck zu gelangen und den Ausschluß einseitigen, in hohem Maße ungleichgewichtigen Einflusses einzelner Veranstalter oder Programme auf die Bildung der öffentlichen Meinung, namentlich die Verhinderung des Entstehens vorherrschender Meinungsmacht[335].

c) Folgerungen

Soeben[336] geschilderte Kautelen müssen erfüllt sein, um das Grundrecht der Rundfunkfreiheit in seiner individuellen Ausübbarkeit zu erhalten und um die - außerökonomischen - staatsintegrativen Aufgaben des Rundfunks zu erfüllen. Der Gesetzgeber ist gefordert, die strikte Einhaltung dieses Grundstandards durch materielle, organisatorische und Verfahrensregeln durchzusetzen, will er sich nicht eines Verstoßes gegen Art.5 Abs.1 Satz 2 GG schuldig machen[337]. Insofern steht der Staat vor den Alternativen, Rundfunk selbst zu veranstalten, oder ihn gesetzlich so zu reglementieren, daß dessen Funktionen ohne seine Federführung ausgefüllt werden können.
Dieser unverzichtbare Kernbestand an Regelungen muß auch vor den Grundfreiheiten des EWG-Vertrages bestehen können.

aa) Die Meinungsbildungsfunktion

Die Meinungsbildungsfunktion des Rundfunks ist unverzichtbar für jedes demokratische Staatswesen[338]. "*Die Freiheit der Bildung der öffentlichen Meinung ist unabding-*

332 *Wolf* a.a.O. (FN 319), S.368; *Hoffmann-Riem* a.a.O. (FN 325), S.36 m.w.N.
333 BVerfGE 73, S.118, 154
334 BVerfGE 73, S.118, 155, 158 f.
335 BVerfGE 73, S.118, 160; *Bullinger*, AfP 1983, S.319, 323 ff.
336 unter b. aa) und bb)
337 vgl. BVerfGE 73, S.118, 160; *Schmidt* a.a.O. (FN 317), S.32
338 dazu *Leibholz*, FS Scheuner, S.363, 364 f.; *Hilf* in AKW (FN 323), S.113

bare Voraussetzung für das Funktionieren der freiheitlichen Demokratie, weil nur sie die öffentliche Diskussion über Gegenstände von allgemeinem Interesse und staatspolitischer Bedeutung gewährleistet"[339]. Der Grundstock an Vorschriften, der unentbehrlich ist, um die Rundfunkfreiheit aufrechtzuerhalten, sichert den Bestand der demokratischen Staatsordnung an sich[340]; die individuelle wie auch die institutionelle Komponente der Rundfunkfreiheit müssen deshalb als nichtökonomische Schutzgüter der öffentlichen Sicherheit und Ordnung i.S.d. Art.56 Abs.1 EWGV anerkannt werden[341].

Im Grunde genommen ist dies der Kern der Aussagen, die von "Rundfunk als Sache der Allgemeinheit"[342], "Rundfunk als öffentlicher Aufgabe"[343] oder dem Charakter von Rundfunksendungen als "Daseinsvorsorge"[344] sprechen. Freier Rundfunk, der dem soeben gezeichneten Modell entspricht, ist "Voraussetzung und Garant der Funk-tionsfähigkeit der Verfassungsordnung"[345].

Soweit also die Rundfunkunternehmerfreiheit betreffende Vorschriften ***unmittelbar*** notwendig sind, um Vorsorge für die Rundfunkfreiheit zu treffen, verstoßen sie nicht gegen die Dienstleistungsfreiheit.

Aber die "positive Ordnung", welche sicherstellt, daß "die Vielfalt der bestehenden Meinungen in möglichster Breite und Vollständigkeit Ausdruck findet", darf nicht über das hinausgehen, was zu diesem Zweck erforderlich ist[346]. Die Ausgestaltung ist kein Selbstzweck, sondern darf allein der Sicherung der beiden genannten Segmente der Rundfunkfreiheit dienen[347]. Art.5 Abs.1 Satz 2 GG verlangt eine Garantie existentiellen Funktionierens[348] und ist aus diesem Grunde nicht als eine Festschreibung der derzeitigen Rundfunkordnung mißzuverstehen[349]. Vielmehr wohnt der Verpflichtung des

---

339 BVerfGE 25, S.256, 265 m.w.N.; ähnlich BVerfGE 57, S.295, 323; Bundesrat, Stellungnahme zum EG-Richtlinienentwurf BR/Drs. 259/86, S.2 f.; *Kelm*, SPIEGEL-Streitgespräch, Heft 32 v.07.08.1989, S.30, 32

340 *Heringer*, Diss. phil. Mainz 1988, S.41; *Leister* in AKW (FN 323), S.101, 104; DGB-Stellungnahme zum GRÜNBUCH, MP 1985, S.901

341 Ansatzweise in diesem Sinne *Randelzhofer* in Grabitz a.a.O. (FN 11), Art.60 Anm.23; *Herrmann*, ZUM 1985, S.175, 184; *Seidel* in Schwarze (Hrsg.): Fernsehen ohne Grenzen, S.121, 144 f.

342 *Hoffmann-Riem* a.a.O. (FN 325), S.44; *Badura* a.a.O. (FN 329), S.39

343 BVerfGE 12, S.205, 243

344 *Herrmann*, Fernsehen und Hörfunk in der Verfassung der Bundesrepublik Deutschland, S.300 m.w.N.

345 *Hoffmann-Riem* a.a.O. (FN 325), S.15 f., allerdings unter Überbetonung der institutionellen Komponente, was sich in seinem Leitsatz 3, S.135 wie folgt niederschlägt: "Bezugspunkt einer grundrechtsoptimierenden Rundfunkorganisation ist das Produkt der Grundrechtsbetätigung, das Programm."

BVerfGE 73, S.118, 157 f. nennt dies in bezug auf den Grundversorgungsauftrag der öffentlich-rechtlichen Anstalten "die essentiellen Funktionen des Rundfunks für die demokratische Ordnung".

346 BVerfGE 73, S.118, 163; ähnlich *Seidel* in Scherer (Hrsg.): Nationale und europäische Perspektiven der Telekommunikation, S.133, 144 f.

347 *v.Mangoldt/Klein/Starck* a.a.O. (FN 320) Art.5 Anm.84; BVerfGE 74, S.297, 334

348 *Klein* a.a.O. (FN 317), S.55 m.N.

349 *Wolf* a.a.O. (FN 319), S.361

Gesetzgebers ein dynamisches Element inne[350]. Ihn treffen Beobachtungs- und Korrekturpflichten, die ihn dazu zwingen, stets zu hinterfragen, ob und inwieweit die von ihm einmal installierten Begrenzungen noch durch die dem Grundrecht der Rundfunkfreiheit drohenden Gefahren gerechtfertigt werden. Je vorbehaltloser die Prämissen entfallen, die von Verfassungs wegen eine positive Rundfunkordnung gebieten, desto weiter muß eine Öffnung zugunsten der Dienstleistungsfreiheit Einzug halten, desto schwieriger wird der Nachweis der existentiellen Notwendigkeit einer ausgestaltenden oder beschränkenden Vorschrift geführt werden können (Investitionsbedarf, Frequenzknappheit), ohne daß dies den Staat von seiner generellen Funktionsverantwortung entbände[351]. Insbesondere eine fortschreitende flächendeckende Breitbandverkabelung wird technische Hemmnisse beseitigen[352].

bb) Der Kontrollauftrag im Gemeinschaftsrecht

Art. 56 Abs.1 EWGV ist daher der Spezialtatbestand, der, entsprechend Art.10 Abs.1 Satz 3 EMRK, solche - diskriminierenden und unterschiedslos anwendbaren - Vorschriften zur Ausgestaltung der Rundfunkordnung legitimiert, die wesentlich für die Verwirklichung des Grundrechts der Rundfunkfreiheit sind[353]. Dabei handelt es sich insbesondere um Regeln, die unabweisbar sind für

- die Erhaltung der Meinungsvielfalt (binnen- oder außenplurales System)
- die Verhinderung von Vermachtung im Rundfunkwesen (Internationale Medienkonzentration - *Berlusconi, Murdoch, Kirch*); Chancengerechtigkeit, Zugang von Minderheiten zu den Medien
- die Bildung der öffentlichen Meinung (Wahrheitspflicht, Sachlichkeit, Toleranz); Staatsfreiheit,

kurzum solche Vorschriften, die sicherstellen, daß der Rundfunk nicht seiner nichtwirtschaftlichen Intentionen entkleidet und zu einem bloßen Wirtschaftsgut degradiert

350 *Hoffmann-Riem* a.a.O. (FN 325), S.21 nennt dies eine "raumzeitabhängige Flexibilität der Grundrechtskonkretisierung"

351 *Klein* a.a.O. (FN 317), S.59 f., 64, 67; ähnlich *Schmidt* a.a.O. (FN 317), S.96 f.; ausführlich *Lieb* a.a.O. (FN 316), S.20 ff. mit umfangreichen Nachweisen; das Bundesverfassungsgericht (E 57, S.295, 322) geht davon aus, daß auch nach dem Fortfall der "Sondersituation" ein Bedarf für ausgestaltende gesetzliche Regelungen erhalten bleibt, erkennt aber an, daß Regelungsziele und -intensität sich abschwächen werden.

352 hierzu *Herzog* in Maunz/Dürig/Herzog/Scholz a.a.O. (FN 330) Art.5 Anm.222, 236

353 vgl. *Wolf* a.a.O. (FN 319), S.78

wird (Normierung der Mindestvoraussetzungen für das Funktionieren der Kommunikationsverfassung)[354].

Dieser Kontrollauftrag und -anspruch rechtfertigt sich aus den oben[355] vorgetragenen Gesichtspunkten auch gegenüber ausländischen Rundfunksendungen[356]. Auch diese Sendungen können zu einer Gefährdung des vom Bundesverfassungsgericht sorgsam ausgependelten innerstaatlichen Rundfunkgleichgewichts beitragen[357]. Ist die Meinungsfreiheit als konstituierendes Element der freiheitlich-demokratischen Grundordnung gefährdet, von welcher Seite auch immer, so kann und muß der deutsche Gesetzgeber einschreiten[358].

Allerdings brauchen die Mindestvoraussetzungen und die zu deren Sicherung erforderlichen Vorkehrungen nicht so weit zu gehen, wie die Anforderungen an die inländische Veranstaltung von Rundfunksendungen, zumal kabelverbreitete Programme regelmäßig bereits am Ort ihrer Veranstaltung einer Prüfung unterliegen[359].

Wird das ausländische Programm im Inland eingespeist, so verpflichten die Mindeststandards nicht nur den Veranstalter. Die Einspeisung begründet zugleich die Verantwortung des Kabelunternehmers und, sofern der Einspeisung ein staatlicher Gestattungsakt vorausging, des Gesetzgebers, der zu garantieren hat, daß die durch Kabel verbreiteten Programme der Rundfunkfreiheit nicht zuwiderlaufen[360]. Mithin hat er auch für EG-ausländische Programme sachgemäße, umfassende und wahrheitsgemäße Information sowie ein Mindestmaß an gegenseitiger Achtung zu fordern[361]. Dabei ist ebenso wie innerstaatlich die Zulassung bzw. Tolerierung sog."Tendenzprogramme"

---

354 vgl. *Klein* a.a.O. (FN 317), S.75; ähnlich *Schmidt* a.a.O. (FN 317), S.93; *Ossenbühl* a.a.O. (FN 324), S.60; mag man auch den Juristenprimat in der Rundfunk-Ordnungspolitik anprangern, so *Rühl* in Fleck (Hrsg.): Zukunftsaspekte des Rundfunks, S.77, 82 f.

355 siehe oben § 3 E

356 so auch *Reich* in Hoffmann-Riem (Hrsg.): Rundfunk im Wettbewerbsrecht, S.224, 233

357 BVerfGE 73, S.118, 156 ff., 198 m.w.N.; *Bullinger*, AfP 1985, S.1, 2 ff.; DGB-Stellungnahme zum GRÜNBUCH, MP 1985, S.901; *Ricker* a.a.O. (FN 330), S.77; siehe dazu auch *Herzog* in Maunz/Dürig/Herzog/Scholz a.a.O. (FN 330) Art.5 Anm.234

358 *Ossenbühl* a.a.O. (FN 324), S.60
Kühn, ZUM 1986, S.585, 586, meint, man könne von ausländischen Programmen nicht verlangen, einer binnenpluralistischen Struktur zu genügen, da dies diskriminierend sei. Nach dem hier favorisierten Modell wäre dies selbst dann möglich, wenn - was offen bleiben kann - eine solche Diskriminierung stattfände, da sie nach Art.56 Abs.1 EWGV zulässig wäre, wenn die binnenplurale Struktur zwingend notwendig wäre, um die Rundfunkfreiheit zu gewährleisten.

359 vgl. BVerfGE 73, S.118, 196; das Bundesverfassungsgericht weist indes selbst auf die Problematik der Kontrolle solcher kabelverteilten Sendungen hin, die mit durchschnittlichem Antennenaufwand auch direkt empfangen werden können, da sie als "allgemein zugängliche Quelle" der Informationsfreiheit des Bürgers dienen, stellt aber die Kontrolle kabelverteilter Programme im Nichtempfangsbereich nicht in Frage

360 vgl. BVerfGE 73, S.118, 199 f.; die Verantwortung des inländischen Kabelunternehmers richtet sich allerdings nach dem ausländischen Maßstab, denn das eingespeiste Programm bleibt ja ein ausländisches

361 BVerfGE 73, S.118, 200, allerdings nur für herangeführte, nicht ortsüblich empfangbare Programme; besonderes Augenmerk richtet das Gericht insoweit auf einen effizienten Gegendarstellungsanspruch

nicht von vornherein ausgeschlossen, sofern sichergestellt ist, daß die Gesamtheit der Programme den Ausgewogenheitsgrundsätzen genügt[362].

3. Zusammenfassung

a) Sämtliche inländischen wie ausländischen Programme, die das Grundrecht der Rundfunkfreiheit empfindlich stören, müssen unter Berufung auf Art.56 Abs.1 EWGV abgewehrt werden können. Allerdings gilt dies nur insoweit, als der Rekurs auf Art.56 Abs.1 EWGV eine stetige Berücksichtigung der technischen und gesellschaftlichen Entwicklungen im Rundfunkwesen erkennen lassen muß[363].
b) Ferner sind bei Art.56 Abs.1 EWGV - insofern als Teilmenge der Vorschriften des Art.5 Abs.2 GG - die Vorschriften des allgemeinen Strafrechts und des sonstigen Polizei- und Ordnungsrechts einzuordnen. Rechtsgüter des Art.10 Abs.2 EMRK werden, insoweit in Entsprechung zu der Auslegung der EK-Kommission, bereits von diesen beiden Normgruppen erfaßt, soweit sie sich unter einen engen Begriff der öffentlichen Sicherheit subsumieren lassen.
c) Daneben ist an Einschränkungen des Sendebetriebes aus Gründen des in Art.56 Abs.1 EWGV ausdrücklich erwähnten Gesundheitsschutzes zu denken. In Betracht kommen hier insbesondere Werbebeschränkungen oder -verbote, etwa für Alkoholika, Tabakwaren oder Heilmittel[364] [365].

4. Das Allgemeininteresse

Mit dem soeben entwickelten Zwischenergebnis ist zugleich der Rahmen für weitere, über den erläuterten engen Umfang hinausgehende Begrenzungen der Sendetätigkeit aus Gründen des "Allgemeininteresses" vorgezeichnet.
Das "Allgemeininteresse" kann weitere, über den Schutz der essentiellen Funktionen des Rundfunks hinausgehende, von der Rechtsprechung des Bundesverfassungsgerichts

362 vgl. BVerfGE 73, S.118, 202

363 a.A. GRÜNBUCH, S.171
Die EG-Kommission erkennt als Schutzgut des Art.56 Abs.1 EWGV die öffentliche Sicherheit an (GRÜNBUCH, S.169, siehe dazu oben § 3 H V 1 d)). Damit hätte sie ebenfalls zu dem hier gefundenen Ergebnis gelangen können, wenn sie die staatstragende Aufgabe des Rundfunks nicht zugunsten der wirtschaftlichen Aspekte vollständig ausgeblendet hätte.

364 siehe z.B. §§ 11, 12 HWG, §§ 18, 22 LMBG; dazu *Jacobs* in Gloy (Hrsg.): Handbuch des Wettbewerbsrechts, S.229 ff.; ähnlich GA *Warner*, Schlußanträge RS 52/79 "*Coditel*" Slg. 1980, S.833, 877 f., der allerdings die gesamte Kontrolle der Fernsehwerbung "eindeutig" dem Bereich der öffentlichen Ordnung zurechnet; zu einzelnen Werbeverboten in den Mitgliedstaaten siehe GRÜNBUCH, S.238 ff.; vgl. Art.13-15 des Richtlinienvorschlages a.a.O. (FN 104)

365 Diese (b. und c.) sind indes keine Ausgestaltungen der Rundfunkfreiheit, d.h. Eingriffe in die Unternehmerfreiheit, sondern Beschränkungen der Inhaltsfreiheit, deren Zulässigkeit sich nach Art.10 Abs.2 EMRK bzw. Art.5 Abs.2 GG bemißt.

nicht unmittelbar zwingend geforderte, aber politisch erwünschte Limitierungen aus nicht-wirtschaftlichen Gründen decken.

a) Der kulturelle Auftrag des Rundfunks

In erster Linie handelt es sich dabei um den Schutz des kulturellen Auftrages des Rundfunks, soweit dieser über den essentiellen individuellen wie öffentlichen Meinungsbildungsauftrag hinausragt[366].

Rundfunk soll (auch) als Bote von Bildung und Kultur fungieren[367]. Heimische Kultur soll zur Darstellung gebracht und so zur Erhaltung einer nationalen Identität beigetragen werden, statt nur die vielfach preisgünstigeren ausländischen audiovisuellen Produkte ausschließlich unterhaltenden Charakters zu verteilen[368]. Diese Aufgabe sei der "klassische Auftrag" des Rundfunks[369].

Die Herleitung dieser rundfunklichen Verantwortung entspringt einem in erster Linie institutionellen Verständnis der Rundfunkfreiheit. Nur dem Rundfunk als Institution kann die Pflege der Kultur als Aufgabe obliegen, nicht aber dem einzelnen Individuum, das sich auf die Freiheit der Rundfunkveranstaltung beruft[370].

Eine immanent verstandene Kulturaufgabe ließe den Charakter der Rundfunkfreiheit als individuelles Freiheitsrecht gegenüber der ferner liegenden, sekundären Institutsgarantie stark in den Hintergrund treten[371]. Die Abwehrwirkung eines Grundrechts gegen den Staat würde umgekehrt zu einer Inpflichtnahme[372].

366 Natürlich geschieht Meinungsbildung auch in Form von Hörspielen, musikalischen Darbietungen, Übertragungen kabarettistischer Programme, vgl. BVerfGE 12, S.205, 260, doch ist diese Tatsache hier nicht gemeint, da sie - als Teilmenge - bereits oben erfaßt ist; gänzlich ablehnend GRÜNBUCH, S.174

367 vgl. BVerfGE 12, S.205, 229; BVerfGE 74, S.297, 324, 353; BVerfGE 73, S.118, 158; *Steiner*, FS Hübner, S.799 f.; *Grimm* VVDStRL 42 (1984), S.46, 68 ff. m.w.N.

368 *Bullinger* in Mestmäcker (Hrsg.): Offene Rundfunkordnung, S.45, 68; dazu auch *Milne*, MP 1984, S.849, 851 f.; gegen nationale Eigenbrötelei *Bueckling*, EuGRZ 1987, S.97, 99; eine Akzentverschiebung findet in der gegenwärtigen Diskussion insoweit statt, als es darum gehen soll, europäische Kultur zu wahren und den ungehinderten Zufluß amerikanischer und asiatischer Produktionen einzudämmen, vgl. Art.4 ff. des Richtlinienvorschlages der EG-Kommission vom 13.04.1989 a.a.O. (FN 104), dazu *Frohne*, ZUM 1989, S.390, 392 f.

369 vgl. BVerfGE 74, S.297, 324; BVerfGE 73, S.118, 158; *Delbrück* in Hoffmann-Riem (FN 356), S.244, 247; *Räuker/Hilf*, ZUM 1985, S.314; *Schleyer* in AKW (FN 323), S.91, 92; *Hilf*, MP 1987, S.73, 74; *Stoiber*, Bayernkurier v.23.04.1988; *Hesse*, ARD-Magazin 3/89, S.5; *Müller-Römer*, Zukunftschancen des Hörfunks, S.20 f.

370 Ganz anders *Grimm*, VVDStRL 42 (1984), S.46, 72, der die Notwendigkeit einer "kulturrechtlichen Interpretation der Rundfunkfreiheit" behauptet: "Rundfunkfreiheit als Programmfreiheit ist kulturell begründet, so daß darin die Freiheit zu akulturellem Verhalten nicht beinhaltet ist."; dazu *Steiner*, FS Hübner, S.799, 812 f.

371 Dezidiert gegen eine Überlagerung der individuellen Rundfunkfreiheit durch institutionelle Interpretationen auch *Klein* a.a.O. (FN 317), S.46 ff., unter Betonung der Parallelen zur Pressefreiheit S.49 ff.; *Herrmann* a.a.O. (FN 344), S.304

372 *Lieb* a.a.O. (FN 316), S.160 m.w.N.

Naheliegender erscheint es, die kulturelle Verantwortung nicht als Inhalt und Voraussetzung, sondern als Eingrenzung der individuellen Freiheit[373] anzusehen. Programmfreiheit ist ein wesentliches Element der Rundfunkfreiheit[374]. Kulturelle Vorsorge dagegen ist ein medienpolitisches Problem[375]. Kulturelle Auflagen können den Rundfunkveranstaltern, wenn es das Interesse der Allgemeinheit erfordert, nach Maßgabe des Art.5 Abs.2 GG bzw. des Art.10 Abs.1 Satz 3 EMRK diktiert werden[376]. Die kulturelle Verantwortung des Rundfunks entspringt einem von den öffentlich-rechtlichen Rundfunkanstalten geprägten Selbstverständnis, das politisch erwünscht und von einem gesellschaftlichen Konsens getragen ist[377], ist ihm aber nicht immanent.

Trotz der Parallelen entspricht die kulturelle Aufgabe nicht der staatsintegrativen Meinungsbildungs- und Informationsfunktion. Sie ist nicht zwingend geboten, um den Bestand des Staates zu sichern[378].

Dies gilt unabhängig davon, daß andere bildende und kulturelle Medien in ausreichender Auswahl zur Verfügung stehen. Ein Indiz dafür mag sein, daß es gerade im Bereich der Kultur nicht wie im Bereich der Information auf möglichst schnelle Versorgung des Empfängers ankommt, sondern das Zeitmoment eine eher untergeordnete Rolle spielt[379].

Aus diesen Gründen erscheint es folgerichtig, die gemeinschaftsrechtliche Rechtmäßigkeit kultureller Auflagen für Rundfunkveranstalter an den Grundsätzen des Allgemeininteresses und nicht an den Merkmalen des Art.56 Abs.1 EWGV zu messen[380]. Ein Blick auf die parallele Warenverkehrsfreiheit festigt diesen Standpunkt. Der Gerichtshof hat kulturelle Motive aus dem Anwendungsbereich des Art.36 EWGV her-

---

373 In diese Richtung tendiert auch *Klein* a.a.O. (FN 317), S.59; "Re-Subjektivierung der Rundfunkfreiheit", *Preuß*, ZERP/DP 2/1987, S.75, 77

374 BVerfGE 73, S.118, 182 f.; *Leibholz*, FS Scheuner, S.363, 366; *Badura* a.a.O. (FN 329), S.43 f.; *Frohne*, ZUM 1989, S.390, 395 f.

375 *Steiner*, FS Hübner, S.799, 812 f.

376 vgl. *Wittmann* a.a.O. (FN 317), S.183; *Wenger*, EA 1987, S.361, 362 ff.; zweifelnd *Steiner*, FS Hübner, S.799, 814; siehe dazu den in den Landesgesetzen bzw. dem NDR-Staatsvertrag usw. vorgegebenen Programmauftrag der Anstalten, beispielhaft bei *Badura* a.a.O. (FN 329), S.56 f.

377 vgl. *Steiner*, FS Hübner, S.799, 801 ff.

378 Ähnlich *Bullinger*, AfP 1983, S.319, 323; in diesem Sinne aber *Grimm*, VVDStRL 42 (1984), S.46, 70, 81: "Im kulturellen Bereich liegen daher Funktionsvoraussetzungen für die Erfüllung der Staatsaufgaben. Insofern ist der Staat von der Kultur abhängig, die ihrerseits zur Sicherung und Einverleibung der grundlegenden identitätsverbürgenden Werte wieder auf den Staat angewiesen ist.";
entgegengesetzter Ansicht auch *Schmidt* a.a.O. (FN 317), S.86, 92

379 *Schmidt* a.a.O. (FN 317), S.87, spricht vom "Zeitvorsprung des Rundfunks bei aktuellen Anlässen"; im Ergebnis ähnlich *Lieb* a.a.O. (FN 316), S.171 ff.

380 Ebenso die Auffassung der EG-Kommission in den RS 60 u. 61/84 *"Cinéthèque"*, Slg. 1985, S.2605 ff. insbesondere S.2613; *Roth*, ZUM 1989, S.101, 109; *Schwartz*, MA 1988, S.423, 425 ff.; a.A. *Bueckling*, EuGRZ 1987, S.97, 101;
Den Kulturprotektionismus am Beispiel Belgiens, Frankreichs und der Schweiz beschreibt *Bullinger* in Mestmäcker (FN 368), S.45, 48 ff.

ausgehalten, allerdings als "zwingendes Erfordernis" anerkannt[381]. Er hat damit ausgeschlossen, daß kulturelle Gesichtspunkte überhaupt Diskriminierungen rechtfertigen können. Damit dürfte recht eindeutig feststehen, daß Art.56 Abs.1 EWGV in derselben Weise ausgelegt werden sollte, bzw. daß der Gerichtshof eine abweichende Interpretation dieser Vorschrift nicht akzeptieren wird.

Zu bemerken bleibt auch hier, daß die Anforderungen an ausländische und private inländische Veranstalter nicht denselben Maßstäben entsprechen müssen, die inländische ***öffentlich-rechtliche*** Veranstalter bei der Erfüllung des ihnen obliegenden, restriktiv zu umreißenden Grundversorgungsauftrages zu beachten haben[382]. Anbieter, die sich im freien Wettbewerb finanzieren müssen, sind von inhaltlichen Anforderungen zu verschonen, deren Erfüllung nicht ohnehin von jedem verantwortungsbewußten Veranstalter als Teil seiner "Sozialbindung" erwartet werden darf[383].

b) Exkurs: Das duale Rundfunksystem in der Bundesrepublik Deutschland

In diesem Zusammenhang soll ein Schlaglicht auf die Grundlinien der innerdeutschen Diskussion um die Ausformung des dualen Rundfunksystems geworfen werden, das Modellcharakter für das Selbstverständnis des bundesdeutschen öffentlich-rechtlichen Rundfunks in einem europäischen Rundfunkmarkt entfalten könnte.

Private und öffentlich-rechtliche Veranstalter müßten ihr bisher von Rivalität geprägtes, substitutives Verhältnis zugunsten einer für beide Seiten fruchtbaren Komplementarität überwinden[384]. Die öffentlich-rechtlichen Anstalten hätten sich mit der Erfüllung eines restriktiv zu bestimmenden Grundversorgungsauftrages[385], der die informativen, kulturellen, sozialen und religiösen Aufgaben des Rundfunks, die nach dem hier vertretenen Modell Schutzgüter des Art.56 Abs.1 EWGV bzw. des Allgemeininteresses sind, beinhaltet, zu bescheiden[386]. Die Absicherung dieses Komplementärverhältnisses würde durch eine Trennung von Werbeeinnahmen und Gebühren ermöglicht. Den öffentlich-rechtlichen Anstalten könnte ein Werbeverbot auferlegt werden - was nach dem Verständnis der EG-Kommission von den Beschränkungsmöglichkeiten der Rundfunkdienstleistungen wegen der auch innerstaatlichen Geltung der EMRK gar nicht

381 EuGH RS 60 und 61/84 "*Cinéthèque*" Slg. 1985, S.2605, 2626 Rdnrn 22 ff.; RS 229/83 "*Leclerc*" Slg. 1985, S.1, 17 f., 35 Rdnrn 28 ff.

382 ähnlich *Fleck* in ders. (FN 354), 11, 12 Nr.3;
Natürlich sind die Privaten berechtigt, einen solchen Grundversorgungsauftrag wahrzunehmen.

383 vgl. *Bullinger*, JZ 1987, S.259, 262

384 Monopolkommission, HG VII, S.231; *Stock* in Hoffmann-Riem (FN 356), S.34, 61

385 dazu *Bullinger* in Kirchhof/Isensee (Hrsg.): Handbuch des Staatsrechts, Bd VI, S.667, 715 f.

386 vgl. *Immenga*, Der Journalist 1988, Heft 8, S.66

möglich wäre[387] - ; dieses rechtfertigte dann ihren Alleinanspruch auf das Gebührenaufkommen[388].

Wäre diese Funktionsteilung gesetzlich besiegelt, hätte der öffentlich-rechtliche Rundfunk weite Teile seiner derzeitigen Aktivitäten an die europäischen privaten Rundfunkunternehmer abzutreten[389], so daß der Markt für die - tatsächlichen - Rundfunk***dienst***leistungen (Werbung, bloße Unterhaltung, attraktive Sportereignisse etc.) privatrechtlich florieren könnte[390].

c) Weitere Gesichtspunkte des Allgemeininteresses

Daneben kann das "Allgemeininteresse" Schutzmaßnahmen zur Bewahrung eines nichtkommerziellen Charakters des Rundfunkwesens legitimieren[391]. Damit hängen Werbeverbote und -beschränkungen eng zusammen, die gegenständliche oder zeitliche Schranken vorsehen oder aber die Einhaltung bestimmter Lauterkeitsgrundsätze verlangen[392]. Solche Vorschriften sind insbesondere notwendig, um bei einer reinen Werbefinanzierung eines Programms der Einflußnahme der Werbenden einen Riegel vorzuschieben[393].

Darüber hinaus wäre an die religiöse Erbauung zu denken, die der bundesdeutsche öffentlich-rechtliche Rundfunk zu seinen Pflichten rechnet[394].

Letztlich bleibt an die Erhaltung von Urheber- und Leistungsschutzrechten[395], Jugendschutz sowie die Garantie eines effizienten privatrechtlichen Ehrschutzes zu denken[396]. Eine letzte Konkretisierungshilfe gewähren die Schutzgüter des Art.10 Abs.2 EMRK, soweit sie nicht bereits bei Art.56 Abs.1 EWGV Berücksichtigung erfahren haben.

---

387 vgl. oben § 3 H V 1 c)

388 so auch *Klatten*, SPIEGEL-Streitgespräch, Heft 32 v.07.08.1989, S.30, 32

389 *Gröner* in Mestmäcker (FN 368), S.349, 354; *Schleyer* in AKW (FN 323), S.91, 99

390 vgl. *Immenga*, Der Journalist 1988, Heft 8, S.66

391 a.A. GRÜNBUCH, S.171

392 soweit sie nicht bereits bei Art.56 Abs.1 EWGV zu verorten sind (Tabakwaren, Alkoholika, Medikamente, Waffen)

393 Einen Vorgeschmack liefert das Beispiel der USA, wo mittlerweile die Werbenden den Veranstaltern vorschreiben, Sendungen welcher Art mit ihren Spots nicht mehr gespickt werden dürfen, vgl. HB v.05.07.1989, S.18 "Schwarze Listen"

394 *Kelm*, SPIEGEL-Streitgespräch, Heft 32 v.07.08.1989, S.30, 32

395 vgl. EuGH RS 52/79 "*Debauve*" Slg. 1980, S.833 ff.

396 *Herrmann* a.a.O. (FN 344), S.333, spricht von "anderen Individual- und Gemeinschaftsinteressen, die durch das Grundgesetz unmittelbar als gegenüber Rundfunksendungen schutzbedürftig ausgewiesen sind"

5. Gemeinsamkeiten

Außerhalb ihrer unterschiedlichen Schutzgüter folgen Art.56 Abs.1 EWGV und das "Allgemeininteresse" denselben Auslegungsgrundsätzen.

a) Die Inländerbehandlung fordert auch im Rahmen des Art.56 Abs.1 EWGV den Verzicht auf diskriminierende Vorschriften, soweit unterschiedslos anwendbare Normen einen effektiven Schutz gestatten.

b) Der Grundsatz der Verhältnismäßigkeit findet in beiden Fällen Anwendung.

c) Art.56 Abs.1 EWGV fordert seinem Wortlaut nach nicht explizit die "Berücksichtigung vergleichbarer Kontrollvorschriften" des Sendestaates, wie dies der Gerichtshof für die im Allgemeininteresse erlassenen Beschränkungen ausdrücklich ausgesprochen hat[397].

   Im Rahmen unterschiedslos anwendbarer Vorschriften gebietet dies indes bereits die Parallele bzw. funktionale Austauschbarkeit mit den Schutzgründen des Allgemeininteresses. Es wäre kaum verständlich, daß unterschiedslos anwendbare Beschränkungen, je nach ihrer - im Grunde genommen austauschbaren Rechtsgrundlage, der sie jeweils nur aus systematischen Gründen zugeordnet sind - von Fall zu Fall ausländische Dienstleistungserbringer ***materiell*** diskriminieren dürften.

   Im Falle diskriminierender Regeln folgt dieses Ergebnis aus der Beachtung des Verhältnismäßigkeitsgrundsatzes. Doppelkontrollen anhand "gleichwertiger" nationaler Vorschriften sind nicht "erforderlich" im Sinne des zweiten Teilgrundsatzes[398].

6. Vereinbarkeit dieser Auslegung mit dem Prinzip des Vorrangs des Gemeinschaftsrechts?

Fraglich bleibt, inwieweit die hier vertretene Auffassung in Konflikt zu der Tatsache gerät, daß zwar sowohl die Begriffe "öffentliche Sicherheit und Ordnung" als auch "Allgemeininteresse" national geprägt sind, aber einer gemeinschaftsrechtlichen Kontrolle unterworfen sind[399].

---

397 vgl. oben § 3 H II 4

398 In diesem Sinne etwa auch die niedersächsische Landesregierung im Normenkontrollverfahren gegen ihr Landesrundfunkgesetz - BVerfGE 73, S.118, 147; siehe auch S.196

399 vgl. nur *Randelzhofer* in Grabitz, EWGV, Art.48 Anm.48 f.; *Wägenbaur*, KSE 28, S.1, 15 f.; *Seidel* in Scherer (FN 346), S.133, 137

a) "*Solange II*"

Nach dem "*Solange II*"-Beschluß des Bundesverfassungsgerichts[400] wird der Vorrang des Gemeinschaftsrechts sogar vor deutschem Verfassungsrecht prinzipiell bestätigt und daraus gefolgert, daß eine Kontrolle des Gemeinschaftsrechts am Maßstab des Grundgesetzes nicht mehr stattfinde, solange auf Gemeinschaftsebene ein dem Grundgesetz gleichwertiger Grundrechtsstandard garantiert werde[401].

Heißt dies, daß die verfassungsgerichtlich gesetzten Pflöcke der nationalen Rundfunkordnung gar nicht mehr als Schutzgüter reklamiert werden können, sondern nur entsprechende, gemeinschaftsweit nachweisbare kommunikationspolitische Schutzanliegen die soeben befürworteten Limitierungen rechtfertigen könnten, selbst wenn dadurch die bundesdeutschen Schutzstandards abschmölzen?[402]

Doch heißt es dazu in "*Solange II*" selbst[403], in Fortsetzung zu "*Solange I*"[404], Art.24 Abs.1 GG ermächtigt

> "nicht dazu, im Wege der Einräumung von Hoheitsrechten für zwischenstaatliche Einrichtungen die Identität der geltenden Verfassungsordnung der Bundesrepublik Deutschland durch Einbruch in ihr Grundgefüge, in die sie konstituierenden Strukturen aufzugeben...Dies gilt namentlich für Rechtsetzungsakte der zwischenstaatlichen Einrichtung, die gegebenenfalls zufolge entsprechender Auslegung oder Fortbildung des zugrundeliegenden Vertragsrechts, wesentliche Strukturen des Grundgesetzes aushöhlen."

Mit diesem Kernsatz begründet das Land Bayern sein Organstreitverfahren gegen die Bundesregierung, in dem es ihr aufgeben lassen will, gegen die beabsichtigte Rundfunkrichtlinie der EG zu stimmen[405].

Vorrang und Durchgriff als Funktionen des Supranationalitätsprinzips sind gemeinschaftsverfassungsrechtliche Auswirkungen der deutschen Beteiligung an den Gemeinschaftsverträgen, die die Öffnung deutscher Staatlichkeit i.S.d. Art.24 Abs.1 GG realisieren und grundsätzlich weder die staatliche Identität noch tragende Verfassungs-

---

400 BVerfGE 73, S.339 ff.

401 dazu auch *Ipsen*, EuR 1987, S.195, 197 ff.

402 vgl. etwa *Hoffmann-Riem*, RuF 1988, S.5, 19: "Die kunstvollen Vorkehrungen des Bundesverfassungsgerichts zur kultur- und verfassungspolitischen Bindung des Privatfunks wären auf dem Forum der Niederlassungsfreiheit Makulatur."; *ohne Verfasser*, ARD-Magazin 3/89, S.4/5: "Von der Magna Charta für den Rundfunk in der Bundesrepublik Deutschland könnten bald nur noch Fetzen übrigbleiben, wenn sich die EG-Kommission durchsetzt."

403 BVerfGE 73, S.339, 375 ff.

404 BVerfGE 37, S.271 ff., 279 f.; dazu *Gündisch* in Schwarze (Hrsg.): Das Wirtschaftsrecht des Gemeinsamen Marktes, S.97 ff.; zur Übertragung von Länderkompetenzen auf die EG siehe auch *Rudolf*, FS Schlochauer, S.117, 127 f. mit umfangreichen Nachweisen; *Delbrück*, ZUM 1989, S.373, 375 mit FN 12

405 vgl. bereits oben S.1; zum folgenden auch *Siepmann*, Der Journalist 1989, Heft 5, S.8, 10 f. Nach Auskunft des Bundesverfassungsgerichts ist in absehbarer Zeit mit einem Verfahrensfortgang nicht zu rechnen.

strukturen des Grundgesetzes berühren[406]. Nach Auffassung der bayerischen Staatsregierung verletzte ein Mitwirken der Bundesregierung an einer Rundfunkrichtlinie der EG die föderalen Strukturen der Bundesrepublik. Die Kompetenz der Länder werde über das von Art.24 Abs.1 GG gestattete Maß hinaus ausgehöhlt[407], wenn stets oder auch nur in der Regel den Ländern eine vorhandene Kompetenz schon dann entzogen werden könnte, wenn ein Lebensbereich ***auch*** eine wirtschaftliche Dimension aufweist. Umso deutlicher werde dies, je bewußter man sich vor Augen führe, daß nahezu kein den Ländern verbliebener Normierungsbereich vorstellbar sei, der nicht "auch" einen wirtschaftlichen Einschlag besitze[408].

Zwar geht es hier nicht um einen Rechtsetzungsakt der zwischenstaatlichen Einrichtung, der EG. Doch würde auch hier eine Nichtberücksichtigung der ländereigenen Kompetenzen, eine Mißachtung ihrer Autorität eintreten, wenn ihnen infolge der Auslegung des zwischenstaatlichen Vertragsrechts das Recht beschnitten würde, den nationalen verfassungsrechtlichen Vorgaben nach Maßgabe ihrer Stellung im bundesstaatlichen Gefüge nachzukommen. Es muß gewährleistet sein, daß den Ländern ein "Kern eigener staatlicher Aufgaben und Kompetenzen" verbleibt[409].

Im Grunde genommen handelt es sich im Rahmen dieser Untersuchung um den umgekehrten Fall einer Anmaßung ländereigener Befugnisse durch die EG, der aber wie dieser zu entscheiden ist. Das Verbot einer Länderkompetenz aufgrund des EG-Rechts entspricht von seiner Auswirkung auf die Struktur der Bundesrepublik einem gegen Art.24 Abs.1 GG verstoßenden Ergreifen von Länderaufgaben durch die EG[410].

Dies würde bedeuten, daß die Bundesregierung verfassungswidrig gehandelt hätte, wenn sie mit ihrer Zustimmung zu den Römischen Verträgen die Länderkompetenzen im Rundfunkwesen preisgegeben hätte[411], genauer, wenn sie durch eine Mitwirkung an

---

406 *Ipsen*, EuR 1987, S.195, 198

407 vgl. S.17 ff. insbes. S.21 ff. des Antrags auf Erlaß einer einstweiligen Anordnung v.06.04.1989, bekräftigend ergänzender Schriftsatz v.29.05.1989, S.29 ff.; beipflichtend die gemeinsame Stellungnahme von ARD und ZDF zum Verfahren v.14.06./20.06.1989, S.11 f.; "Ausverkauf des Bundesstaates", *Ossenbühl*, HB v.25.09.1989, S.6;
Die Bundesregierung bestreitet ein Eingreifen der Richtlinie in Länderkompetenzen, vgl. erwidernder Schriftsatz im Verfahren 2 BvG 1/89 v.11.04.1989, S.20 ff., 24 ff.; dagegen Schriftsatz der Länder v.29.05.1989, S.37 ff.;
kritisch zu der Argumentation der Länder in bezug auf ihre dem EWG-Vertrag wegen des Bundesstaatsprinzips vorgehende Kulturhoheit *Everling*, EuR 1987, S.214, 220 f.

408 "Präzedenzfall", Antragsschrift v.06.04.1989, S.24

409 vgl. BVerfGE 39, S.9, 19 f.
Weit mehr als diesen Kern sieht *Schwartz*, ZUM 1989, S.381, 383 trotz der Richtlinienvorschläge als gewährleistet an.
Ossenbühl, HB v.25.09.1989, S.6 hingegen fordert als Parallele zu der mittlerweile in allen nationalen Bereichen durchzuführenden Umweltverträglichkeitsprüfung eine "*Bundesstaatsverträglichkeitsprüfung*" für alle Rechtsetzungsakte der EG.

410 Ähnlich *Berg*, ARD-Magazin 3/89, S.4; ganz anders i.S.e. strikten jedes natio-nale Recht derogierenden Vorranges des EG-Rechts *Heringer*, Diss. phil. Mainz 1988, S.67

411 vgl. BVerfGE 37, S.271, 279 f.; siehe auch BVerfGE 75, S.223, 242 f.

der Rundfunkrichtlinie den von der bayerischen Staatsregierung befürchteten Präzedenzfall umfassender Tragweite schaffte.

b) Das Urteil vom 11.04.1989

Dieses Verständnis könnte der Sache nach dem Urteil des Bundesverfassungsgerichts in dem Eilverfahren vom 11.04.1989 zugrundeliegen[412]. Das Gericht stellt dort klar, daß die geplante EG-Richtlinie sekundäres Gemeinschaftsrecht sei,

> "an das die Antragstellerin bei der Ausübung einer ihr verfassungsrechtlich zustehenden Kompetenz teilweise und ***vorläufig***[413] gebunden wäre."

Dies könnte bedeuten, daß das Bundesverfassungsgericht die Möglichkeit nicht ausschließt, die Bundesländer im Falle einer Verletzung ihrer Rundfunkhoheit[414] von der Bindung an die EG-Rundfunkrichtlinie wieder zu dispensieren. Eine solche Möglichkeit wiederum implizierte, daß das Bundesverfassungsgericht offenbar (sogar) mit dem Gedanken spielt, eine Überprüfung von EG-Recht am Maßstab des Grundgesetzes zu unternehmen[415].

c) Stellungnahme

Diese Auffassung fügte sich in die Reihe von "*Solange I*" und "*Solange II*" ein.
Nach dem derzeitigen Stande der Integration ist davon auszugehen, daß gemeinschaftsweit einheitliche Begriffe der "öffentlichen Sicherheit und Ordnung" bzw. des

---

412 Urteil 2 BvG 1/89 v.11.04.1989, S.9; = ZUM 1989, S.235;
Sprecher der öffentlich-rechtlichen Anstalten haben vor dem Gang nach Karlsruhe gewarnt: Sie befürchten eine Vorlage des Bundesverfassungsgerichtes an den EuGH, dessen Rechtsprechung im Sinne der Positionen der Kommission bekannt ist, vgl. *Frohne*, ZUM 1989, S.390, 395

413 Hervorhebung vom Verfasser

414 Schon der Beschluß der Ministerpräsidentenkonferenz vom 1.-3.10.1986 in Hamburg (abgedruckt in MP-Dokumentation I/87, S.78) rügt den Richtlinienvorschlag als einen nicht hinnehmbaren Eingriff in den Kernbereich der Rundfunkhoheit der Länder; ebenso der Beschluß des Bundesrates BR/Drs. 259/86, S.1; DGB-Stellungnahme zum GRÜNBUCH, MP 1985, S.901

415 so *Wilhelm Vorndran*, Leiter der bayerischen Staatskanzlei in einer Rede vor dem Kulturpolitischen, Rechts- und Verfassungsausschuß am 10.05.1989, Manuskript S.6 ff. sowie in ZUM 1989, S.371, 372; in diese Richtung auch *Berg*, Interview ARD-Magazin 3/89, S.4;
In "*Solange I*" (BVerfGE 37, S.271, 282) heißt es allerdings, daß das Bundesverfassungsgericht niemals über die Gültigkeit oder Ungültigkeit einer Vorschrift des Gemeinschaftsrechts entscheidet. "Es kann höchstens zu dem Ergebnis kommen, daß eine solche Vorschrift von den Behörden oder Gerichten der Bundesrepublik nicht angewendet werden darf, soweit sie mit einer Grundrechtsvorschrift des Grundgesetzes kollidiert." (Offen bleibt allerdings, wo der Unterschied zwischen Ungültigerklärung und Nichtanwendbarkeit liegt); ausdrücklich gegen eine solche Prüfungskompetenz auch das Minderheitsvotum zu "*Solange I*", S.291, 299; sehr skeptisch *Ossenbühl*, a.a.O. (FN 324), S.55 ff.; *Jarass*, EuR 1986, S.75, 77 m.w.N.

"Allgemeininteresses" nicht zu erkennen sind[416]. Vielmehr handelt es sich nach wie vor um nationalstaatlich auszufüllende unbestimmte Rechtsbegriffe, deren Grenzen der Europäische Gerichtshof im Einzelfall markiert.
Nach dem Urteil des Bundesverfassungsgerichts vom 11.04.1989 wiederum scheint es, als sei das Gericht geneigt, selbst den Gemeinschaftsgesetzgeber und den Europäischen Gerichtshof dann zu korrigieren, wenn die Grenzen des nationalstaatlich schutzfähigen Ordre public von diesen derart eng gezogen werden, daß dadurch eine Erosion grundgesetzlich privilegierter Schutzanliegen oder aber eine Verschüttung der innerstaatlichen Länderkompetenzen unausweichlich würde.
Das Bundesverfassungsgericht könnte sich dazu veranlaßt sehen, die zu den Grundstrukturen der bundesstaatlichen Ordnung zählenden und damit einer Übertragung auf eine zwischenstaatliche Ebene bzw. einer Sperrung durch zwischenstaatliches Recht entzogenen Bereiche näher zu definieren[417] und das bundesdeutsche Rundfunkwesen bzw. das es prägende föderative Moment als ein dazugehöriges Sachgebiet[418] zu bezeichnen. Dies könnte umso mehr angeraten sein, als der Europäische Gerichtshof in den Rechtssachen 242/87 "*Erasmus*" und 56/88 "*Petra*" mit Urteilen vom 30.05.1989 den Organen der Gemeinschaft ohne Rücksicht auf die Kompetenzverteilung in der Bundesrepublik weiteste Kompetenzen in den Gesamtbereichen von Bildung und Ausbildung eingeräumt hat[419].
Man muß der EG die Befugnis absprechen, im außerökonomischen Bereich Befugnisse der Mitgliedstaaten zu sperren. Nur so läßt sich ein Weg zurück zu der Tatsache beschreiten, daß die EG grundsätzlich auf wirtschaftliche Kompetenzen beschränkt ist. Insofern fügt sich die hier entwickelte Auffassung bruchlos in die bisherige Rechtsprechung des Bundesverfassungsgerichts ein.

---

416 vgl. *Bongen*, Schranken der Freizügigkeit aus Gründen der öffentlichen Ordnung und Sicherheit im Recht der EWG, S.78

417 *Vorndran*, Redemanuskript a.a.O. (FN 415), S.8

418 Ein "unaufgebbares Essentiale", vgl. BVerfGE 37, S.271, 280; im Ansatz ähnlich *Preuß*, ZERP/DP 2/1987, S.75, 78; *Frohne*, ZUM 1989, S.390, 395

419 Die Urteile sind noch nicht veröffentlicht. Teilabdrucke enthält der Tätigkeitsbericht des Gerichtshofs Nr.12/89 für die Woche vom 29.Mai bis 2.Juni 1989; eine kurze Erläuterung findet sich bei *Feuchthofen*, HB v.15./16.09.1989, S.7; ähnlich *Ossenbühl*, HB v.25.09.1989, S.6

VII. ERGEBNIS:

1. Art.56 Abs.1 EWGV gestattet die Anwendung von Vorschriften zur Gewährleistung der Rundfunkfreiheit[420], des Strafrechtsschutzes und des sonstigen Schutzes der polizeirechtlichen öffentlichen Sicherheit und Ordnung (entsprechend Art.10 Abs.2 EMRK) sowie der Gesundheit[421].
2. Im Allgemeininteresse können darüber hinausgehende, politisch erwünschte Auflagen legitimiert sein[422].
3. Sämtliche Beschränkungen dienen der Bewahrung nicht-ökonomischer Werte, dürfen aber zu diesen nicht außer Verhältnis stehen. Insoweit hat eine Güterabwägung unter Berücksichtigung der Rundfunkfreiheit und des materiellen Gehalts der Dienstleistungsfreiheit stattzufinden.

   Als "Faustregel" wird man formulieren dürfen:

   Je ausschließlicher der rein wirtschaftliche Einschlag der Rundfunkdienstleistung ist[423], desto weniger ist eine Restriktion geboten. Je stärker das Rundfunkwesen durch seine sonstigen Einschlüsse (sozialer, kultureller, politischer Natur) geprägt ist[424], desto eher ist, um diesen Wirksamkeit zu verleihen, eine Reglementierung erforderlich.
4. Das Gemeinschaftsrecht gestattet weitgehend die Durchsetzung des Geltungsanspruchs der innerstaatlichen Rundfunkordnung auch gegenüber grenzüberschreitenden Sachverhalten[425].

   Dem werden unterschiedslos anwendbare Vorschriften gerecht. Die Notwendigkeit diskriminierender Regelungen im Rundfunkwesen ist nicht erkennbar[426].

Erkennt man die hier entwickelte Auffassung an, daß die nationale Rundfunkordnung selbst EG-ausländische Veranstalter in einem gewissen Umfang binden kann, so dürfen zwei damit einhergehende Folgeerscheinungen nicht aus dem Blick verloren werden. Einmal könnte das grenzüberschreitende Programm seinen Auslandscharakter beim Zuschnitt auf die Rechtsordnung des Empfängerlandes - zumindest teilweise - einbüßen[427].

---

420 Gruppe der rundfunkverfassungsrechtlichen Vorschriften, vgl. oben § 3 D I

421 Gruppe der allgemeinen Vorschriften, vgl. oben § 3 D III ; ähnlich, doch strenger, DGB-Stellungnahme zum GRÜNBUCH, MP 1985, S.901, 902

422 Gruppe der rundfunkspezifischen Vorschriften, vgl. oben § 3 D II

423 Etwa der Kauf von Senderechten

424 Meinungsbildungsfunktion

425 vgl. *Degenhart*, EuGRZ 1983, S.205, 214; a.A. *Roth*, ZHR 149 (1985), S.679, 692 m.w.N.

426 vgl. *Jarass*, EuR 1986, S.75, 85; ebenso, wenn auch aus anderer Warte, *Schwartz* in Schwarze (FN 341), S.45, 76 ff.

427 vgl. GRÜNBUCH, S.171

Ob diese Konsequenz allerdings als Nachteil oder sogar als weiterer Schritt auf dem Wege zu einer europäischen Integration auch der Kultur anzusehen ist, mag hier offenbleiben[428].

Zum anderen steigen die Anforderungen an die Rundfunkveranstalter, die sich u.U. mit der Schwierigkeit auseinanderzusetzen haben, ihre Programme auf mehrere, zumindest in Detailfragen voneinander abweichende Rundfunkordnungen ausrichten zu müssen[429].

Nebenfolge dieser Regelungsdifferenzen könnte das Aufkeimen eines mittelbaren Harmonisierungsdrucks sein.

428 zweifelnd z.B. *Movsessian*, ZUM 1985, S.306, 308

429 Nach der Rechtsprechung des Gerichtshofs kann in der Pflicht des grenzüberschreitenden Dienstleisters, zwei Rechtsordnungen zu beachten, keine materielle Diskriminierung gegenüber dem inländischen Konkurrenten gesehen werden, vgl. *Seidel*, ZVersWiss 1987, S.175, 190; dazu unten § 4 C IV 1

§ 4 Anwendungsfälle

A. Werberegelungen

I. Vorbemerkung

Besonderes Interesse und regelmäßig außergewöhnlich scharfe Kritik interessierter Kreise[1] erfahren Regelungsvorschläge, nach denen die Werbung im Rundfunk zeitlichen oder gegenständlichen Bindungen unterworfen werden soll[2].

Entgegen anderslautenden Behauptungen mangele es der Werbung nicht an Sozialverträglichkeit; sie sei notwendiger Produktivfaktor der freien Marktwirtschaft[3]. Jedes nach den geltenden gesetzlichen Bestimmungen hergestellte Produkt müsse die Möglichkeit haben, beworben zu werden. Wer Werbung verbiete, entmündige den Bürger und zwinge ihm staatliche Wertvorstellungen auf. Er spreche ihm die Fähigkeit ab, selbst zu entscheiden und nehme der Wirtschaft ein wichtiges Stimulans[4].

Die besondere Aufmerksamkeit, die den Werberegelungen gewidmet wird, rechtfertigt ihre exemplarische Betrachtung im Rahmen dieser Arbeit.

---

1 vgl. z.B. HB v.17.04.1989, S.5; *Wille* (Philip Morris), HB-Interview v.05.04.1989, S.18; *Klatten* (SAT-1 Chef), HB-Interview v.05.07.1989; *Kresse* (Justitiar von RTL-Plus), HB v.14.02.1989, S.6; *ders.*, WRP 1988, S.575, 576; Stellungnahme des *Bundesverbandes Kabel und Satellit*, S.23 ff.; ZAW-Basisdienst Nr.18 v.19.04.1989; ZAW-Basisdienst Nr.49 v.30.09.1988; *AKW*, Pressemitteilung v.14.03.1989; (zu den Richtlinienvorschlägen der EG-Kommission); *Gries* (Hauptgeschäftsführer des Markenverbandes und Geschäftsführer des AKW), HB v.17.04.1989, S.5; *Markenverband*, Jahresbericht 1987/88, S.16 ff., 25;

2 Art.7 Rundfunkstaatsvertrag (Abdruck bei *Götz von Olenhusen*, Rundfunkrecht, S.361 ff.); dagegen besonders *AKW*, Pressemitteilung vom 14.03.1989, S.2

3 *Markenverband* a.a.O. (FN 1), S.16 ff.

4 *Wille*, HB v.05.04.1989, S.5; *Markenverband* a.a.O. (FN 1), S.25; *Merkle*, HB v.30.08.1989, S.19; *Graf Lambsdorff*, HB v.27.09.1989, S.4;
Einen Einblick in die Erwartungen, die an europaweite Fernsehwerbung gestellt werden, vermitteln *Berekoven* in AKW (Hrsg.): Europafernsehen und Werbung, S.53 ff.; sowie *Merkle*, ebenda, S.61 ff.; *Luyken*, RuF 1989, S.167, 173 f.; *Pieper*, ZUM 1989, S.396, 397 f.

II. Der Richtlinienvorschlag der EG-Kommission

Der Richtlinienvorschlag der EG-Kommission[5] sieht gewisse Werberegelungen vor, die über die Anforderungen des Art.7 Rundfunkstaatsvertrag hinausgreifen[6].

1. Die einzelnen objektiven Werberegelungen

Die Fernsehwerbung muß als solche identifizierbar sein. Im Regelfall soll Blockwerbung betrieben werden; Unterbrecherwerbung ist nach Maßgabe gewisser konkretisierender Bestimmungen statthaft[7]. Die Werbung hat einen Mindeststandard an Verhaltensgrundsätzen zu respektieren[8] und dem Schutz Minderjähriger Rechnung zu tragen[9]. Die Werbung für Tabakwaren und rezeptpflichtige Heilmittel ist generell untersagt[10], während Alkoholika zumindest verhalten sollen beworben werden dürfen[11].
Von vitalem Interesse für kommerzielle Veranstalter ist die Festschreibung der absoluten Werbezeit auf 15 % der Gesamtsendezeit bzw. 20 % je Stunde[12] und die Formulierung von Grundsätzen für das sog. Sponsoring[13].

---

5 Überprüfter Vorschlag vom 26.05.1989, Dok KOM (89) 247 endg.; EG-Kommission, Die audiovisuellen Medien im großräumigen Europäischen Markt, S.40 ff.; zu den (früheren) Vorschlägen des GRÜNBUCHS ebenso humoristisch wie kritisch *Valentine*, Marketing Week v.03.08.1984, S.27 ff.; zu den Plänen der EG-Kommission im Pressebereich HB v.15.08.1989, S.3

6 Die Werberegelungen des Rundfunkstaatsvertrages beschreibt *Henning-Bodewig*, GRUR Int. 1987, S.538, 542; die werbungsbezogenen Durchführungsrichtlinien erläutert *Gebel*, MA 1989, S.177 ff.; zur Haltung der Bundesregierung *Wagner*, MA 1989, S.68, 71

7 Art.10 und 11 Richtlinienvorschlag a.a.O. (FN 5); *Pieper*, ZUM 1989, S.396, 403, 404

8 Art.12 Richtlinienvorschlag a.a.O. (FN 5): Menschenwürde, Geschlecht, Nationalität, Gesundheit, Umwelt, politische Überzeugungen; *Pieper*, ZUM 1989, S.396, 403 f.

9 Art.18 Richtlinienvorschlag a.a.O. (FN 5); *Pieper*, ZUM 1989, S.396, 404; *Kreile*, ZUM 1989, S.407, 409

10 Art.13 und 14 Richtlinienvorschlag a.a.O. (FN 5)

11 Art.16 Richtlinienvorschlag a.a.O. (FN 5);
Der WDR will ab 01.01.1990 keine Alkoholwerbung mehr in seinem 1. Rundfunkprogramm akzeptieren, vgl. HB v.30.08.1989, S.19; dagegen *Arbeitskreis Alkohol*, HB v.06.09.1989, S.21: Alkoholwerbung beeinflusse nicht die Gesamtmenge des Konsums, sondern verschiebe lediglich Marktanteile.

12 Art.18 Richtlinienvorschlag a.a.O. (FN 5); das EP wollte sogar eine Reduzierung auf nur 18 % durchsetzen;
Allerdings haben auch ARD und ZDF diese absolute Grenze abgelehnt, da sie die Anstalten der nach Art.3 Abs.4 Rundfunkstaatsvertrag eröffneten Möglichkeit beraube, während der nachfrageschwachen Werbemonate im Sommer nicht ausgenutzte Werbezeiten während der nachfragestarken und regelmäßig überbuchten Werbemonate "nachzuholen" und dabei die für den Regelfall festgesetzten Werbezeiten zu überschreiten, vgl. Berechnungsmodell in der Stellungnahme von ARD und ZDF zum Organstreitverfahren des Landes Bayern gegen die Bundesregierung v.14./20.06.1989, S.8 ff..

13 Art.17 Richtlinienvorschlag a.a.O. (FN 5); *Pieper*, ZUM 1989, S.396, 405

2. Vereinbarkeit mit dem hier entwickelten System nationaler Schranken

Objektive Werberegelungen dieser Art ließen sich vor einer gemeinschaftsweiten Harmonisierung in das hier ausgebreitete System nationaler Beschränkungen der Rundfunksendetätigkeit aus Gründen des Allgemeininteresses oder des Art.56 Abs.1 EWGV einfügen[14].
Ein Seitenblick auf die parallele Warenverkehrsfreiheit[15], die vor den zwingenden Erfordernissen Verbraucherschutz und Lauterkeit[16], aber auch kulturellen Gesichtspunkten[17] zurückzutreten hat, bestätigt dies.

3. Keine Werbebeschränkungen aus nichtwirtschaftlichen Motiven

Doch vermißt man in dem Vorschlag der EG-Kommission ein Eingehen auf Beschränkungen der Werbung aus denkbaren kulturellen Motiven.
Angesichts der mangelnden kulturellen Kompetenz der EG und der Tatsache, daß diese Motive nach dem Verständnis der EG-Kommission als "außerpolizeirechtliche" Gesichtspunkte gegen Art.10 EMRK verstießen und damit per se unzulässig wären[18], verwundert dies nicht. Kulturelle Aspekte sind nur mittelbar und am Rande insoweit berücksichtigt, als Unterbrecherwerbung den Zusammenhang höherwertiger Sendungen nicht übermäßig soll zerreißen dürfen[19].
Demnach bliebe zumindest solange die Richtlinie nicht in Kraft getreten ist bzw. selbst wenn sie einer Fassung Wirksamkeit erlangt, die Art.24 Abs.1 GG nicht verletzt, Raum für weitergehende nationale Beschränkungen der Werbetätigkeit aus kulturellen oder gesellschaftspolitischen Gründen[20].

---

14 vgl. oben § 3 H VI

15 Zum "Zusammenfließen" von Waren- und Dienstleistungsfreiheit bereits oben § 3 H V 2 g), zusammenfassend *Roth*, ZUM 1989, S.101, 109 m.w.N.

16 EuGH RS 120/78 "*Cassis de Dijon*" Slg. 1978, S.649, 662; RS 90/86 "*Teigwaren*" NJW 1988, S.2169; RS 178/84 "*Bier*" NJW 1987, S.1133, 1134

17 EuGH RS 60 und 61/84 "*Cinéthèque*" Slg. 1985, S.2605 ff.

18 vgl. GRÜNBUCH, S.135, 136, 171; dies, obwohl eine europäische Dimension der Medienkultur von der EG-Kommission a.a.O. (FN 5), S.53 ff., anerkannt wird

19 *Ory*, ZUM 1986, S.578, 581; Art.10 Abs.5 Richtlinienvorschlag a.a.O. (FN 5)

20 vgl. oben § 3 H VI 4
Den "Widersinn" von Euroquote und Werberegelungen glaubt *Merkle*, HB v.14.10.1988, anhand einer modellhaften Anwendung dieser Vorschriften auf die Presse nachweisen zu können, wenn man etwa von Zeitschriften verlangte:
"Der Höchstumfang der Anzeigen darf 20 % des Inhalts nicht überschreiten. Romane, die bereits als Buch erschienen sind, dürfen nur einmal von einer Anzeigenseite unterbrochen werden, innerhalb eigener Beiträge der Redaktion darf nur eine Anzeige erscheinen, wenn ein Beitrag länger als drei Seiten ist. Der Abstand zwischen zwei Anzeigen darf fünf Seiten nicht unterschreiten. Mindestens die Hälfte des Heftumfanges muß von Autoren stammen, die einen europäischen Paß vorweisen können."

Derartige Zügelungen der Fernsehwerbung, die nach hiesigem Verständnis im Allgemeininteresse gerechtfertigt sein können, sollen nunmehr anhand eines niederländischen Falles näher beleuchtet werden.

III. Erhalt des inländischen Werbeaufkommens zugunsten der inländischen Rundfunkanstalten und Printmedien[21]

1. Einführung

In der Rechtssache 352/85 "*Bond van Adverteerders*" ging es um das in Art.4 der niederländischen "*Kabelregeling*"[22] errichtete Verbot der inländischen Kabeleinspeisung solcher ausländischen Rundfunkprogramme, welche speziell an das holländische Publikum gerichtete Werbemitteilungen enthalten. Dieses Verbot wurde von dem zusätzlichen Verbot flankiert, solche Werbemitteilungen via Kabel weiterzuverteilen, die zwar nicht speziell an die niederländischen Rezipienten gerichtet waren und deshalb nicht in niederländischer Sprache, aber doch zumindest in niederländischer Untertitelung ausgestrahlt wurden.

Ausweislich der Gesetzesmaterialien sollten diese Verbote nicht für direktempfangbare[23], sondern nur für über Fernmeldesatelliten "Point-to-Point" herangeführte Programme gelten, richteten sich also unverhüllt gegen die Sender "*Sky Channel*", "*Super Channel*" und "*TV 5*"[24]. In den Worten der Gesetzesbegründung heißt es ferner, daß die Verbote der Werbung und der Untertitelung dazu bestimmt sind, "*in den Niederlanden eine mittelbare Verwirklichung eines kommerziellen Kabel- oder Abonnementsfernsehens zu verhindern, welches dem niederländischen Abonnementsfernsehen, das noch entwickelt werden muß, eine unlautere Konkurrenz lieferte*"[25].

Das Rundfunkgesetz Hollands aus dem Jahre 1967 (*Omroepwet*) reserviert das ausschließliche Recht zur Ausstrahlung von Werbemitteilungen im Rundfunk einer Gesellschaft zur Veranstaltung von Rundfunkwerbung, der "*Stichting Etherreclame STER*"[26]. Die STER hat ihre Einnahmen an den Staat auszukehren, der damit die sog. "*Omroeporganisaties*", staatlich autorisierte "Körperschaften zur Veranstaltung von

21 EuGH v.26.04.1988 RS 352/85 "*Bond van Adverteerders*" (noch nicht in Slg.) = NJW 1989, S.2189 ff.; dazu *Bueckling*, ZUM 1988, S.288 f.; *Reich* in Hoffmann-Riem (Hrsg.): Rundfunk im Wettbewerbsrecht, S.224, 237 f.; *ders.*, RuF 1989, S.305 ff.; *Sedemund/Montag*, NJW 1989, S.1409, 1412 f.; *Kresse*, WRP 1988, S.575, 576

22 Ministererlaß vom 26.07.1984 (STORT Nr.145 vom 27.07.1984)

23 EuGH RS 352/85 Rdnr.4 der hektographierten französischen Fassung (Übersetzungen vom Verfasser)

24 *Bueckling*, ZUM 1988, S.288, 290; von vergleichbaren Praktiken in Belgien berichtet *Bullinger* in Mestmäcker (Hrsg.): Offene Rundfunkordnung, S.45, 49 ff.

25 EuGH RS 352/85 a.a.O. (FN 23) Rdnr.5

26 vgl. Art. 50 Omroepwet; Statsblad 1967, Nr.176

gruppenpluralem Rundfunk"[27] und, allerdings zu einem geringeren Teil, die Printmedien subventioniert.
Die "*Omroeporganisaties*" finanzieren sich zu rund 30 % aus den ihnen vom Staat zugewiesenen Mitteln[28]. So verwundert es nicht, daß die holländische Regierung ein vitales Interesse daran hegt, inländische Werbeeinnahmen ausnahmslos in die Taschen der STER fließen zu lassen. Auf diese Weise würden Pluralität und Meinungsvielfalt im niederländischen Rundfunk gewährleistet[29].
Der Europäische Gerichtshof hatte sich mit diesem Sachverhalt deshalb zu befassen, weil den werbenden (holländischen) Unternehmen die ihnen von der STER offerierten Sendezeiten nicht ausreichten und sie aus diesem Grunde auf ausländische Rundfunkveranstalter ausweichen wollten. Sie klagten auf Aufhebung der Verbote; das Berufungsgericht wandte sich gem. Art.177 EWGV an den Europäischen Gerichtshof.
Im Ergebnis hat der Gerichtshof den Anträgen der beschwerdeführenden Unternehmen entsprochen und die genannten Verbote für gemeinschaftsrechtswidrig erklärt, da sie Beschränkungen der Dienstleistungsfreiheit darstellten, die nicht gerechtfertigt seien.

2. Kritik am EuGH-Urteil

Der Gerichtshof prüft, ob die Beschränkungen der herangeführten ausländischen Programme mit dem Grundsatz der Dienstleistungsfreiheit vereinbar sind.
Der Frage des Charakters der herangeführten und kabelverteilten Programme als Dienstleistung soll hier nicht weiter nachgegangen werden; die Ergebnisse des Gerichtshofes fügen sich im wesentlichen in die obigen Ausführungen ein[30].
Leider verfolgt der EuGH in diesem Urteil nicht mehr die von ihm bisher durchgeführte Unterscheidung zwischen diskriminierenden Beschränkungen der Dienstleistungsfreiheit aus Gründen des Art.56 Abs.1 EWGV und diskriminierungsfreien immanenten Begrenzungen aus Gründen des Allgemeininteresses. Vielmehr vermengt er in seiner Entscheidung beide Kategorien[31], so daß nicht hinreichend deutlich wird, warum eine Rechtfertigung der Regelung nicht eintreten konnte. Offenbar scheint er

---

27 siehe dazu *Reich* in Hoffmann-Riem (FN 21), S.224, 236

28 EuGH RS 352/85 a.a.O. (FN 23) Rdnr.7 sowie S.7, 8 des Berichts der mündlichen Verhandlung, ebenda (in NJW 1989, S.2189 ff. nicht abgedruckt)

29 Allgemein zum niederländischen Rundfunksystem *Hins* in Mestmäcker (Hrsg.): The law and economics of transborder telecommunications, S.115 ff.; GRÜNBUCH, S.69 ff.

30 vgl. oben § 2

31 Ähnlich wie dies die EG-Kommission in ihrem GRÜNBUCH praktiziert, allerdings im Gegensatz zu dieser wohl eher unbeabsichtigt; gegen eine Gleichsetzung auch *Deringer*, ZUM 1986, S.627, 629; *Hoffmann-Riem* in Nicolaysen/Quaritsch (Hrsg.): Lüneburger Symposion für Hans Peter Ipsen zur Feier des 80.Geburtstages, S.75, 79; *Reich* in Hoffmann-Riem (FN 21), S.224, 227; *Engel*, ZRP 1988, S.240, 241; *Rudolph*, AfP 1986, S.106, 110;

auf Art.56 Abs.1 EWGV abzuheben, verdeutlicht aber in dessen Rahmen nicht, ob die niederländische Regelung deshalb gegen Art.59 ff. EWGV verstößt, weil sie den Grundsatz der Verhältnismäßigkeit mißachtet oder weil ihr letztlich wirtschaftliche Motive zugrunde liegen[32].

Oben wurde bereits gezeigt, daß das "zwingende Allgemeininteresse" Vorkehrungen zum Schutze eines nicht-kommerziellen Charakters des Fernsehwesens gestatten könnte[33].

Auch der Gerichtshof hat anerkannt, daß ein Mitgliedstaat, der sich für ein nicht-kommerzielles, werbefreies Rundfunksystem entscheidet, gemeinschaftsrechtlich nicht verpflichtet wäre, die Ausstrahlung von Werbemitteilungen zu tolerieren. Die Dienstleistungsfreiheit hinderte ihn nicht, ein umfassendes Werbeverbot auszusprechen, wenn dies das zur Zweckerreichung mildeste Mittel darstellte[34].

Der Gerichtshof deutet an, daß die angestrebten und gemeinschaftsrechtlich anzuerkennenden Ziele der "*Kabelregeling*" gleichermaßen durch Schaffung rein objektiver, die Herkunft der Sendung nicht berücksichtigender Werberegelungen hätten verwirklicht werden können[35].

In dieser Frage ignoriert der Gerichtshof die eigentliche Motivation, aus der heraus der Art.4 der "*Kabelregeling*" geboren wurde.

Mit Hilfe der von ihm anempfohlenen objektiven Werberegelungen ließe sich begrenzen, **wie** Werbung veranstaltet wird, nicht aber, **wer** das Recht zur Ausstrahlung von Werbemitteilungen eingeräumt erhält. Sobald der ausländische Veranstalter die niederländischen Vorbehalte akzeptierte, dürfte er in derselben Weise wie inländische Veranstalter gezielte Werbemitteilungen an das inländische Publikum adressieren[36].

Auf die Unterwerfung unter niederländische Werberegelungen zielte das in der "*Kabelregeling*" enthaltene Werbe- bzw. Einspeisungsverbot aber nicht primär ab. Eigentlicher Sinn war es, ausländische kommerzielle Rundfunkveranstalter daran zu hindern, sich ein Stück aus dem niederländischen Werbekuchen herauszuschneiden, welcher ungeteilt dem Zugriff der STER vorbehalten bleiben sollte[37]. Es mußte also den ausländischen Veranstaltern nicht bloß die Beachtung der inländischen Werberegeln auf-

---

32 vgl. EuGH a.a.O. (FN 23) Rdnr.34, 36, 37 = NJW 1989, S.2189, 2191; wie hier auch *Reich* in Hoffmann-Riem (FN 21), S.224, 236

33 vgl. oben § 3 H VI 4 c)

34 EuGH RS 52/79 "*Debauve*" Slg. 1980, S.833, 857 Rdnrn 15/16; bestätigend RS 352/85 a.a.O. (FN 23), S.19, Rdnr.38 der hektographierten französischen Fassung = NJW 1989, S.2189, 2191

35 EuGH a.a.O. (FN 23) Rdnr.37

36 Diesem Modell entspricht das neue niederländische Rundfunkgesetz, das "*Mediawet*", welches das "*Omroepwet*" ersetzen soll, vgl. Bericht a.a.O.(FN 28) S.37

37 siehe Begründung der niederländischen Regierung, Bericht a.a.O. (FN 28) S.22; andererseits behaupteten die Werbungtreibenden in ihrer schriftlichen Stellungnahme, die ausländischen Werbemöglichkeiten **zusätzlich** zu den ihnen bereits von der STER eröffneten nutzen zu wollen, vgl. Bericht S.14

erlegt, sondern die Teilhabe am inländischen Werbemarkt überhaupt versagt werden. Pure Gleichbehandlung wird dieser Absicht nicht gerecht; sie trägt die Unumgänglichkeit der Diskriminierung in sich.
Die Regierung der Niederlande ging allerdings von einem abweichenden Ansatzpunkt aus. Sie hielt es für geboten, die Situation der ausländischen Rundfunksender nicht mit jener der STER, sondern mit derjenigen der "*Omroeporganisaties*" zu vergleichen. Letztere dürften ebenfalls keine Werbung auf den nationalen Kanälen veranstalten[38], da diese Dienstleistung der STER vorbehalten sei; folglich könne von einer Diskriminierung ausländischer Veranstalter gar keine Rede sein[39].
Der Gerichtshof verwarf diese Vergleichsgruppenbildung mit knappen Worten, da es eine unzulässige Verkürzung der Sichtweise darstelle, nur die Situation der "*Omroeporganisaties*" zu bewerten, die Struktur der niederländischen Rundfunkkanäle in ihrer Gesamtheit aber auszuklammern[40]. Tatsächlich dürfe auch auf holländischen Kanälen Rundfunkwerbung verbreitet werden, nämlich von der STER, deren einzige Aufgabe darin bestehe, durch den Verkauf von Sendezeit die finanzielle und technische Durchführung von Funkwerbung zu organisieren[41].
In der Tat sind die Situationen funktional austauschbar: Formal mag es zwar einen Unterschied darstellen, ob die "*Omroeporganisaties*" ***selbst*** Werbung ausstrahlen, oder ob die STER solche Ausstrahlungen zu deren finanziellem Nutzen realisiert; der Sache nach sind keine Unterschiede erkennbar. Weil nun die Ausstrahlung von Werbemitteilungen (ausschließlich) auf nationalen Kanälen gestattet war, diskriminierte das den ausländischen Veranstaltern auferlegte Verbot der Nutzung ihrer Kanäle zu demselben Zweck[42].
Nachdem der diskriminierende Charakter der beanstandeten Vorschriften enthüllt war, schied der für nicht-diskriminierende Beschränkungen der Dienstleistungsfreiheit anerkannte Rechtfertigungsgrund des "Allgemeininteresses" aus[43]. Die niederländische Regierung hätte auch der STER die Werbetätigkeit untersagen müssen, um sich auf ein Allgemeininteresse berufen zu können.

Allein die von Art.56 Abs.1 EWGV gestatteten nicht-wirtschaftlichen Ausnahmetatbestände konnten danach die niederländischen Verbote noch retten[44].

38 Art.11 Omroepwet
39 EuGH a.a.O. (FN 23) Rdnr.23; Bericht a.a.O. (FN 28) S.21; in diesem Sinne auch *Reich*, RuF 1989, S.305, 309, 310
40 EuGH a.a.O. (FN 23) Rdnr.24
41 EuGH a.a.O. (FN 23) Rdnr.25
42 EuGH a.a.O. (FN 23) Rdnr.26; Bundesregierung, Stellungnahme, Bericht a.a.O. (FN 28) S.15; EG-Kommission, Bericht S.19, 23
43 so lakonisch die Beschwerdeführer, Bericht a.a.O. (FN 28) S.15;
44 Es ist allerdings darauf hinzuweisen, daß nach der hier vertretenen Konzeption der nicht-kommerzielle Charakter des Fernsehwesens kein Schutzgut des Art.56 Abs.1 EWGV sein kann, so daß be-

Die niederländische Regierung versteifte sich darauf, daß die Wettbewerbspositionen inländischer Rundfunkveranstalter einerseits und der ausländischen Veranstalter von Satellitenprogrammen andererseits nicht identisch seien.
Letztere hingen nicht von Subventionen ab und könnten Werbeeinkünfte auf ihren eigenen nationalen und anderen ausländischen Märkten erzielen, ohne auch nur irgendeiner Beschränkung unterworfen zu sein. Demgegenüber sähen sich die holländischen Rundfunkveranstalter nach wie vor dazu verurteilt, Sendungen in einem streng reglementierten und nicht kommerziellen System auszustrahlen[45]. Die Zuwendungen aus dem von den Einnahmen der STER gespeisten Fonds seien das Mittel zur Bewahrung dieses nichtkommerziellen Charakters. Die Verbote würden mithin allein von kulturpolitischen Gesichtspunkten, welche auf den Schutz eines pluralistischen und nicht kommerziellen Rundfunkwesens und einer pluralistischen und unabhängigen Presse abzielten, gefordert.
Es ändere diesen Befund auch nicht, daß diese Gründe zugleich die finanziellen Strukturen des Rundfunk- und Pressewesens berührten[46] und dadurch eine gewisse wirtschaftliche Bedeutung erlangten.
Der niederländischen Regierung kam es darauf an, ein Junktim zwischen den umstrittenen Verboten und dem im Inland favorisierten Rundfunkmodell herzustellen. Es sollte nachgewiesen werden, daß ohne die vollständige Abschöpfung der im Inland investierten Rundfunkwerbemittel durch die STER das System zum Scheitern verurteilt sei. In diese Richtung geht insbesondere der ergänzende Hinweis, daß eine Umschichtung der Finanzierung, etwa durch eine maßvolle Anhebung der Rundfunkgebühren, völlig ausgeschlossen sei[47].
Die niederländische Regierung schiebt zur Verteidigung ihres Kabelgesetzes die Zwänge eines von ihr selbst geschaffenen Funktionszusammenhanges vor.
Das starke ökonomische Fundament des holländischen Rundfunkwesens ist bewußt gewählt. Behauptet nun die niederländische Regierung, infolge eines ihr vorgegebenen, unabänderlichen Mechanismus würden zwangsläufig wirtschaftliche Gesichtspunkte und damit die Dienstleistungsfreiheit tangiert, so verdreht sie Ursache und Wirkung. Die Beschränkung der Dienstleistungsfreiheit ist das Mittel zur Bewahrung des Systems, nicht dessen unabänderliche, unbeabsichtigte Folge.

---

reits hier eine Prüfung zu beenden wäre (vgl. oben § 3 H VI 4). Allenfalls eine nicht-diskriminierende Regelung aus Gründen des Allgemeininteresses wäre insoweit statthaft gewesen.

45 Ndl. Regierung, Bericht a.a.O. (FN 28) S.22

46 Ndl. Regierung, Bericht a.a.O. (FN 28) S.26; zustimmend *Reich*, RuF 1989, S.305, 311; ähnlich argumentiert *Börner*, ZUM 1985, S.577, 585 f. hinsichtlich der Werbeeinnahmen der bundesdeutschen öffentlich-rechtlichen Anstalten; dagegen *Deringer*, ZUM 1986, S.627, 630; GRÜNBUCH, S.171

47 Ndl. Regierung, Bericht a.a.O. (FN 28) S.29 "politisch nicht akzeptabel"

Selbst wenn die Antragsgegnerin ergänzend die ungünstigere Wettbewerbsposition der niederländischen Rundfunkveranstalter gegenüber ihren ausländischen Konkurrenten beklagt, trifft dies doch nur die halbe Wahrheit. Denn im Grunde muß man sogar die holländischen Veranstalter als kommerziell einstufen, weil sie - zumindest teilweise - werbefinanziert sind[48]. Die Einschaltung der STER in die Kette zwischen Werbenden und Empfängern der Werbeeinnahmen stellt eine verfahrensmäßige Kaschierung dieses wirtschaftlichen Tatbestandes dar[49]. Die Subventionsbedürftigkeit der niederländischen Veranstalter ist ebenfalls künstlich herbeigeführt und systemimmanent. Dürften sie eigene Werbung veranstalten, so bedürften sie der Zuwendungen nicht; verzichteten andererseits ausländische Veranstalter auf Werbung, so entwickelten sie sich zu Subventionsfällen.

Diese Feststellung ist nur ein weiterer Gesichtspunkt, der zur Entkräftung der von der niederländischen Regierung vorgetragenen Behauptung beiträgt, das niederländische Rundfunksystem sei einzig durch die Werbeentgelte der STER zu gewährleisten. Denkbar wäre es, die Finanzierung auf andere Füße zu stellen, sei es durch eine moderate Erhöhung der Rundfunkgebühren oder durch Zuweisungen aus allgemeinen Steuermitteln. Die befürchtete mangelnde politische Akzeptanz einer Gebührenerhöhung kann die abstrakte Geeignetheit einer solchen Maßnahme nicht in Frage stellen. Vielmehr zeigt sich ihre besondere Tauglichkeit in der Herauslösung der Rundfunkveranstalter aus jener Abhängigkeit von staatlichen Zuweisungen, der eine latente Mißbrauchsanfälligkeit innewohnt[50]. Flankiert man eine solche Umschichtung der Finanzierung, wie vom Gerichtshof vorgeschlagen, mit einem Geflecht objektiver Werberegelungen, so wäre den Zwecken der "*Kabelregeling*" Genüge getan[51]. Dies gesteht auch die niederländische Regierung in ihrem neuen Rundfunkgesetz[52] ausdrücklich ein, mit dem sie das zunächst behauptete Junktim[53] widerlegt und sich damit der Existenz eines milderen (nichtdiskriminierenden) Mittels als der absoluten Werbeverbote nicht verschließt.

---

48 aus Einnahmen, die auf den holländischen Kabelkanälen veranstalteter Werbung entspringen

49 Überhaupt erscheint es verwunderlich, daß in dem Verfahren die Frage nach der europarechtlichen Zulässigkeit des der STER verliehenen Dienstleistungsmonopols (dazu GRÜNBUCH, S.159 f., Stellungnahme der französischen Regierung, Bericht a.a.O. [FN 28] S.30; *Emmerich*, FS Keller, 1989, S.685 ff.; *Steindorff*, RIW 1983, S.831, 832; *Müller*, Dienstleistungsmonopole im System des EWGV) ebenso wenig gestellt wurde, wie die Frage, ob man nicht die Zuweisungen an die "*Omroeporganisaties*" in dieser Form als nach Art. 92 ff. EWGV untersagte staatliche Beihilfen zu qualifizieren hätte (so ansatzweise bereits *Deringer*, ZUM 1986, S.627, 630)

50 vgl. dazu z.B. BayVGH, Vorlagebeschluß v.7.7.1988, JZ 1989, S.242, 245

51 Allerdings eben nicht so unmittelbar, wie dies der EuGH vorschlug, nämlich durch bloße Installation objektiver Werberegelungen, sondern nur über den Weg einer gleichzeitigen Reform des Systems

52 Mediawet, vgl. Bericht a.a.O. (FN 28) S.37

53 vgl. oben III 2

Zudem sei auf das 5. Rundfunkurteil des Bundesverfassungsgerichts hingewiesen, in dem anerkannt wird, daß Meinungsfreiheit und Pluralität nicht nur im Wege eines öffentlich-rechtlichen Monopols, sondern gleichermaßen in einem dualen System praktizierbar sind[54].
Schlägt man auf der Grundlage dieses - deutschen - Urteils einen Bogen zur Rundfunksituation in Holland, so ließe sich folgern, daß auch dort eine zusätzliche Teilnahme kommerzieller privater ausländischer Veranstalter am Rundfunkgeschehen die Pluralität nicht stören muß, sofern die wesentlichen rundfunkverfassungsrechtlichen Grenzen gezogen sind, die nach hiesigem Verständnis als Schutzgüter des Art.56 Abs.1 EWGV anzuerkennen sind. Zumal natürlich, wenn es nicht primär um wirtschaftliche, sondern um publizistische Konkurrenz geht, kaum einsichtig ist, warum ein "Mehr" an (ausländischen) im Inland empfangbaren Programmen oder Meinungen Gefahren für die Meinungsvielfalt in sich bergen soll[55].
Eine Gesamtwürdigung der Argumente zeigt eine eindeutige Dominanz des finanziell-ökonomischen Charakters der niederländischen Werbeverbote.
Solche Beweggründe grenzt Art.56 Abs.1 EWGV aber gerade als taugliche Rechtfertigungsgründe aus[56].

3. Zusammenfassung

Dem Urteil des Europäischen Gerichtshofes ist deshalb im Ergebnis uneingeschränkt zuzustimmen. Lediglich in der Begründung wäre etwas mehr Klarheit wünschenswert gewesen. Mit aller Deutlichkeit - und methodisch einwandfrei - hätte der diskriminierende Charakter der Werbeverbote entlarvt und deshalb die Rechtfertigung der Behinderung aus Gründen des Allgemeininteresses, die im Falle unterschiedslos anwendbarer Verbote nahegelegen hätte, verneint werden müssen. Im Anschluß daran hätte der Gerichtshof nach dem hier vertretenen Ansatz feststellen müssen, daß der nichtkommerzielle Charakter des Fernsehwesens kein Schutzgut des Art.56 Abs.1 EWGV sein kann oder aber zumindest wegen der wirtschaftlichen Motivation der Diskriminierungen eine Rechtfertigung gemäß Art. 56 Abs. 1 EWGV scheitern lassen müssen[57].

---

54 vgl. BVerfGE 73, S.118, 157 ff. = NJW 1987, S.239

55 Dieser Gesichtspunkt wird häufig überbewertet, insbesondere im Hinblick auf "ausländische Propaganda". Erkennbarkeit wird unterbewertet, Verständnis und Interesse des Hörers überbewertet, vgl. *Schwartz* in Schwarze (Hrsg.): Fernsehen ohne Grenzen, S.45, 110; kritisch *Seidel* in Scherer (Hrsg.): Nationale und europäische Perspektiven in der Telekommunikation, S.133, 144

56 GRÜNBUCH, S.126; *Ipsen*, Europäisches Gemeinschaftsrecht, S.646; *Schwartz* in Magiera (Hrsg.): Entwicklungsperspektiven der Europäischen Gemeinschaft, S.120, 136

57 In diesem Sinne auch *Schwartz* in Schwarze (Hrsg.): Rundfunk und Fernsehen im Lichte der Entwicklung des nationalen und internationalen Rechts, S.99, 114

B. Pflicht zur Begründung einer inländischen Niederlassung

I. Vorbemerkung

Die Überwachung der Programmtätigkeit eines EG-ausländischen Senders könnte kaum effektiver instrumentiert werden, als durch eine ihm aufzuerlegende Verpflichtung, den Sendebetrieb von einer von ihm zu errichtenden inländischen Sendestation aus aufzunehmen[58].

Einen ähnlichen Effekt erreichte der inländische Gesetzgeber, wenn er gegenüber dem aus dem Ausland sendenden Veranstalter darauf beharren dürfte, daß dieser eine inländische Tochtergesellschaft, Zweigniederlassung oder Agentur gründet, die die rechtliche Verantwortung und Haftung für das ausländische Programm übernimmt[59].

II. Niederlassung als Aufhebung der Dienstleistungsfreiheit?

Ein Niederlassungserfordernis im Inland stellte einen dem Rundfunkwesen aufgepfropften Fremdkörper dar.

Art.60 Abs.3 EWGV kennt den Fall, daß ein Dienstleistungserbringer, ohne die Voraussetzungen der Art.52 ff. EWGV zu erfüllen, seine Dienstleistung nicht ohne einen zumindest zeitweisen Aufenthalt im Empfängerland darbringen kann[60].

Dann soll er seine Tätigkeit im Aufnahmemitgliedstaat ohne Diskriminierung gegenüber den Angehörigen dieses Staates ausüben können[61].

Doch impliziert diese Vorschrift nicht, daß jede für die Staatsangehörigen dieses Staates geltende nationale Regelung, die normalerweise eine Dauertätigkeit von in diesem Staat ansässigen Personen zum Gegenstand hat, in vollem Umfang auf zeitlich begrenzte Tätigkeiten angewandt werden könnte, die von in anderen Mitgliedstaaten ansässigen Personen ausgeübt werden[62].

58 Diese Verpflichtung traf bis in jüngste Zeit europäische Großrisikoversicherer, die sich in der Bundesrepublik engagieren wollten, vgl. EuGH RS 205/84 "*Versicherungen*" NJW 1987, S.572 ff.; In einem solchen Fall stellte sich wieder in aller Schärfe das Problem der Abgrenzung zwischen Dienstleistungs- und Niederlassungsfreiheit, vgl. oben § 3 A I 2.

59 so die Expertenkommission Neue Medien (EKM), Abschlußbericht Band 1, S.182; GRÜNBUCH, S.162;

60 *Randelzhofer* in Grabitz, EWG-Vertrag, Art.60 Anm.29

61 *Beutler/Bieber/Pipkorn/Streil*, Die Europäische Gemeinschaft, S.317; *Steindorff*, EuR 1988, S.19, 29; EuGH RS 107/83 "*Klopp*" Slg. 1984, S.2971, 2989 Rdnr.17; RS 221/85 "*Kommission/Belgien*" NJW 1987, S.3069, 3070

62 EuGH RS 427/85 "*Rechtsanwälte*" NJW 1988, S.887, 889 Rdnr.40; RS 279/80 "*Webb*" Slg. 1981, S.3305, 3324 Rdnr.16

Der Rundfunksendebetrieb setzt - im Gegensatz zu den in Art.60 Abs.3 EWGV bezeichneten Dienstleistungen - nicht einmal einen nur vorübergehenden Aufenthalt im Empfangsstaat voraus.

So mag für den ausländischen Rundfunkveranstalter der Betrieb einer inländischen Niederlassung zwar sinnvoll sein[63]; zwingend erforderlich, um die Dienstleistung zu erbringen, ist er nicht[64].

Ebensowenig besteht eine "Übergangssituation" vom Dienstleistungsverkehr zur Niederlassung[65], die die Gewährung der bloßen Inländerbehandlung rechtfertigte. Die Ausstrahlung von Rundfunkprogrammen ist ein reiner Fall grenzüberschreitenden Verkehrs ohne Ortswechsel des Leistenden[66].

Projiziert man die Rechtsprechung des Gerichtshofes auf diesen tatsächlichen Sachverhalt, dann drängt sich eine erste Folgerung in bezug auf ein Niederlassungserfordernis auf.

Die Verpflichtung des Dienstleisters, eine inländische Zweigstelle zu unterhalten, dürfte nicht dazu benutzt werden, ihn so zu behandeln, als hätte er selbst freiwillig die Niederlassung gegründet und sich damit aus eigenem Antrieb und ohne äußeren Zwang dem Recht des Empfängerstaates unterworfen.

Schlüge der Empfängerstaat diesen Weg ein, wendete er also sämtliche nationalen Regelungen in vollem Umfang auf einen zur Niederlassung verpflichteten Rundfunksender an, so wäre dies zwar nach den Grundsätzen des Niederlassungsrechts nicht zu beanstanden[67].

Hinsichtlich der Dienstleistungsfreiheit führt die EG-Kommission für diesen Fall aus:

> "Die Freiheit zur Dienstleistung über die Binnengrenzen der Gemeinschaft hinweg zu den rechtlichen Bedingungen des Staates der Ausstrahlung würde ersetzt durch den Zwang, vom Niederlassungsrecht des EWG-Vertrages Gebrauch zu machen und aufgrund dessen Regeln zusätzlich dem fremden Recht des Staates dieser Niederlassung unterworfen zu sein. Das wäre mit Art.59, 62 nicht vereinbar[68]."

Die Kommission lehnt folglich jeden Zwang zur Niederlassung rundweg ab[69].

---

63 Nähe zum Publikum; Vor-Ort-Aktualität; Marketing; indes sind dies alles Bereiche, die die Sendetätigkeit nur mittelbar berühren

64 vgl. *Schwintowski*, NJW 1987, S.521, 524; siehe auch *Steindorff*, EuR 1988, S.19, 30

65 unter den oben § 3 A I unter 2. und 3. vorangestellten Prämissen

66 GRÜNBUCH, S.165; *Seidel*, ZVersWiss 1987, S.175, 178 f.

67 vgl. *Randelzhofer* in Grabitz (FN 60), Art.52 Anm.36; *Troberg* in Groeben/Boeckh/Thiesing/Ehlermann, EWG-Vertrag, Art.52 Anm.36; *Bleckmann*, Europarecht, S.342 f.; *Schweitzer/Hummer*, Europarecht, S.225;
A.A. neuerdings *Steindorff*, EuR 1988, S.19, 21 ff., der sich mit beachtlichen Argumenten für ein in Art.52 EWGV enthaltenes, über das Diskriminierungsverbot hinausgehendes Beschränkungsverbot wie in Art.30 und 59 EWGV ausspricht.

68 GRÜNBUCH, S.163

69 GRÜNBUCH, S.165

III. Kritik

Prämisse und Folgerung der EG-Kommission sind insoweit zutreffend, als der Empfangsstaat die Gelegenheit wahrnimmt, dem "niedergelassenen" Dienstleistungserbringer seine gesamte Rechtsordnung überzustreifen, was dann legitim wäre, wenn dieser seine Tätigkeit ausschließlich auf das Inland ausrichtete[70].

Anders muß die Situation dann zu beurteilen sein, wenn der Empfangsstaat lediglich beabsichtigt, den Kreis seiner vom Gemeinschaftsrecht anerkannten nationalen Rechtssätze effektiv durchzusetzen[71]. Der Vorwurf der Aufhebung der Dienstleistungsfreiheit könnte dann nicht mehr erhoben werden.

Will demnach der Empfangsstaat nur die Durchsetzung seiner nach Maßgabe des Allgemeininteresses oder des Art.56 Abs.1 EWGV gerechtfertigten nationalen Vorschriften gewährleisten, kann ein Niederlassungszwang nicht per se unzulässig sein[72].

In einem solchen Fall müssen andere Kriterien den Aufschluß über dessen Statthaftigkeit gewähren.

Dieses Verständnis entspricht der Rechtsprechung des Europäischen Gerichtshofs[73].

Der Gerichtshof hat ausgesprochen, daß das Erfordernis einer dauernden inländischen Niederlassung dazu führen könne, Art.59 ff. EWGV jeder praktischen Wirkkraft zu berauben[74]. Trotzdem sei ausnahmsweise eine Vereinbarkeit mit Art.59 Abs.1 EWGV für den Fall zu erkennen, daß die Niederlassung sachlich geboten sei, um die Beachtung von im Allgemeininteresse gerechtfertigten (Berufs-) Regelungen, die die Organisation, das Standesrecht oder die berufliche Verantwortung regeln, zu gewährleisten oder um ihre Umgehung zu verhüten[75].

Im "Versicherungsurteil" präzisiert der Gerichtshof, daß es zur Rechtfertigung eines Niederlassungszwanges nicht akzeptiert werde,

---

70 vgl. oben § 3 A I

71 Dabei handelte es sich um ein Recht, das dem Empfangsstaat selbst dann zuständе, wenn man mit *Steindorff*, EuR 1988, S.19, 21 ff., eine materielle Komponente der Niederlassungsfreiheit anerkennt.

72 Ähnlich *Ipsen*, EuR 1978, S.199, 234

73 Die EG-Kommission beruft sich zum Beleg ihres gegenteiligen Ergebnisses ebenfalls auf den Gerichtshof, vgl. GRÜNBUCH, S.163, 2.Absatz

74 EuGH RS 33/74 "*van Binsbergen*" Slg. 1974, S.1299, 1309 Rdnrn 12 ff.; RS 39/75 "*Coenen*" Slg. 1975, S.1547, 1555 Rdnrn 9, 12; RS 205/84 "*Versicherungen*" NJW 1987, S.572, 576; *Randelzhofer* in Grabitz (FN 60), Art.60 Anm.27; *Roth*, Internationales Versicherungsvertragsrecht, S.671 m.w.N.

75 z.B. EuGH RS 76/81 "*Transporoute*", Slg. 1982, S.417, 427 f. Rdnr.14

"daß die Erfüllung der Aufgaben des Bestimmungsstaates ***erleichtert***[76] wird, wenn die für die behördliche Aufsicht erforderlichen Unterlagen an Ort und Stelle[77] vorhanden sind. Es muß dargelegt werden, daß diese Behörden auch im Rahmen einer Zulassungsregelung ihre Überwachungsaufgabe nicht wirksam durchführen könnten[78]."

Diese Urteilspassage enthält den entscheidenden Fingerzeig zur Bewertung eines Niederlassungserfordernisses.

Der Niederlassungszwang darf ausschließlich als Ultima Ratio eingesetzt werden, wenn auf andere Weise die gemeinschaftsrechtlich anerkannten Kontrollbefugnisse überhaupt nicht realisierbar wären[79]. Das unmittelbare Drohen schwerwiegender Kontrolldefizite ist unerläßliche Mindestvoraussetzung; das Erreichen eines administrativen Bequemlichkeitsvorteils, die Erleichterung der Aufsicht, wurde deshalb folgerichtig als Rechtfertigung eines Abweichens von den Grundfreiheiten verworfen[80].

Das Entstehen gravierender Kontrolldefizite kann nicht pauschal und abstrakt bereits dann prognostiziert werden, wenn überhaupt ein Verstoß gegen innerstaatliche, gemeinschaftsrechtlich statthafte, Rechtsnormen zu befürchten ist.

Es muß stets im Einzelfall anhand der Regelungsintensität der auch für EG-Ausländer geltenden Vorschriften und der Wahrscheinlichkeit zukünftiger Verletzungen eine Abwägung durchgeführt werden. Der materielle Gehalt der Dienstleistungsfreiheit und die strikte Beachtung des Grundsatzes der Verhältnismäßigkeit fordern den Nachweis, daß ein milderes Mittel, insbesondere ein Zulassungserfordernis für EG-Rundfunksender, den legitimen Interessen des Empfangsstaates nicht gerecht wird.

Für die Belange der Bundesrepublik Deutschland stellt sich die Situation recht eindeutig dar.

Nur erhebliche, schwerwiegende Beeinträchtigungen der Rundfunkfreiheit könnten Abwehrmaßnahmen nach Art.56 Abs.1 EWGV legitimieren[81].

Hinsichtlich der im Allgemeininteresse gerechtfertigten Vorschriften trifft die ausländischen Veranstalter ein weniger intensiver Kontrollanspruch als die inländischen öffentlich-rechtlichen Anstalten[82].

---

76 Hervorhebung vom Verfasser

77 nämlich in einer inländischen Niederlassung (Anmerkung des Verfassers)

78 EuGH RS 205/84 "*Versicherungen*" NJW 1987, S.572, 576 Rdnr.54

79 vgl. *Michaels*, ZVersWiss 1987, S.265, 277

80 vgl. z.B. EuGH RS 29/82 "*van Luipen*" Slg. 1983, S.151, 163 Rdnr.12;
Im übrigen ist dieses Ergebnis eine Parallele zum deutschen Polizei- und Ordnungsrecht: eine Polizeiverfügung, die eine Aufsicht erst ermöglicht, ist rechtmäßig, während eine Verfügung, die bereits durchführbare Kontrollen für die Verwaltung bloß erleichtern soll, als rechtswidrig anzusehen ist, vgl. BVerwGE 32, S.304, 207; OVG Lüneburg, OVGE 25, S.411, 414; *Drews/Wacke/Vogel/Martens*, Gefahrenabwehr, S.415 f.;

81 vgl. oben § 3 H VI 2 c) und d)

82 vgl. oben § 3 H VI 4 a)

Ausländische Veranstalter unterlägen auch als im Inland Niedergelassene nur einer beschränkten Rechtsaufsicht[83] nach einem erheblich herabgesetzten Kontrollmaßstab.
Als weiterer Aspekt gewinnt das grundgesetzliche Zensurverbot an Gewicht. Es schließt jede präventive Einflußnahme aus und gestattet ausschließlich ein "Sich-verantworten-müssen im Nachhinein" mit der Möglichkeit zur Verhinderung einer Wiederholung[84].

Schließlich dürften die Grundzüge der europäischen Rundfunkordnungen nicht so stark differieren, daß die rechtmäßige Ausstrahlung nach dem Recht des Sendestaates zugleich eine ***schwerwiegende*** Verletzung der Grundsätze des Empfangsstaates bewirken könnte[85].
Die Wahrscheinlichkeit einer Verletzung der gemeinschaftsrechtskonformen nationalen Rechtsnormen ist, ebenso wie etwaige durch eine inländische Niederlassung gewonnene Vollzugsvorteile, als eher gering einzuschätzen[86]. Bei dieser geringen Kontrollintensität und damit einhergehendem geringen Gefährdungspotential[87] schösse ein inländisches Niederlassungserfordernis über das - gestattete - Ziel hinaus.
Besonders deutlich zeigt sich dies in einem Vergleich mit einem Lizenzierungszwang. Ohne hier bereits entscheiden zu müssen, daß die Einführung eines Lizenzierungszwanges gemeinschaftsrechtlich zulässig wäre, ist nicht erkennbar, welche Kontrollbefugnisse nur bei einer Zugriffsmöglichkeit auf eine inländische Niederlassung überhaupt erst vollziehbar werden sollten. Insofern entpuppte sich eine Niederlassungspflicht als bloße Aufsichtserleichterung gegenüber der Situation einer inländischen Zulassung, die als milderes Mittel die Aufsicht schon ermöglichte.
Eine Niederlassungspflicht für Rundfunkdienstleister wäre als unverhältnismäßig zu bewerten.

---

83 dazu *Götz von Olenhusen* a.a.O. (FN 2), S.31 ff.

84 vgl. *Ory*, ZUM 1986, S.578; *Stefen*, ZUM 1986, S.115 ff.; *Kreile*, ZUM 1989, S.407, 409; die inländische Niederlassung erwürbe natürlich den vollen inländischen Grundrechtsschutz

85 vgl. bereits § 3 E II

86 In diesem Sinne auch *Jarass*, EuR 1986, S.75, 88

87 vgl. *Ricker*, Die Einspeisung von Rundfunkprogrammen in Kabelanlagen aus verfassungsrechtlicher Sicht, S.88;
In diesem Zusammenhang ist erneut auf die eher geringe Wirkung des ausländischen Rundfunks auf die inländischen Rezipienten (GRÜNBUCH, S.137; *Seidel* in Schwarze [FN 55], S.121, 142 f.) und das Funktionieren des die Wogen glättenden inländischen öffentlich-rechtlichen Rundfunks hinzuweisen (vgl. BVerfGE 73, S.118, 157 ff.; 74, 297, 324 ff.).

IV. Ergebnis

Eine Verpflichtung zur Einrichtung einer inländischen Niederlassung oder einer funktional vergleichbaren Stelle kann EG-ausländischen Rundfunkveranstaltern nicht auferlegt werden[88].

C. *Lizenzierungsverfahren für EG-ausländische Sender vor ihrer Einstrahlung in das Inland bzw. vor der Einspeisung ihrer Programme in inländische Kabelinseln?*[89]

I. Vorbemerkung

Anstelle des gemeinschaftsrechtlich ausgeschlossenen Niederlassungserfordernisses könnte der inländische Gesetzgeber möglicherweise fordern, daß EG-ausländische Rundfunkveranstalter ein Zulassungsverfahren durchlaufen, bevor sie in das Inland senden oder bevor ihre Programme in inländische Kabelsysteme eingespeist werden. Natürlich darf auch hier nicht verkannt werden, daß die praktische Wirksamkeit einer derartigen Zulassungspflicht auf die Einspeisung nicht ortsüblich terrestrisch empfangbarer Programme begrenzt wäre[90]. Dieses wäre zugleich die einzige technische Konstellation, in der eine Abschottung ausländischer Programme dem Kontrollauftrag entspräche, den das Bundesverfassungsgericht anerkannt hat und dennoch nicht in einen offenen Konflikt mit der Informationsfreiheit des Art.5 Abs.1 Satz 1 Grundgesetz verfiele[91].
Hinsichtlich der sonstigen terrestrischen und satellitischen Übertragungsmöglichkeiten könnte allerdings das Fehlen einer nach dem Gemeinschaftsrecht statthaften Zulassung den völkerrechtlichen Rechtfertigungstatbestand abgeben, der - unabhängig von der innerstaatlichen Verfassungsrechtssituation - nach verbreiteter Ansicht den Einsatz von Störsendern legitimieren kann[92].

---

88 Insofern im Ergebnis wie die EG-Kommission, GRÜNBUCH, S.165; *Reich* in Hoffmann-Riem (FN 21), S.224, 233 m.w.N.; a.A. *Delbrück*, ebenda, S.244, 249 m.w.N.

89 als EG-rechtliche Parallele zum völkerrechtlichen Prior-Consent-Prinzip, vgl. oben § 3 A II

90 so die Regelungen in den Landesmediengesetzen, z.B. § 11 LMG BaWü v.16.12.1985 (GBl. 1985, S.539 ff.); Art.35 BayMEG v.22.11.1984 (GVBl. 1984, S.445 ff.); § 41 Abs.2 HmbMedienG v.03.12.1985 (GVB 1985, S.315 ff.); § 44 Abs.2 NdsLRG v.23.05.1984 (GVBl. 1984, S.147 ff.); zum Verfahren in Belgien siehe *Bullinger* in Mestmäcker (FN 24), S.45, 49 ff.

91 vgl. BVerfGE 73, S.118, 196 ff., insbes. 200 ff.
Zu den verfassungsrechtlichen Implikationen umfassend *Ricker* a.a.O. (FN 87), S.15, 61 ff.

92 vgl. oben § 3 A II

Ungeachtet dieser praktischen und verfassungsrechtlichen Probleme sollen im folgenden nur die gemeinschaftsrechtlichen Anforderungen an Statthaftigkeit und Ausgestaltung eines Zulassungszwanges abgehandelt werden.

II. Zulassung als milderes Mittel gegenüber der Niederlassung

Der Gerichtshof akzeptiert als milderes Mittel gegenüber einer Pflicht für ausländische Dienstleister, eine inländische Niederlassung zu unterhalten, sie einem Zulassungszwang zu unterwerfen, sofern dieser das am wenigsten belastende Mittel ist, die Voraussetzungen für gerechtfertigte Kontrollen ***überhaupt*** schaffen zu können[93].

Der Erbringer einer Rundfunkdienstleistung, der ausländische Veranstalter, muß sich nicht in den Empfängerstaat begeben[94], so daß dort weder er noch die von ihm erbrachte Dienstleistung einer wirksamen Kontrolle entsprechend Art.60 Abs.3 EWGV unterworfen ist.

Eine beim Warenverkehr mögliche körperliche Kontrolle der Dienstleistung beim Überschreiten der Grenze zum Empfängerland scheidet gleichfalls aus[95].

Im "Versicherungsfall" erkannte die EG-Kommission das Recht des Empfangsstaates an, eine gewisse Aufsicht über die ausländischen Versicherer auszuüben, behauptete allerdings, daß Kontrollmaßnahmen ausschließlich im Rahmen einer weniger einschränkenden Regelung als eines Zulassungszwanges erfolgen dürften; den Nachweis, wie ein solches milderes Verfahren ausgeformt sein könnte, blieb sie indessen schuldig[96].

Die These der EG-Kommission aufgreifend ließe sich erwägen, die Effizienz eines bloßen Anzeigeverfahrens zu untersuchen.

Möglicherweise reichte es zur Durchführung der legitimierten Kontrollen aus, wenn man die ausländischen Veranstalter verpflichtete, die Aufnahme des Sendebetriebes in das Inland ***anzuzeigen***, um so den inländischen Kontrollinstanzen die Kenntnis zu vermitteln, wer ein inländisch empfangbares Programm veranstaltet und welchen Grundsätzen es folgt.

Ein Anzeigeverfahren gestattete zumindest, inhaltliche Verstöße gegenüber den richtigen Adressaten zu rügen. Sofern ein ausländisches Programmm inhaltlich mit nationalen Vorschriften nicht zu vereinbaren wäre, könnten aufgrund der Anzeige Maßnahmen repressiver Art, die sich auf die Inhaltsfreiheit auswirken, getroffen werden[97].

---

93 EuGH RS 205/84 "*Versicherungen*" NJW 1987, S.572, 575 Rdnr.46; *Biagosch*, ZVersWiss 1987, S.245, 253

94 GRÜNBUCH, S.165

95 *Seidel*, ZVersWiss 1987, S.175, 178, 193

96 vgl. EuGH RS 205/84 "*Versicherungen*" NJW 1987, S.572, 575 Rdnr.42

97 z.B. Abmahnung an ausländische Sender

Die Mehrzahl der im Allgemeininteresse gerechtfertigten Vorschriften[98] könnte nach einer vorherigen Anzeige vollzogen werden; *eine auf das einzelne Programm bezogene beschränkte Rechtsaufsicht* erscheint damit realisierbar.
Anders sieht die Situation bei dem vom Bundesverfassungsgericht unterstrichenen Kontrollauftrag hinsichtlich der Ausgewogenheit der Programme aus, in den ausländische Veranstalter ausdrücklich einbezogen sind[99].
Medienkonzentration, Abhängigkeit des Veranstalters vom Staat, von politischen oder gesellschaftlichen Gruppen und Tendenz des Programms könnten nach einer bloßen Anzeige nicht erkannt werden. Diese *die Gesamtheit der Programme tangierenden Zwecke*, die der inhaltlichen Rechtsaufsicht vorgelagert sind, verlangen eine umfassende Prüfung und Analyse des Veranstalters und seines Umfeldes.
Die die Rundfunkunternehmerfreiheit[100] betreffenden Kontrollen, die Beachtung der Grundsätze, die von Art.56 Abs.1 EWGV gerechtfertigt werden, kann bei einer bloßen Anzeige nicht garantiert werden[101]. Die Gewährleistung eines außenpluralistischen Rundfunkwesens, der "Zielwert Ausgewogenheit"[102], geriete in Gefahr, wenn nicht die drohende Sanktion des Widerrufs der Konzession den Veranstalter stets an die Beachtung der ihn betreffenden Vorschriften erinnerte[103].

III. Zwischenergebnis

Danach stellt ein rechtsstaatlich strukturiertes, diskriminierungsfreies Lizenzierungsverfahren die mildeste Möglichkeit dar, die rundfunkverfassungsrechtlichen Kontrollen durchzuführen[104].
Die EG-Kommission erstreckt ihre Ablehnung eines Niederlassungserfordernisses mutatis mutandis auf ein Zulassungserfordernis[105].
Vergegenwärtigt man sich ihre Prämisse, daß ausschließlich polizeirechtliche und damit die Rundfunkinhaltsfreiheit, niemals aber die Rundfunkunternehmerfreiheit

---

98 vgl. oben § 3 H VI 4 a) und c); im wesentlichen Vorschriften der 2. und 3.Gruppe
99 vgl. oben § 3 H VI 2 d)
100 Parallele im Versicherungswesen: Technische Reserven; vgl. EuGH RS 205/84 "*Versicherungen*" NJW 1987, S.572, 575 Rdnr.38; *Angerer*, ZVersWiss 1987, S.211, 220
101 Ebenso *Hoffmann-Riem*, FS Wassermann, S.472 unter Berufung auf BVerfGE 57, S.295, 326
102 vgl. BVerfGE 73, S.118, 156
103 vgl. *Ricker* a.a.O. (FN 87), S.25;
Neben diesem juristischen soll auch der technische Aspekt kurz Erwähnung finden. Die noch vorherrschende Knappheit terrestrischer Frequenzen verlangt eine genaue Zuweisung der für sie vorgesehenen Sendefrequenzen an die einzelnen Veranstalter, damit man sich nicht "ins Gehege kommt". Ähnliches gilt angesichts der ebenfalls beschränkten Übertragungskapazität von Kabelanlagen.
104 vgl. *Angerer*, ZVersWiss 1987, S.211, 219; *Roth*, a.a.O. (FN 74), S.668; *Michaels*, ZVersWiss 1987, S.265, 270 f.
105 GRÜNBUCH, S.166

betreffende Begrenzungen angewandt werden dürfen[106], so ist diese Ablehnung konsequent. Auch nach dem hier entwickelten Verständnis wäre die bloße programmbezogene Rechtsaufsicht bereits in einem Anzeigeverfahren zu verfolgen, so daß ein Zulassungszwang entbehrlich wäre.

Allenfalls mag in Frage gestellt werden, ob ein inländisches Zulassungserfordernis auch dann noch "erforderlich" ist, wenn der Rundfunkveranstalter in seinem Heimatstaat bereits zugelassen ist.

Diese Frage ist so lange zu bejahen, wie Intensität und Umfang der von den Veranstaltern zu beachtenden Vorschriften in den Mitgliedstaaten qualitativ voneinander abweichen, so lange also dienstleistungsbegrenzende Vorschriften aus Gründen des Allgemeininteresses oder des Art.56 Abs.1 EWGV anwendbar bleiben[107] und die Berücksichtigung der vergleichbaren Regeln des Sendestaates sichergestellt ist[108].

IV. Anforderungen an die Ausgestaltung des Verfahrens

Ein statthaftes Zulassungsverfahren darf nicht in eine verschleierte Diskriminierung umgemünzt werden. Die unterschiedslose Anwendung der aus Gründen des Allgemeininteresses oder des Art.56 Abs.1 EWGV gerechtfertigten Zulassungsvorschriften muß garantiert sein. Die Durchführung dieses Grundsatzes zwingt zu gewissen Ausgestaltungen des Zulassungsverfahrens[109].

1. Theoretische und praktische Möglichkeit des Erwerbs der Lizenz

Der Erwerb der Lizenz muß für den ausländischen Bewerber theoretisch und praktisch möglich sein.

Es dürfen dem Bewerber keine Bedingungen gestellt werden, die zu erfüllen er praktisch niemals in der Lage wäre; dies wäre als verschleierte materielle Diskriminierung verboten[110].

Das Entstehen einer materiellen Diskriminierung ist nach dem hier befürworteten Kontrollmaßstab, der ausländische Veranstalter nur zur Respektierung der essentiellen Grundsätze der bundesdeutschen Rundfunkordnung zwingt[111], nicht zu befürchten. Selbst wenn nach der hier entwickelten Konzeption der Beschränkungsmöglichkeiten

---

106 vgl. oben § 3 H V 1 d)

107 vgl. *Reich* in Hoffmann-Riem (FN 21), S.224, 233; *Roth* a.a.O. (FN 74), S.668; *Michaels*, ZVersWiss 1987, S.265, 270

108 vgl. oben § 3 H II 4 sowie unten § 4 C IV 3

109 vgl. *Dauses*, EuR 1988, S.378, 387

110 vgl. *Mestmäcker* in ders. (FN 24), S.9, 29; *Reich* in Hoffmann-Riem (FN 21), S.224, 233; GRÜNBUCH, S.137

111 vgl. oben § 3 H VI d)

die Gefahr nicht von der Hand zu weisen ist, daß ein Veranstalter sich mehreren Rundfunkordnungen anzupassen hat, sind doch die Differenzen in den jeweiligen wesentlichen Werten[112] so groß nicht, daß diese Pflicht einen kommerziellen Unternehmer von der Aufnahme des Sendebetriebs abschrecken könnte[113].

2. Gebundene Zulassung

Erfüllt der Bewerber die Zulassungsvoraussetzungen, erklärt er sich bereit, die aus Gründen des Allgemeininteresses und des Art.56 Abs.1 EWGV anwendbaren Eingrenzungen zu beachten, so muß ihm die Zulassung auf Verlangen erteilt werden (sog. gebundene Erlaubnis)[114]. Ein Handlungs- oder Ermessensspielraum ist der Zulassungsbehörde insoweit nicht eingeräumt, da sie in einem solchen Falle weitere, gemeinschaftsrechtlich nicht tolerierte Gesichtspunkte in ihren Entscheidungsprozeß einfließen lassen könnte. Damit wären die Grenzen der gemeinschaftsrechtlich zugestandenen souveränen Regelungsmacht des nationalen Gesetzgebers überquert.

a) Rangfolge bei Kapazitätsengpässen

Etwas anderes muß dann gelten, wenn Kapazitätsprobleme einer unbeschränkten Zulassung entgegenstehen sollten.
Dies könnte dann der Fall sein, wenn mehrere Sender eine freie terrestrische Frequenz beanspruchen wollen oder wenn ein Kabelsystem die Nachfrage nach Übertragungskanälen nicht befriedigen kann[115].
Tritt dieser Fall ein, dann muß sichergestellt sein, daß die ausländischen Sender, die die Zulassungsvoraussetzungen erfüllen, an einem objektiven und neutralen Auswahlverfahren teilnehmen können[116].
Geht man davon aus, daß im wesentlichen kommerzielle Veranstalter die Chancen grenzüberschreitenden Rundfunks nutzen werden, so muß jede bevorzugte Behandlung zumindest der inländischen privaten Veranstalter als diskriminierend verurteilt werden[117].

112 siehe dazu die Darstellung im GRÜNBUCH, 4.Teil, "Der rechtliche Sachverhalt", S.63-104
113 A.A. GRÜNBUCH, S.171, 137
114 vgl. *Reich* in Hoffmann-Riem (FN 21), S.224, 234; *Dauses*, EuR 1988, S.378, 387; *Ricker* a.a.O. (FN 87), S.112; *Angerer*, ZVersWiss 1987, S.211, 220
115 GRÜNBUCH, S.119 ff.
116 GRÜNBUCH, S.120; *Kühn*, ZUM 1985, S.299, 303; *ders.* in Schwarze (FN 57), S.79, 94; *Schwartz*, ebenda, S.99, 111
117 vgl. *Rudolph*, AfP 1986, S.106, 109; *Roth*, EuR 1986, S.75, 84; anders *Reinert*, Grenzüberschreitender Rundfunk im Spannungsfeld von staatlicher Souveränität und transnationaler Rundfunkfreiheit, S.211

Die deutschen Bundesländer sind sich dieser Problematik bewußt geworden und haben versucht, ihr durch Einspeisungsrangfolgen in den Rundfunkgesetzen, die an objektiven Kriterien orientiert sind, gerecht zu werden[118].

Sämtliche Einspeisungsregelungen folgen derselben Grundstruktur.

Den Vorrang genießen die für das jeweilige Bundesland bestimmten öffentlich-rechtlichen sowie die zugelassenen Programme[119].

Danach sollen die ortsüblich empfangbaren[120], bzw. unter diesen die mit der größten Feldstärke meßbaren Programme eingespeist werden[121].

Maßgebend sind danach technische Kriterien, die von natürlichen Gegebenheiten abhängen.

Einige Landesgesetze sehen vor, daß bei Ranggleichheit mehrerer Programme[122] die Publikumsgunst über die Einspeisung entscheidet[123].

Sowohl das technische als auch das publizistische Kriterium werden unter gemeinschaftsrechtlichem Blickwinkel diskutiert und regelmäßig als mit dem Gemeinschaftsrecht vereinbar bewertet[124], also als gemeinschaftsneutrale Kriterien[125] anerkannt.

Allerdings wird man die in einigen Mediengesetzen vorgesehene Besserstellung der für das Empfangsgebiet zugelassenen kommmerziellen Veranstalter[126] gegenüber EG-ausländischen Rundfunkunternehmern als gemeinschaftsrechtswidrig zu beurteilen haben[127].

---

118 vgl. z.B. § 10 LMG BaWü a.a.O. (FN 90); § 44 HmbMedienG a.a.O. (FN 90); Art.36 BayMEG a.a.O. (FN 90); § 46 NdsLRG a.a.O. (FN 90); § 23 LRG Rhl.-Pf. (GVBl. 1984, S.159 ff.); § 31 LRG SLH (GVBl. 1984, S.214 ff.)

119 vgl. Art.36 Abs.1 Nr.1 BayMEG a.a.O. (FN 90); § 44 Abs.1 Nr.1 HmbMedienG a.a.O. (FN 90); § 46 Abs.1 NdsLRG a.a.O. (FN 90)

120 vgl. Art.36 Abs.1 Nr.2 BayMEG a.a.O. (FN 90); § 44 Abs.1 Nr.2 HmbMedienG a.a.O. (FN 90); § 31 Abs.1 Nr.2 LRG SLH a.a.O. (FN 118);
Zumindest an Orten mit Antennenverbot folgt die Pflicht zur Einspeisung ortsüblicher Programme bereits aus Art.5 Abs.1 Satz 1 GG; vgl. *Preuß*, ZERP/DP 2/1987, S.75.

121 vgl. § 10 Abs.2 LMG BaWü a.a.O. (FN 90)

122 vgl. § 31 Abs.2 LRG SLH a.a.O. (FN 118)

123 Einzelheiten bei *Jarass*, DJT-Gutachten 1986, S. G 67, 73, 96 ff. sowie ZUM 1986, S.303 ff.

124 Für die Empfangsfeldstärke: GRÜNBUCH, S.120; *Schwartz* in Schwarze (FN 57), S.99, 116; zweifelnd *Rudolph*, VBlBW 1986, S.252, 254; kritisch *Ricker* a.a.O. (FN 87), S.23 f., 104 f.;
Für die Publikumspräferenz: *Roth*, EuR 1986, S.75, 84; *ders.*, ZHR 149 (1985), S.679, 689; *Rudolph*, VBlBW 1986, S.252, 254; kritisch, allerdings aus medienpolitischer Sicht, *Reich* in Hoffmann-Riem (FN 21), S.224, 235

125 GRÜNBUCH, S.121; *Deringer*, ZUM 1985, S.229, 231

126 vgl. § 44 Abs.1 Nr.1 HmbMedienG a.a.O. (FN 90); § 46 Abs.1 NdsLRG a.a.O. (FN 90); § 23 Abs.1 Nr.1 LRG SLH a.a.O. (FN 118)

127 Insoweit in Übereinstimmung mit der EG-Kommission, GRÜNBUCH, S.120; *Jacobs* in Gloy (Hrsg.): Handbuch des Wettbewerbsrechts, S.230
Von anderen, eindeutig diskriminierenden Praktiken der BUNDESPOST gegenüber ausländischen Fernsehprogrammen berichtet *Schmittmann*, Diskussionsbeitrag auf dem III. Münchener Symposion zum Film- und Medienrecht am 23.06.1989, dokumentiert bei *Mauhs*, Tagungsbericht, ZUM 1989, S.413, 414.

b) Zulässigkeit der Privilegierung der inländischen öffentlich-rechtlichen Rundfunkanstalten

Der Blick soll aus diesem Grunde auf die Frage gelenkt werden, inwieweit die von allen Landesrundfunkgesetzen vorgesehene bevorzugte Berücksichtigung der für das Empfangsgebiet gesetzlich bestimmten inländischen öffentlich-rechtlichen Rundfunkprogramme bei der Kabeleinspeisung (bzw. bei der Frequenzzuweisung) gegenüber dem Gemeinschaftsrecht legitimierbar ist[128].

Diese Privilegierung, die sowohl gegenüber den dann gleichgeordneten inländischen und ausländischen kommerziellen Veranstaltern wirkt, könnte als Konsequenz der bereits mehrfach erwähnten "besonderen Aufgabe" der öffentlich-rechtlichen Veranstalter statthaft sein. Hier ließe sich eine Anknüpfung an den bereits oben angerissenen Gedanken finden, daß öffentlich-rechtliche Rundfunkanstalten keine "Unternehmen", Rundfunk vielmehr "Daseinsvorsorge" bzw. "Sache der Allgemeinheit" sei[129].

Es wurde festgestellt, daß die Essentialia der bundesdeutschen Rundfunkordnung auch von EG-ausländischen Veranstaltern zu respektieren sind. Die Abschwächung des Kontrollmaßstabes zugunsten der ausländischen wie auch - parallel dazu - der inländischen kommerziellen Veranstalter rechtfertigt sich - ebenso wie die Zulassung von Privatfunk überhaupt - aus dem Funktionieren des öffentlich-rechtlichen Rundfunkwesens mit der ihm obliegenden Erfüllung eines umfassenden Grundversorgungsauftrages[130].

Unter dem Eindruck eines sich entwickelnden europäischen Rundfunkmarktes gewinnt der gebietsbezogene, nationale Rundfunk herkömmlicher Prägung noch mehr an Bedeutung[131]. Wahrnehmung der klassischen Rundfunkaufgaben und Gewährleistung der flächendeckenden Grundversorgung durch den öffentlich-rechtlichen Rundfunk sind die Säulen, auf denen die Europäisierung ruht.

Private Veranstalter haben sich weniger strengen Normen zu beugen und brauchen keinen Grundversorgungsauftrag zu erfüllen; sie ernten die Früchte aus der Existenz des öffentlich-rechtlichen Gebietsrundfunks.

Dessen Effizienz ist nur gewährleistet, wenn er lückenlos empfangbar ist. Dies muß auch für die Kabelsysteme gelten. Auch dort muß das Gemeinschaftsrecht seine Förde-

---

128 vgl. nur Art. 36 Abs.1 Nr.1 BayMEG a.a.O. (FN 90); § 44 Abs.2 HmbMedienG a.a.O. (FN 90); § 23 Abs.1 Nr.1 LRG Rhl.-Pf. a.a.O. (FN 118); *Ricker* a.a.O. (FN 87), S.96 ff.

129 vgl. oben § 3 H VI 2 c); zusammenfassend *Seidel* in Schwarze (FN 55), S.121, 123 ff.; Gedanke des Art.90 Abs.2 EWGV

130 vgl. oben § 3 H V 2 b)

131 BVerfGE 73, S.118, 158 unter Hinweis auf *Bullinger*, AfP 1985, S.257, 258 ff.; *Ricker* a.a.O. (FN 87), S.98, leitet einen Einspeisungsvorrang aus der Zweckbindung der Rundfunkgebühr her, die dem Teilnehmer einen Anspruch auf Empfang der gesetzlich bestimmten Programme eröffne.

rung insoweit gestatten, als seine Existenz "Geschäftsgrundlage" für die Betätigung privater Unternehmer ist. Ansonsten offenbarte sich ein unauflösbarer Widerspruch, wenn Art.56 Abs.1 EWGV zwar die Grundlinien der Rundfunkordnung als Schutzgut anerkennt, eine streng verhältnismäßige Maßnahme zu ihrer Gewährleistung, die privilegierte Einspeisung öffentlich-rechtlicher Veranstalter, dagegen untersagte[132]. Dies muß umso mehr gelten, als darin nicht einmal eine Diskriminierung privater Unternehmer zu erblicken wäre, da diese nicht die Last eines Grundversorgungsauftrages zu bewältigen haben.

Somit ist es gemeinschaftsrechtlich statthaft, inländischen öffentlich-rechtlichen Rundfunkanstalten einen Einspeisungsvorrang vor den gleich zu behandelnden inländischen und ausländischen Veranstaltern kommerziellen Rundfunks einzuräumen[133].

3. Keine Wiederholung der Genehmigungsvoraussetzungen des Heimatstaates

Selbstverständlich dürfen die Zulassungsvoraussetzungen keine Wiederholung der im Niederlassungsstaat erfüllten gleichwertigen Bedingungen sein.

Ebenso müssen vom Heimatstaat vorgenommene Kontrollen und Überprüfungen von der Zulassungsbehörde des Empfangsstaates berücksichtigt werden[134]; dies erfordert regelmäßig ein Zusammenwirken der nationalen Behörden.

Diese allgemeinen Anforderungen, die der Europäische Gerichtshof zuletzt im Versicherungsfall[135] formuliert hat, folgen nach der hier entwickelten Systematik der gerechtfertigten Beschränkungen bereits aus der Tatsache, daß diese niemals isoliert von der Rechtslage des Heimatstaates definiert werden dürfen, sondern überhaupt nur insoweit anwendbar sind, als die ausländischen Vorschriften kein vergleichbares Schutzniveau kennen.

---

132 Ähnlich *Delbrück* in Hoffmann-Riem (FN 21), S.244, 250

133 Im Ergebnis ebenso *Kühn*, ZUM 1985, S.299, 302; *ders.* in Schwarze (FN 57), S.79, 94; *Bueckling*, DRiZ 1985, S.431, 435; wohl auch *Herrmann*, ZUM 1985, S.175, 188; zumal angesichts der vorhandenen Kapazitäten davon auszugehen ist, daß trotz des Vorranges nie ein Monopol der öffentlich-rechtlichen Anstalten entsteht.
Dagegen, allerdings ohne Differenzierung, *Rudolph*, AfP 1986, S.106, 109; *Reich* in Hoffmann-Riem (FN 21), S.224, 235; *Schwartz* in Schwarze (FN 55), S.45, 70

134 vgl. *Dauses*, EuR 1988, S.378, 387; *Biagosch*, ZVersWiss 1987, S.245, 253

135 EuGH RS 205/84 "*Versicherungen*" NJW 1987, S.572 ff.

V. Ergebnis

Das Gemeinschaftsrecht verbietet nicht, einen ausländischen Rundfunkunternehmer vor Aufnahme der Sendetätigkeit in das Inland bzw. vor Beginn der Einspeisung seiner Programme in inländische Kabelanlagen zum Erwerb einer Zulassung zu verpflichten, sofern das Verfahren den hier dargestellten Ansprüchen genügt.

Sofern ein Mangel an Übertragungskapazität herrscht, ist es gemeinschaftsrechtlich nicht zu beanstanden, wenn den inländischen öffentlich-rechtlichen Rundfunkanstalten bei Frequenzzuweisung und Kabeleinspeisung ein Vorrang eingeräumt wird.

§ 5 Zusammenfassung in Thesen

Das Gesamtergebnis der vorstehenden Untersuchung läßt sich in den folgenden Thesen zusammenfassen.

A. Rundfunksendungen als Dienstleistung

I. Die bewußte und planvolle terrestrische wie auch direktsatellitische Ausstrahlung eines Rundfunkprogramms über die Grenze zweier Mitgliedstaaten durch ein privates Sendeunternehmen stellt eine grenzüberschreitende Dienstleistung i.S.d. Art.59 ff. EWG-Vertrag dar.

II. Austrahlungen der bundesdeutschen öffentlich-rechtlichen Rundfunkanstalten lassen sich ebenfalls als Dienstleistungen begreifen; infolge der Fixierung der Anstalten auf ihr nationales Versorgungsgebiet wohnt ihnen indes kein grenzüberschreitendes Moment inne.

III. Die Übermittelung eines Rundfunkprogramms an ein Kabelrundfunkunternehmen im EG-Ausland zu Zwecken der Einspeisung ist ebenfalls als grenzüberschreitende Dienstleistung anzuerkennen.

IV. Auch die zeitgleiche, unveränderte und vollständige inländische Kabeleinspeisung eines aus einem anderen Mitgliedstaat für das inländische Publikum eingestrahlten Programms genießt sowohl im Direktempfangsbereich als auch in Nichtempfangsgebieten den Schutz der Dienstleistungsfreiheit.

B. Beschränkungen grenzüberschreitender Rundfunksendungen

I. Das Rundfunkwesen ist ein "sensibler Bereich" im Sinne der Rechtsprechung des Europäischen Gerichtshofs, so daß die Ausübung der Rundfunktätigkeit immanenten Begrenzungen aus Gründen des Allgemeininteresses unterliegt.

II. Zusätzlich kann die Rundfunktätigkeit aus Gründen der öffentlichen Sicherheit und Ordnung sowie der Gesundheit i.S.d. Art.56 Abs.1 EWGV eingeschränkt werden.

III. Entgegen der Ansicht der EG-Kommission sind die Begrenzungen aus Gründen eines zwingenden Allgemeininteresses nicht mit den Beschränkungsmöglichkeiten des Art.56 Abs.1 EWGV gleichzusetzen und auf die polizeipolitischen Gesichtspunkte des Art.10 Abs.2 EMRK zu reduzieren.

IV. Art.56 Abs.1 EWGV gestattet die Anwendung der die Rundfunkunternehmerfreiheit eingrenzenden Vorschriften, die zur Gewährleistung der Rundfunkfreiheit zwingend notwendig sind. Daneben werden von Art.56 Abs.1 EWGV die Normen des Strafrechts sowie die sonstigen zur Aufrechterhaltung der öffentlichen Ordnung und Sicherheit gebotenen Vorschriften entsprechend Art.10 Abs.2 EMRK gerechtfertigt. Ferner erlaubt Art.56 Abs.1 EWGV den Mitgliedstaaten, Werbeverbote aus Gründen des Gesundheitsschutzes auszusprechen.

V. Aus Gründen des Allgemeininteresses können über den Kreis des Art.56 Abs.1 EWGV hinausgehende, politisch erwünschte Regelungen getroffen werden. Dabei ist insbesondere an programmbezogene Auflagen aus kulturellen oder religiösen Gesichtspunkten oder an Rahmenvorschriften zur Gewährleistung eines nicht-kommerziellen Charakters des Rundfunkwesens zu denken.

VI. Obwohl Art.56 Abs.1 EWGV sogar die Anwendung ausländerdiskriminierender Vorschriften sanktioniert, können die Zwecke der bundesdeutschen Rundfunkordnung, soweit sie den Vorrang vor der Dienstleistungsfreiheit genießt, im Rahmen unterschiedslos anwendbarer, streng verhältnismäßiger Rechtsnormen verwirklicht werden. Ausländerdiskriminierende Vorschriften sind deshalb im Rundfunkwesen unzulässig.

VII. Die Geltung dieser Grundsätze wird auch von dem möglichen Erlaß der EG-Richtlinie "*Fernsehen ohne Grenzen*" in einer Fassung, die Art.24 Abs.1 Grundgesetz nicht verletzt, nicht in Frage gestellt.

C. Anwendungsfälle

I. Der Richtlinienvorschlag "*Fernsehen ohne Grenzen*" der EG-Kommission beinhaltet objektive Werberegelungen, die auch nach dem hier entwickelten System nationaler Beschränkungen statthaft wären, aber nur aus Gründen der Erleichterung des grenzüberschreitenden Wirtschaftsverkehrs eingeführt werden sollen.

II. Aus nicht-wirtschaftlichen Gründen wäre, wie der Gerichtshof in der Rechtssache "*Bond van Adverteerders*" bestätigt hat, sogar ein unterschiedslos anwendbares Werbeverbot mit der Dienstleistungsfreiheit zu vereinbaren.

III. Eine Pflicht zum Betrieb einer inländischen Niederlassung, die die rechtliche Verantwortung und Haftung für die grenzüberschreitenden Rundfunksendungen übernimmt, kann den EG-ausländischen Veranstaltern nicht auferlegt werden.

IV. Es kann verlangt werden, daß der ausländische Veranstalter eine inländische Zulassung beantragt, bevor er zweckgerichtet in das Inland sendet oder seine Programme in inländische Kabelanlagen eingespeist werden.

V. Sofern der Bewerber sich bereit erklärt, die aus Gründen des Allgemeininteresses und des Art.56 Abs.1 EWGV gerechtfertigten Vorschriften anzuerkennen, ist ihm die Zulassung auf Verlangen zu erteilen.

VI. Ausländische und inländische private Rundfunkunternehmer sind bei der Kabeleinspeisung oder Frequenzzuweisung gleich zu behandeln, sofern eine Knappheit der Übertragungskapazitäten eine Berücksichtigung aller Bewerber verbietet. Dagegen ist es in diesem Fall gemeinschaftsrechtlich nicht zu beanstanden, die inländischen öffentlich-rechtlichen Gebietssendeanstalten bevorzugt zu bedienen.

SCHRIFTTUM

Abmeier, Klaus; **Rudolf**, Walter
Satellitendirektrundfunk und Informationsfreiheit
in: AVR 1983, S.1-36

Angerer, August
Aufsichtsrechtliche Ausgangspunkte der Dienstleistungsfreiheit für Versicherungsunternehmen im Gemeinsamen Markt
in: ZVersWiss 1987, S.211-226

Arbeitskreis Werbefernsehen der deutschen Wirtschaft
Europafernsehen und Werbung. Chancen für die deutsche und europäische Medienpolitik.
Fachtagung am 24./25.Sept.1986 im Haus Rissen/Hamburg
Baden-Baden 1987

Arbeitskreis Werbefernsehen der deutschen Wirtschaft
Arbeitskreis Werbefernsehen kritisiert geplante Konvention des Europarates zum grenzüberschreitenden Fernsehen
in: MA 1988, S.466-468

Badura, Peter
Die Erfüllung öffentlicher Aufgaben und die Unternehmenszwecke bei der wirtschaftlichen Betätigung der öffentlichen Hand
in: Festschrift für Hans-Jochen Schlochauer
Berlin/New York 1981, S.3-23

derselbe
Rundfunkfreiheit und Finanzautonomie
Frankfurt a.M. 1986

Bahlmann, Kai
Europäische Grundrechtsperspektiven
in: Festschrift für Carl Carstens
Köln/Berlin/Bonn/München 1984, S.17-41

Basedow, Jürgen
Entwicklungslinien des internationalen Kartellrechts
in: NJW 1989, S.627-638

Bausch, Hans
Rundfunkpolitik nach 1945, Band I, 1945-1962
München 1980

Berekoven, Ludwig
Europafernsehen - ein Kommunikationsinstrument des internationalen Marketings
in: AKW (Hrsg.): Europafernsehen und Werbung
Baden-Baden 1987, S.53-60

Berg, Klaus
Die neuen Medientechniken - medienpolitische Bedeutung und rechtliche Ordnung
in: Wolfrum (Hrsg.): Recht auf Information-Schutz vor Information
Berlin 1986, S.11-35

derselbe
Rechtsprobleme des grenzüberschreitenden Fernsehens. Stellungnahme zum Grünbuch der EG-Kommission aus der Sicht der öffentlich-rechtlichen Rundfunkanstalten.
in: Schwarze (Hrsg.): Fernsehen ohne Grenzen
Baden-Baden 1985, S.197-204

derselbe
Interview
in: ARD-Magazin Heft 3/89, S.4

Beutler, Bengt
Die Erklärung des europäischen Parlaments über Grundrechte und Grundfreiheiten vom 12. April 1989
in: EuGRZ 1989, S.185-189

Beutler, Bengt; **Bieber**, Roland; **Pipkorn**, Jörn; **Streil**, Jochen
Die europäische Gemeinschaft - Rechtsordnung und Politik
3. Auflage Baden-Baden 1987

Biagosch, Axel
Überlegungen zur Verwirklichung der Dienstleistungsfreiheit seitens anderer EG-Mitgliedstaaten
in: ZVersWiss 1987, S.245-264

Bieber, Roland
Das Gesetzgebungsverfahren der Zusammenarbeit gem. Art.149 EWGV
in: NJW 1989, S.1395-1402

Binder, Bruno
Die Rundfunkfreiheit in Österreich
in: EuGRZ 1986, S.209-213

Bleckmann, Albert
Europarecht
4. Auflage Berlin/Köln 1985

derselbe
Die Ausnahmen der Dienstleistungsfreiheit nach dem EWG-Vertrag
in: EuR 1987, S.28-50

derselbe
Zum Rutili-Fall des EuGH
in: EuGRZ 1976, S.265-267

derselbe
Die Personenverkehrsfreiheit im Recht der EG
Vom Gleichheitssatz zur Verankerung absoluter Grundrechte
in: DVBl. 1986, S.69-75

Börner, Bodo
Kompetenz der EG zur Regelung einer Rundfunkordnung
in: ZUM 1985, S.577-588

Bongen, Wolfgang
Schranken der Freizügigkeit aus Gründen der öffentlichen Ordnung und Sicherheit im Recht der Europäischen Wirtschaftsgemeinschaft
Berlin 1975

Brühann, Ulf
Der Vorschlag einer Gemeinschaftsrichtlinie zum Rundfunkrecht: Notwendigkeit und werberechtlicher Inhalt
in: AKW (Hrsg.): Europafernsehen und Werbung
Baden-Baden 1987, S.11-22

Bueckling, Adrian
Probleme des Satellitenfernsehens im kommunitären Recht des Gemeinsamen Marktes
in: DRiZ 1985, S.431-435

derselbe
Transnationales Satelliten-TV und nationale Kulturreservate in der EG
in: EuGRZ 1987, S.97-101

derselbe
Im Begriffsdschungel des satellitischen Rundfunkrechts
in: ZUM 1988, S.164-171

derselbe
Nationale Abwehrfront gegen Weiterverbreitung ausländischer TV-Programme stürzt in Raten. Zum neuen TV-Urteil des EuGH.
in: ZUM 1988, S.288-290

derselbe
Grenzüberschreitendes Direktfernsehen durch Satelliten - rechtlich gesehen
in: NJW 1981, S.1113-1119

Bullinger, Martin
Satellitenrundfunk im Bundesstaat
in: AfP 1985, S.1-14

derselbe
Zugang der Presse zu den elektronischen Medien
in: AfP 1983, S.319-327

derselbe
Freiheit und Gleichheit in den Medien
in: JZ 1987, S.259-265

derselbe
Europäische Rundfunkordnungen im Umbruch
in: Mestmäcker (Hrsg.): Offene Rundfunkordnung
Gütersloh 1988, S.45-87

derselbe
Freiheit von Presse, Rundfunk und Film
in: Isensee/Kirchhof (Hrsg.): Handbuch des Staatsrechts Bd VI
Heidelberg 1989, S.667-738

derselbe
Rundfunkordnung im Bundesstaat und in der Europäischen Gemeinschaft
in: AfP 1985, S.257-265

Bundesrat
Kritik am Grünbuch der EG-Kommission
in: BR/Drs. 360/84

Bundesrat
Beschluß zum Entwurf einer EG-Rundfunkrichtlinie
in: BR/Drs. 259/86

Bundesregierung
Medienbericht 1985
BT/Drs. 10/5663

Bundesverband Kabel und Satellit e.V.
Stellungnahme zum Entwurf einer Richtlinie des Rates der EG über die Ausübung der Rundfunktätigkeit sowie zum Entwurf einer Europäischen Konvention über grenzüberschreitendes Fernsehen
Bonn 1988

Claudi, Hubertus
Die Bindung der EWG an Grundrechte
München 1976

Cludius, Stefan
Bildungs- und Kulturpolitik in der Europäischen Gemeinschaft.
Tagungsbericht.
in: Europäische Integration.
Mitteilungen des AEI 1988, Heft 14/15, S.26-40

Damm, Renate
Rechtsprobleme des grenzüberschreitenden Fernsehens. Schutz des allgemeinen Persönlichkeitsrechts. Gegendarstellungsanspruch und Wettbewerbsgleichheit bei der Werbung.
in: Schwarze (Hrsg.): Fernsehen ohne Grenzen
Baden-Baden 1985, S.175-187

Dauses, Manfred A.
Die Bedeutung der Versicherungsurteile des EuGH vom 4.12.1986 für die Liberalisierung grenzüberschreitender Versicherungsdienstleistungen
in: EuR 1988, S.378-390

Degenhart, Christoph
Grenzüberschreitender Informationsfluß und grundgesetzliche Rundfunkordnung
in: EuGRZ 1983, S.205-214

Delbrück, Jost
Die Rundfunkhoheit der deutschen Bundesländer im Spannungsfeld zwischen Regelungsanspruch der Europäischen Gemeinschaft und nationalem Verfassungsrecht.
Rechtsgutachten erstattet im Auftrag der deutschen Bundesländer.
Frankfurt a.M. 1986 (Beiträge zum Rundfunkrecht 37)

derselbe
Direkter Satellitenrundfunk und nationaler Regelungsvorbehalt. Umfang und Grenzen des transnationalen freien Informationsflusses nach Völkerrecht, dem Recht der EG und dem Grundgesetz der Bundesrepublik Deutschland.
Rechtsgutachten erstattet im Auftrag der ARD.
Frankfurt a.M. 1982 (Beiträge zum Rundfunkrecht 25)

derselbe
Rundfunkrecht und Wettbewerbsrecht vor dem Forum des europäischen Gemeinschaftsrechts
in: Hoffmann-Riem (Hrsg.): Rundfunk im Wettbewerbsrecht
Der öffentlich-rechtliche Rundfunk im Spannungsfeld zwischen Wirtschaftsrecht und Rundfunkrecht
Baden-Baden 1988, S.201-223

derselbe
Die europäische Regelung des grenzüberschreitenden Rundfunks - Das Verhältnis von EG-Richtlinie und Europaratskonvention
in: ZUM 1989, S.373-381

Deringer, Arved
Europäisches Gemeinschaftsrecht und nationale Rundfunkordnung
in: ZUM 1986, S.627-638

derselbe
Fernsehen ohne Grenzen
in: ZUM 1985, S.229-239

derselbe
"Sperrklauseln" in Filmlizenzverträgen
in: WuW 1985, S.546-558

Deutscher Gewerkschaftsbund
Stellungnahme zum Grünbuch der EG-Kommission "Fernsehen ohne Grenzen"
in: MP 1985, S.901-903

Drews, Bill; **Wacke**, Gerhard; **Vogel**, Klaus; **Martens**, Wolfgang
Gefahrenabwehr
9.Auflage Köln-Bonn-Berlin-München 1986

Ehlers, Dirk
Verwaltung in Privatrechtsform
Berlin 1984

Emmerich, Volker
Die Vereinbarkeit nationaler Dienstleistungsmonopole mit dem EWG-Vertrag
in: Festschrift für Max Keller
Zürich 1989, S.685-699

derselbe
Rundfunk im Wettbewerbsrecht
in: AfP 1989, S.433-438

derselbe
Kartellrecht
5.Auflage München 1988

derselbe
Besprechung der RS 262/81 "*Coditel II*"
in: JuS 1983, S.549-550

Engel, Christoph
Europäische Konvention über grenzüberschreitendes Fernsehen
in: ZRP 1988, S.240-247

derselbe
Der Zusammenhang von Sende- und Empfangsfreiheit unter der EMRK
in: ZUM 1988, S.511-526

derselbe
Constitutional and International Guarantees of Freedom of Speech
in: Mestmäcker (Hrsg.): The law and economics of transborder telecommunications
Baden-Baden 1987, S.55-70

derselbe
Offene Rundfunkordnung. Diskussionsbericht
in: Mestmäcker (Hrsg.): Offene Rundfunkordnung
Gütersloh 1988, S.505-556

Engelhard, Helmut
Satellitenfernsehen - neue Technologie für einen besseren Informationsfluß
Bern/Frankfurt a.M. 1978

Erichsen, Hans-Uwe; **Martens**, Wolfgang (Hrsg.)
Allgemeines Verwaltungsrecht
8. Auflage Berlin/New York 1988

Everling, Ulrich
Das Niederlassungsrecht im Gemeinsamen Markt
Berlin/Frankfurt 1963

derselbe
Vertragsverhandlungen 1957 und Vertragspraxis 1987 - dargestellt an den Kapiteln Niederlassungsrecht und Dienstleistungen des EWG-Vertrages
in: Mestmäcker u.a.(Hrsg.): Eine Ordnungspolitik für Europa
Festschrift für v. d. Groeben,
Baden-Baden 1987, S.111-130

derselbe
Rechtsvereinheitlichung durch Richterrecht in der Europäischen Gemeinschaft
in: RabelsZ 1986, S.193-232

derselbe
Zur neueren EuGH-Rechtsprechung zum Wettbewerbsrecht
in: EuR 1982, S.301-314 = MA 1983, S.294-305

derselbe
Der Beitrag des deutschen Rechts zur Rechtsprechung des Gerichtshofs der Europäischen Gemeinschaften
in: Nicolaysen; Quaritsch (Hrsg.): Lüneburger Symposion für Hans Peter Ipsen zur Feier des 80.Geburtstages
Baden-Baden 1988, S.63-71

derselbe
Gestaltungsbedarf des Europäischen Rechts
in: EuR 1987, S.214-235

Expertenkommission Neue Medien - EKM Baden-Württemberg
Abschlußbericht Teil I
Stuttgart 1981

Faul, Erwin
Ordnungsprobleme des Fernsehwesens in nationaler und europäischer Perspektive
in: Scherer (Hrsg.): Nationale und europäische Perspektiven der Telekommunikation
Baden-Baden 1987, S.103-132

derselbe
Die Fernsehprogramme im dualen Rundfunksystem
Berlin/Offenbach 1989
Befunde in: Nach der Maxime des Kaufmanns, FAZ v.30.03.1989
und: RuF 1989, S.25-46

Feuchthofen, Jörg E.
EG soll Umsetzung allgemeiner Grundsätze in den Mitgliedstaaten erzwingen können
in: Handelsblatt v.15./16.09.1989, S.7

Fiedler, Wilfried
Die Funktion des Rechts in der Europäischen Einigungsbewegung
in: JZ 1986, S.60-65

Fiuczinsky, H.W.
Fernsehen ohne Grenzen. Stellungnahme der JUAA
in: MA 1984, S.563-572

Fleck, Florian H. (Hrsg.)
Zukunftsaspekte des Rundfunks
Stuttgart 1986

Friauf, Karl-Heinrich
Grundrechtsschutz der grenzüberschreitenden Werbung, insbesondere im Lichte von Art.10 der Europäischen Menschenrechtskonvention
in: AKW (Hrsg.): Europafernsehen und Werbung
Baden-Baden 1987, S.23-46

Frohne, Ronald
Die Quotenregelungen im nationalen und im europäischen Recht
in: ZUM 1989, S.390-396

Frowein, Jochen Abraham
Art.10 EMRK in der Praxis von Kommission und Gerichtshof
in: AfP 1986, S.197-200

derselbe
Fundamental Human Rights as a Vehicle of legal Integration in Europe
in: Cappelletti/Seccombe/Weiler (Hrsg.): Integration through law - Europe and the American Federal Experience
Band 1, S.302 ff.
Berlin/New York 1986

derselbe; **Peukert**, Wolfgang
EMRK-Kommentar
Kehl 1985

Gack, Thomas
Europäische Bildstörung
in: Hannoversche Allgemeine Zeitung v.19.06.1989

Gemeinschaftswerk evangelischer Publizistik e.V. (Hrsg.)
Rechtsprobleme grenzüberschreitender Rundfunksendungen am Beispiel des Satellitenfernsehens
Frankfurt a.M. 1983

Gebel, Volkram
Gemeinsame Richtlinien der Landesmedienanstalten zur Durchführung der Werberegelungen des Rundfunkstaatsvertrages
in: MA 1989, S.177-179

Gerth, Joachim
Diskussionsbericht des Round-Table-Gesprächs des Instituts für Rundfunkrecht an der Universität zu Köln am 7.Okt.1985 in Köln
in: ZUM 1985, S.601-607

Glaesner, Hans-Joachim
Einige Überlegungen zum Beitritt der Europäischen Gemeinschaften zur Europäischen Konvention für Menschenrechte
in: EuR 1980, S.119-123

derselbe
Das Verfahren der Zusammenarbeit (Art.149 EWGV)
in: EuR 1988, S.121-128

Gloy, Wolfgang (Hrsg.)
Handbuch des Wettbewerbsrechts
München 1986

Götz, Volkmar
Allgemeines Polizei- und Ordnungsrecht
9.Auflage Göttingen 1988

Götz v.Olenhusen, Albrecht
Rundfunkrecht
UFITA-Schriftenreihe ed 69/Teil 1
Freiburg 1988

Gornig, Gilbert
Der grenzüberschreitende Informationsfluß durch Rundfunkwellen - Zur Frage der Völkerrechtswidrigkeit von Jamming
in: EuGRZ 1988, S.1-13

derselbe
Probleme der Niederlassungsfreiheit und Dienstleistungsfreiheit für Rechtsanwälte in den Europäischen Gemeinschaften
in: NJW 1989, S.1120-1127

Grabitz, Eberhard
Europäisches Verwaltungsrecht - Gemeinschaftsrechtliche Grundsätze des Verwaltungsverfahrens
in: NJW 1989, S.1776-1783

derselbe (Hrsg.)
Kommentar zum EWG-Vertrag
Stand: 2. Erg.-Lfg. München 1988

Greiffenberg, Horst
Medienrechtliche und kartellrechtliche Kontrolle der Konzentration im Rundfunk
in: Mestmäcker (Hrsg.): Offene Rundfunkordnung
Gütersloh 1988, S.311-348

Grimm, Dieter
Kulturauftrag im staatlichen Gemeinwesen
in: VVDStRL 42 (1984), S.46-82

Groeben, Hans v.d.; **Boeckh**, Hans v.; **Thiesing**, Jochen;
Ehlermann, Claus-Dieter
Kommentar zum EWG-Vertrag
3.Auflage Baden-Baden 1983
Band 1: Art.1-136; Band 2: Art.137-248

Gröner, Helmut
Wettbewerb im Rundfunk
in: Mestmäcker (Hrsg.): Offene Rundfunkordnung
Gütersloh 1988, S.349-362

Groß, Rolf
Breitbandverkabelung und Übernahme von Rundfunkprogrammen in Kabelnetze
in: NJW 1984, S.409-413

Grossfeld, Bernhard; **Ebke**, Werner
Strukturprinzipien des deutschen Rundfunks und privatrechtliche Organisationsformen im EG-Bereich
in: Hübner u.a. (Hrsg.): Satellitenfernsehen und deutsches Rundfunksystem
München 1983, S.29-62

Gündisch, Jürgen
Allgemeine Rechtsgrundsätze in der Rechtsprechung des Europäischen Gerichtshofs
in: Schwarze (Hrsg.): Das Wirtschaftsrecht des Gemeinsamen Marktes in der aktuellen Rechtsentwicklung
Baden-Baden 1983, S.97-118

Hauch-Fleck, Marie-Luise
Angriff aus dem All
in: Die Zeit Nr.6 v.03.02.1989

Hauschka, Christoph E.
Auswirkungen der Auslegung des Art.10 EMRK auf Wettbewerbsrecht, Medienrecht und das Recht der freien Berufe
in: ZUM 1987, S.559-570

Henning-Bodewig, Frauke
Die Trennung von Werbung und Programm im deutschen und europäischen Rundfunk- und Wettbewerbsrecht
in: GRUR Int. 1987, S.538-550

Heringer, Anina
Die Problematik des grenzüberschreitenden Satellitenfernsehens in Europa unter Berücksichtigung und verfassungsrechtlicher Würdigung des Grünbuchs der EG-Kommission "Fernsehen ohne Grenzen"
Diss. phil. Mainz 1988

Herrmann, Günter
Fernsehen und Hörfunk in der Verfassung der Bundesrepublik Deutschland
Tübingen 1975

derselbe
Europa und die Medien. Bericht Bundesrepublik Deutschland.
in: ZUM 1985, S.175-190

derselbe
Grenzüberschreitende Fernseh- und Hörfunksendungen im Gemeinsamen Markt
in: GRUR Int. 1984, S.578-592

Hess, Josef
In 36.000 km über Zaire
in: Handelsblatt v.07.06.1989, S.23

Hesse, Albrecht
Europäische Harmonisierung und innerstaatliche Rundfunkordnung - Vorrang der Wirtschaft oder der Kultur
in: ARD-Magazin Heft 3/1989, S.5

Hilf, Willibald
Kabel- und Satellitenfernsehen in europäischer Dimension: Rundfunk ohne Grenzen und Schranken?
in: MP 1987, S.73-80

derselbe
Rundfunkpolitische, rechtliche und ökonomische Aspekte grenzüberschreitender Fernsehprogramme
in: AKW (Hrsg.): Europafernsehen und Werbung
Baden-Baden 1987, S.113-116

Hillig, Hans-Peter
Die Vorschläge des Grünbuchs zum Urheberrecht
in: ZUM 1985, S.587-593

Hins, Wouter
Report from the Netherlands
in: Mestmäcker (Hrsg.): The law and economics of transborder telecommunications
Baden-Baden 1987, S.115-120

Hoffmann-Remy, Ulrich
Die Möglichkeiten der Grundrechtseinschränkung nach den Art.8 bis 11 Abs.2 der Europäischen Menschenrechtskonvention
Berlin 1976

Hoffmann-Riem, Wolfgang
Europäisierung des Rundfunks - aber ohne Kommunikationsverfassung
in: RuF 1988, S.5-24

derselbe
Informations- und Rundfunkfreiheit bei der Verbreitung von Rundfunkprogrammen in Kabelanlagen
in: Broda, Christian; Deutsch, Erwin u.a. (Hrsg.):
Festschrift für Rudolf Wassermann zum 60. Geburtstag
Neuwied 1985, S.455-476

derselbe
Anmerkung zu BayVGH v.07.07.1988
in: JZ 1989, S.247-249

derselbe
Kulturelle Identität und Vielfalt im Fernsehen ohne Grenzen? Zur Diskussion um die Sicherung der Vielfalt im internationalen Rundfunk.
in: MP 1985, S.181-190

derselbe (Hrsg.)
Rundfunk im Wettbewerbsrecht. Der öffentlich-rechtliche Rundfunk im Spannungsfeld zwischen Wirtschaftsrecht und Rundfunkrecht.
Baden-Baden 1988

derselbe
Europäisierung des Rundfunks - aber ohne Kommunikationsverfassung?
in: derselbe (Hrsg.): Rundfunk im Wettbewerbsrecht
Baden-Baden 1988, S.201-223

derselbe
Wettbewerbsprobleme bei der Einführung von privatem Hörfunk und Fernsehen
in: WuW 1982, S.265-271

derselbe
Rundfunk in Europa zwischen Wirtschafts- und Kulturfreiheit
in: Nicolaysen/Quaritsch (Hrsg.): Lüneburger Symposion für H.P.Ipsen
Baden-Baden 1988, S.75-82

derselbe
Internationale Medienmärkte - Nationale Rundfunkordnungen
in: RuF 1986, S.5-22

derselbe
Rundfunkfreiheit durch Rundfunkorganisation
Frankfurt a.M. 1979

Hohloch, Gerhard
"Fernsehen ohne Grenzen" - kollisionsrechtliche Folgeprobleme für den Individualrechtsschutz
in: Schwarze (Hrsg.): Rundfunk und Fernsehen
Baden-Baden 1986, S.149-157

Hübner, Heinz; **Grossfeld**, Bernhard; **Seidl-Hohenveldern**, Ignaz
Satellitenfernsehen und deutsches Rundfunksystem
Vortragsveranstaltung vom 14./15. Mai 1982
München 1983

Hübner, Ulrich
Die Dienstleistungsfreiheit in der Europäischen Gemeinschaft und ihre Grenzen
in: JZ 1987, S.330-335

Hunnings, Neville March
Annotation on Case 52/79 and 62/79
in: CMLR 1980, S.560 ff.

Industriegewerkschaft Medien
Rundfunk ist keine Ware. Stellungnahme und Forderungen der Gewerkschaften im Medienbereich zur geplanten EG-Richtlinie
in: Die Feder 1987, Heft 11, S.31

Immenga, Ulrich
Werbeverbot. "Marktchancen für den Privatfunk"
in: Der Journalist 1988, Heft 8, S.66

derselbe; **Mestmäcker**, Ernst-Joachim
GWB-Kommentar
München 1981

Ipsen, Hans-Peter
Mitbestimmung im Rundfunk
Frankfurt a.M. 1972

derselbe
Rundfunk im Europäischen Gemeinschaftsrecht
Frankfurt a.M. 1983 (Beiträge zum Rundfunkrecht 28)

derselbe
Europäisches Gemeinschaftsrecht
Tübingen 1972

derselbe
Grenzen der Dienstleistungsfreiheit
in: EuR 1978, S.199-241

derselbe
"Schlechthin konstituierend für die freiheitlich-demokratische Grundordnung"
in: EuR 1982, S.205-212

derselbe
Europäische Verfassung - Nationale Verfassung
in: EuR 1987, S.195-213

derselbe
Das Bundesverfassungsgericht löst die Grundrechtsproblematik
in: EuR 1987, S.1-6

Jarass, Hans-Dieter
EG-Recht und nationales Rundfunkrecht. Zugleich ein Beitrag zur Reichweite der Dienstleistungsfreiheit.
in: EuR 1986, S.75-94

derselbe
In welcher Weise empfiehlt es sich, die Ordnung des Rundfunks und sein Verhältnis zu anderen Medien - auch unter dem Gesichtspunkt der Harmonisierung - zu regeln?
Gutachten
in: Verhandlungen des 56.DJT Bd 1 S. G 1 - G 112

derselbe
Die neuen Privatrundfunkgesetze im Vergleich
in: ZUM 1986, S.303-319

Klatten, Werner E.
Keine Quoten, keine Werbebeschränkung
in: Handelsblatt v.05.07.1989, S.18

Klaue, Siegfried
Die Anwendbarkeit des GWB auf den Wettbewerb um Rundfunkprogramme
in: Mestmäcker (Hrsg.): Offene Rundfunkordnung
Gütersloh 1988, S.385-392

Klein, Hans-Hugo
Die Rundfunkfreiheit
München 1978

Klinge, Gabriele
Die Begriffe "Beschäftigung in der öffentlichen Verwaltung" und "Ausübung öffentlicher Gewalt" im Gemeinschaftsrecht
Düsseldorf 1980

Köhler, Bernd F.
Auslandsrundfunk und Politik. Die politische Dimension eines internationalen Mediums.
Berlin 1988

Kommission der EG
Fernsehen ohne Grenzen. GRÜNBUCH über die Errichtung des Gemeinsamen Marktes für den Rundfunk, insbesondere über Satellit und Kabel v. 14.06.1984
(Mitteilung der Kommission an den Rat) Dok KOM (84) 300 endg

Kommission der EG
Die audiovisuellen Medien im großräumigen Europäischen Markt
Luxemburg 1988

Kommission der EG
Weißbuch "Vollendung des Binnenmarktes" vom 14.06.1985
(Mitteilung der Kommission an den Rat) Dok KOM (85) 310 endg.

Kranz, Jürgen
Die Ausübung öffentlicher Gewalt durch Private nach dem Europäischen Gemeinschaftsrecht
Frankfurt a.M. 1984

Kreile, Johannes
Die Anforderungen an den Jugendschutz im grenzüberschreitenden Rundfunk
in: ZUM 1989, S.407-413

Kresse, Herrmann
Rundfunkwerbung in Europa
in: WRP 1988, S.575-583

derselbe
Chance Europa nicht mit restriktiven Klauseln und Protektionismus vertun
in: Handelsblatt v.14.02.1989, S.6

Kühn, Manfred
Die Einspeisung von Rundfunkprogrammen in Kabelnetze - medienrechtliche und urheberrechtliche Aspekte aus der Praxis
in: Schwarze (Hrsg.): Rundfunk und Fernsehen
Baden-Baden 1986, S.79-98

Kühn, Manfred
Harmonisierung des Rundfunkrechts in Europa
in: ZUM 1986, S.585-588

derselbe
Die europarechtliche Einordnung des grenzüberschreitenden Fernsehens aus der Sicht beteiligter privater Unternehmen
in: Schwarze (Hrsg.): Fernsehen ohne Grenzen
Baden-Baden 1985, S.153-164

derselbe
Fragen zum grenzüberschreitenden Fernsehen. Medien- und Urheberrechtliche Anmerkungen zum EG-Grünbuch "Fernsehen ohne Grenzen".
in: ZUM 1985, S.299-306

Kutscher, Hans; **Ress**, Georg; **Teitgen**, Francis u.a.
Der Grundsatz der Verhältnismäßigkeit in europäischen Rechtsordnungen
Heidelberg 1985

Lagrange, Maurice; **Möller**, Hans; **Sieg**, Karl; **Steindorff**, Ernst
Dienstleistungsfreiheit und Versicherungsaufsicht im Gemeinsamen Markt
Stuttgart 1971

Langeheine, Bernd
Rechtsangleichung unter Art.100a EWGV - Harmonisierung vs. nationale Schutzinteressen
in: EuR 1988, S.235-256

derselbe
Europäisches Gemeinschaftsrecht und abgestufte Integration
Diss. iur. Berlin 1988

Langhein, Gerd
Stromimport und EG-Niederlassungsrecht - Aufriß der Problemstellungen
in: ET 1987, S.941-944

Leibholz, Gerhard
Grenzen der Rechtsaufsicht gegenüber Rundfunk- und Fernsehanstalten
in: Ehmke, Horst u.a. (Hrsg.): Festschrift für Ulrich Scheuner
Berlin 1973, S.363-375

Leister, Klaus-Dieter
Fernsehen in Europa: Kultur- oder Wirtschaftsfaktor?
in: AKW (Hrsg.): Europafernsehen und Werbung
Baden-Baden 1987, S.101-108

Lieb, Wolfgang
Die Medienstruktur für neue Kommunikationssysteme (Satellitenfunk, Kabelfunk)
in: Seidel (Hrsg.): Hörfunk und Fernsehen im Gemeinsamen Markt
Baden-Baden 1983, S.173-193

derselbe
Kabelfernsehen und Rundfunkgesetze
Berlin 1974

Löwer, Wolfgang
Ausländisches Werbefernsehen und deutsches Verfassungsrecht
in: JZ 1981, S.730-737

Luyken, Georg-Michael
Europa 1992: Auch ein Binnenmarkt für Medien
in: RuF 1989, S.167-179

Magiera, Siegfried (Hrsg.)
Entwicklungsperspektiven der Europäischen Gemeinschaft
Vorträge und Diskussionsbeiträge der 53. Staatswissenschaftlichen Fortbildungstagung der Hochschule für Verwaltungswissenschaften Speyer (17.-19.4.1985)
Berlin 1985 (Schriftenreihe der Hochschule Speyer)

derselbe
Eine "Neue Internationale Informationsordnung": Anfang oder Ende grenzüberschreitender Kommunikationsfreiheit?
in: EA 1981, S.579-586

Maier, Oskar
Ökonomische Bestimmungsfaktoren öffentlich-rechtlicher Rundfunkveranstalter
in: Fleck (Hrsg.): Zukunftsaspekte des Rundfunks
Stuttgart 1986, S.29-54

v.Mangoldt/Klein/Starck
Das Bonner Grundgesetz
Band 1 (bearbeitet von Christian Starck)
3.Auflage München 1985

Markenverband e.V.
Jahresbericht 1987/1988
Wiesbaden 1988

Mauhs, Angela
Die Europäischen Regelungen des grenzüberschreitenden Rundfunks. Bericht vom III. Münchener Symposion zum Film- und Medienrecht am 23. Juni 1989 in München.
in: ZUM 1989, S.413-415

Maunz, Theodor
Deutsches Staatsrecht
26. Auflage München 1985

derselbe; **Dürig**, Günter; **Herzog**, Roman; **Scholz**, Rupert (Hrsg.)
Grundgesetz
München, Stand 27. Lfg. November 1988

Maurer, Hartmut
Allgemeines Verwaltungsrecht
6.Auflage München 1988

Maydell, Bernd v.
Zur rechtlichen Problematik der Befreiung von den Rundfunkgebühren
Rechtsgutachten erstattet im Auftrag des SDR
Frankfurt a.M. 1987

McKenzie Stuart, Lord
Die Rolle des Gerichtshofes in der Rechtsordnung der Europäischen Gemeinschaft
in: ZfRV 1988, S.202-214

Merkle, Hans
Geplante Quotenregelung für TV-Spots behindert die Entwicklung der Medien
in: Handelsblatt v.14.10.1988, S.9

Mestmäcker, Ernst Joachim (Hrsg.)
The law and economics of transborder telecommunications
A symposium
Baden-Baden 1987

derselbe (Hrsg.)
Offene Rundfunkordnung. Prinzipien für den Wettbewerb im grenzüberschreitenden Rundfunk
Gütersloh 1988

derselbe
Wege zur Rundfunkfreiheit in Europa
in: derselbe (Hrsg.): Offene Rundfunkordnung
Gütersloh 1988, S.9-44

derselbe; **Möller**, Hans; **Schwarz**, Hans-Peter (Hrsg.)
Eine Ordnungspolitik für Europa
Festschrift für Hans v.d. Groeben zu seinem 80.Geburtstag
Baden-Baden 1987

Michaels, Bernd
Die Behandlung des sog. Mengengeschäftes nach dem EuGH-Urteil
in: ZVersWiss 1987, S.265-280

Middeke, Norbert
Europa auch TV-Festung
in: Handelsblatt v.30.05.1989, S.4

Milne, Alasdair
Die Zukunft des Europäischen Rundfunks
in: MP 1984, S.849-853

Moench, Christoph
Reinheitsgebot für Bier
in: NJW 1987, S.1109-1112

Monopolkommission
Die Wettbewerbsordnung erweitern
Hauptgutachten VII 1986/1987
Baden-Baden 1988

Monopolkommission
Wettbewerbsprobleme bei der Einführung von privatem Hörfunk und Fernsehen
Sondergutachten 11
Baden-Baden 1981

Müller, Joachim A.
Dienstleistungsmonopole im EWG-Vertrag
Baden-Baden 1988

Movsessian, Vera
Fernsehen ohne Grenzen und Urheberrechte
in: ZUM 1985, S.306-313

Müller-Römer, Frank
Zukunftschancen des Rundfunks
München 1984

v.Münch, Ingo (Hrsg.)
Besonderes Verwaltungsrecht
8.Auflage Berlin/New York 1988

derselbe (Hrsg.)
Grundgesetz
3.Auflage 1986

v.Münch, Ingo (Hrsg.)
Staatsrecht-Völkerrecht-Europarecht
Festschrift für Hans-Jochen Schlochauer
Berlin/New York 1981

Mussey, Dagmar
Elektronische Medien: Hauch von Marktwirtschaft
in: Handelsblatt v.28.06.1989, S.18

Nahrendorf, Rainer
Kulturprotektionismus
in: Handelsblatt v.13.04.1989, S.2

Nicolaysen, Gert
Europäisches Gemeinschaftsrecht
Stuttgart/Berlin/Köln/Mainz 1979

derselbe; **Quaritsch**, Helmut (Hrsg.)
Lüneburger Symposion für Hans Peter Ipsen zur Feier des 80.Geburtstages
Baden-Baden 1988

ohne Verfasser
Das trojanische Pferd aus Brüssel. EG-Richtlinie: Kippt die Rundfunkverfassung der Bundesrepublik?
in: ARD-Magazin, Heft 3/89, S.4/5

ohne Verfasser
Fernseh-Werbepreise: Kein Platz für kleine Etats
in: Handelsblatt v.16.08.1989, S.14

Ory, Stephan
Über die Ausübung der Rundfunktätigkeit. Entwurf einer EG-Richtlinie
in: ZUM 1986, S.578-584

Ossenbühl, Fritz
Rundfunk zwischen nationalem Verfassungsrecht und europäischem Gemeinschafts-recht
Rechtsgutachten erstattet der Regierung des Landes NRW
Frankfurt a.M. 1986 (Beiträge zum Rundfunkrecht 34)

derselbe
Grundlegender Wandel des Föderalismus ist der Preis für die europäische Integration
in: Handelsblatt v.25.09.1989, S.6

Pernice, Ingolf
Grundrechtsgehalte im Europäischen Gemeinschaftsrecht
Baden-Baden 1979

Pescatore, Pierre
Die "Einheitliche Europäische Akte". Eine ernste Gefahr für den Gemeinsamen Markt
in: EuR 1986, S.153-169

Pieper, Antje Karin
Die Anforderungen an die Werbesendungen im grenzüberschreitenden Rundfunk
in: ZUM 1989, S.396-407

Poll, Günter
Fernsehen ohne Grenzen - durch unfreiwillige Lizenzen?
Anmerkungen zum Grünbuch der EG-Kommission
in: ZUM 1985, S.75-81

Preslmayr, Karl
Vergleichende Werbung und Äußerungsfreiheit gem. Art.10 EMRK
in: EuGRZ 1985, S.221-224

Preuß, Ulrich K.
Die EG-Europäisierung der Rundfunkpolitik - Diskussionsbeitrag
in: Joerges/Sieveking (Hrsg.): Europäische Integration, Nationalstaat und regionale Politikkompetenzen
ZERP/DP 2/1987, S.75-80

Puttfarcken, Carsten
Die Gegendarstellung im Rundfunk unter Berücksichtigung der Vorstellungen der EG-Kommission
in: ZUM 1985, S.409-413

Rabe, Hans-Jürgen
Freier Warenverkehr für Lebensmittel nach dem Bier-Urteil des EuGH
in: EuR 1987, S.253-262

Räuker, Friedrich-Wilhelm; **Stolte**, Dieter
ARD und ZDF zu "Fernsehen ohne Grenzen"
in: ZUM 1985, S.314-316

Rehbinder, Manfred (Hrsg.)
Beiträge zum Film- und Medienrecht
Festschrift für Wolf Schwarz (UFITA 77)
Baden-Baden 1988

Reich, Norbert
Förderung und Schutz diffuser Interessen durch die Europäischen Gemeinschaften
Baden-Baden 1987

derselbe
Rundfunkrecht und Wettbewerbsrecht vor dem Forum des Europäischen Gemeinschaftsrechts
in: Hoffmann-Riem (Hrsg.): Rundfunk im Wettbewerbsrecht
Baden-Baden 1988, S.224-243

derselbe
Die Rundfunkhoheit der Bundesländer im Spannungsfeld zwischen Regulierungsanspruch der EG und deutschem Verfassungsrecht
in: Joerges/Sieveking (Hrsg.): Europäische Integration, Nationalstaat und regionale Politikkompetenzen
ZERP/DP 2/1987, S.65-73

derselbe
Die Freiheit des Dienstleistungsverkehrs als Grundfreiheit
in: ZHR 153 (1989), S.571-594

derselbe
Das Spannungsverhältnis von gemeinschaftlichem Wirtschaftsrecht mitgliedstaatlichem Rundfunkrecht
in: RuF 1989, S.305-312

Reinert, Patrick
Grenzüberschreitender Rundfunk im Spannungsfeld von staatlicher Souveränität und transnationaler Rundfunkfreiheit
Frankfurt a.M.-Bern-New York-Paris 1990

Ricker, Reinhart
Die Einspeisung von Rundfunkprogrammen in Kabelanlagen aus verfassungsrechtlicher Sicht
Berlin/Offenbach 1984

Riedel, Eibe H.
Die Meinungsfreiheit als Menschenrecht und ihre Verbürgung durch die EMRK
in: Schwartländer, Johannes; Willoweit, Dietmar (Hrsg.):
Meinungsfreiheit - Grundgedanken und Geschichte in Europa und USA
Kehl/Straßburg 1986, S.275-299

Riegel, Reinhard
Der Anwendungsbereich der Art.48 ff. EWGV
in: NJW 1978, S.468-470

Ring, Wolf-Dieter; **v.Wallenberg**, Gabriela
Die Veranstaltung von Rundfunkprogrammen durch Private nach den Regelungen der Landesmediengesetze
in: Schwarze (Hrsg.): Rundfunk und Fernsehen
Baden-Baden 1986, S.29-43

Romatka, Georg
Gegendarstellung in Presse und Rundfunk unter Berücksichtigung der Vorstellungen der EG-Kommission
in: ZUM 1985, S.400-408

Ros, Mirko
Die unmittelbare Anwendbarkeit der Europäischen Menschenrechtskonvention
Zürich 1984

Roth, Wulf-Henning
Grenzüberschreitender Rundfunk und Dienstleistungsfreiheit
in: ZHR 119 (1985), S.679-692

derselbe
Internationales Versicherungsvertragsrecht
Tübingen 1985

derselbe
Die Harmonisierung des Dienstleistungsrechtes in der EWG
in: EuR 1986, S.340-369 und EuR 1987, S.7-27

derselbe
Grundfreiheiten des Gemeinsamen Marktes für kulturschaffende Tätigkeiten und kulturelle Leistungsträger
in: ZUM 1989, S.101-110

Rudolf, Walter
Bundesländer und Europäisches Gemeinschaftsrecht
in: Festschrift für Hans-Jochen Schlochauer
Berlin/New York 1981, S.117-136

Rudolph, Martin
Gemeinschaftsrecht und nationale Rundfunkordnung. Zur Durchsetzung gemeinschaftsweiten Fernsehens in der EG.
in: VBlBW 1986, S.252-256

derselbe
Zur Rahmenordnung eines europäischen Binnenmarktes für den Rundfunk. Harmonisierungsbestrebungen in der EG-Kommission.
in: AfP 1986, S.106-111

derselbe
Programmausweitung und Kartellaufsicht
in: ZUM 1986, S.451-458

Rühl, Manfred
Ordnungspolitische Probleme eines künftigen Rundfunks in der Bundesrepublik Deutschland
in: Fleck (Hrsg.): Zukunftsaspekte des Rundfunks
Stuttgart 1986, S.77-101

Sandrock, Otto
Sitztheorie, Überlagerungstheorie und der EWG-Vertrag: Wasser, Öl und Feuer
in: RIW 1989, S.506-513

Sauter, Herbert
Neue Medien und deutsches/europäisches Kartellrecht
in: Schwarze (Hrsg.): Rundfunk und Fernsehen
Baden-Baden 1986, S.167-187

Scharf, Albert
Zukunftsaspekte des Rundfunks in Europa
in: Fleck (Hrsg.): Zukunftsaspekte des Rundfunks
Stuttgart 1986, S.59-71

derselbe
Fernsehen ohne Grenzen. Die Errichtung des Gemeinsamen Marktes für den Rundfunk.
in: Magiera (Hrsg.): Entwicklungsperspektiven der europäischen Gemeinschaft
Berlin 1985, S.147-163

Scherer, Joachim (Hrsg.)
Nationale und europäische Perspektiven der Telekommunikation
Baden-Baden 1987 (UFITA 70)

derselbe
Programmbeschaffung und -produktion im dualen Rundfunksystem
in: Hoffmann-Riem (Hrsg.): Rundfunk im Wettbewerbsrecht
Baden-Baden 1988, S.123-131

Scheuner, Ulrich
Das Grundrecht der Rundfunkfreiheit
Berlin 1982

Schiller, Klaus-Volker
Der Verhältnismäßigkeitsgrundsatz im Europäischen Gemeinschaftsrecht nach der Rechtsprechung des EuGH
in: RIW 1983, S.928-930

Schleyer, Hanns-Eberhard
Der europäische Rundfunkmarkt - eine Herausforderung für die deutsche Medienpolitik
in: AKW (Hrsg.): Europafernsehen und Werbung
Baden-Baden 1987, S.91-99

Schmidt, Reimer
Das DLF-Urteil des Europäischen Gerichtshofs v. 4.12.1986
in: VersR 1987, S.1-5

Schmidt, Walter
Ordnung des Rundfunks im Zeitalter des Satellitenfernsehens
in: NJW 1986, S.1792-1797

derselbe
"Kultureller Auftrag" und "kulturelle Verantwortung" des Rundfunks
in: ZUM 1989, S.263-267

derselbe
Die Rundfunkgewährleistung
Frankfurt a.M. 1980

Schneider, Hans
Einheitliche Grundsätze für die Verbreitung und Verteilung von Rundfunkprogrammen - verfassungsrechtliche Grundfragen eines Staatsvertrages
in: Schwarze (Hrsg.): Rundfunk und Fernsehen
Baden-Baden 1986, S.13-27

Schödermeier, Martin
Die vermiedene Auswirkung. Anmerkung zum Papierstoff-Urteil des EuGH
in: WuW 1989, S.21-28

Schöne, Franz-Josef
Die "umgekehrte Diskriminierung" im EWG-Vertrag nach der Rechtsprechung des EuGH
in: RIW 1989, S.450-454

Schönke, Adolf; **Schröder**, Horst
Strafgesetzbuch
23. Auflage 1988

Schricker, Gerhard
Die Durchsetzbarkeit deutscher Werberegelungen bei grenzüberschreitender Rundfunkwerbung
in: GRUR Int. 1982, S.720-726

derselbe
Grenzüberschreitende Fernseh- und Hörfunksendungen im Gemeinsamen Markt
in: GRUR Int. 1984, S.592-598

derselbe
Harmonisierung des Rundfunkwerberechts
in: ZUM 1985, S.594-601

Schröder, Meinhard
Zur Wirkkraft von Grundrechten bei Sachverhalten mit grenzüberschreitenden Elementen
in: Festschrift für Hans-Jochen Schlochauer
Berlin/New York 1981, S.137-150

Schutt, Wolfgang; **Steffens**, Joachim
EuGH Entscheidung zu Verpackungsvorschriften in Dänemark
in: RIW 1989, S.447-449

Schwartz, Ivo E.
Fernsehen ohne Grenzen. Die Errichtung des Gemeinsamen Marktes für den Rundfunk.
in: Magiera (Hrsg.): Entwicklungsperspektiven der europäischen Gemeinschaft
Baden-Baden 1985, S.121-145

derselbe
Zur Debatte über das EG-Grünbuch: Weitere Aktionen der Kommission
in: Schwarze (Hrsg.): Rundfunk und Fernsehen
Baden-Baden 1986, S.99-118

derselbe
Rundfunk und EWG-Vertrag
in: Schwarze (Hrsg.): Fernsehen ohne Grenzen
Baden-Baden 1985, S.45-119

derselbe
Zur Zuständigkeit der Europäischen Gemeinschaft im Bereich des Rundfunks
in: AKW (Hrsg.): Europafernsehen und Werbung
Baden-Baden 1987, S.79-90

derselbe
Die Liberalisierung der nationalen Hörfunk- und Fernsehsysteme aufgrund des Gemeinschaftsrechts
in: GRUR Int. 1982, S.713-719
= Seidel (Hrsg.): Hörfunk und Fernsehen im Gemeinsamen Markt
Baden-Baden 1983, S.147-164

derselbe
The "Kabelregeling" judgement of the European Court of Justice
in: MA 1988, S.423-430

derselbe
Fernsehen ohne Grenzen: Zur Effektivität und zum Verhältnis von EG-Richtlinie und Europarats-Konvention
in: EuR 1989, S.1-12

derselbe
EG-Rechtsetzungsbefugnisse für das Fernsehen
in: ZUM 1989, S.381-389

Schwarz, Mathias
Kabelweitersendung in Europa
in: Rehbinder (Hrsg.): Festschrift für Wolf Schwarz
Baden-Baden 1988, S.75-83

Schwarze, Jürgen (Hrsg.)
Fernsehen ohne Grenzen. Die Errichtung des Gemeinsamen Marktes für den Rundfunk, insbesondere über Satellit und Kabel.
Beiträge zu einem medienrechtlichen Kolloquium des Instituts für Integrationsforschung der Stiftung Europa-Kolleg Hamburg am 7./8. Dez.1984
Baden-Baden 1985

derselbe
Europäisches Verwaltungsrecht Bd 1 und 2
Baden-Baden 1988

derselbe
Rundfunk und Fernsehen in der europäischen Gemeinschaft. Europarechtliche, staatsrechtliche und völkerrechtliche Grundlagen.
in: derselbe (Hrsg.): Fernsehen ohne Grenzen
Baden-Baden 1985, S.11-44

derselbe (Hrsg.)
Rundfunk und Fernsehen im Lichte der Entwicklung des nationalen und internationalen Rechts
Beiträge zu einem medienrechtlichen Symposium des Instituts für Integrationsforschung der Stiftung Europa-Kolleg Hamburg am 17./18. Dez.1985
Baden-Baden 1986 (zitiert: Rundfunk und Fernsehen)

derselbe
Die Medien im Spannungsfeld von Wirtschaft und Kultur. Zur Einordnung und Beurteilung der Medien in der jüngsten Rechtsprechung des EuGH
in: derselbe (Hrsg.): Rundfunk und Fernsehen
Baden-Baden 1986, S.119-148

derselbe (Hrsg.)
Das Wirtschaftsrecht des Gemeinsamen Marktes in der aktuellen Rechtsentwicklung
Baden-Baden 1983

derselbe
Schutz der Grundrechte in der Europäischen Gemeinschaft. Grundlagen und heutiger Entwicklungsstand
in: EuGRZ 1986, S.293-299

Schweitzer, Michael; **Hummer**, Waldemar
Europarecht
2. Auflage Frankfurt a.M. 1985

Schwintowski, Hans-Peter
Der private Versicherungsvertrag zwischen Recht und Markt
Baden-Baden 1987

derselbe
Europäisierung der Versicherungsmärkte im Lichte der Rechtsprechung des EuGH
in: NJW 1987, S.521-526

derselbe
Europa 1992: Harmonisierung der rechtlichen Rahmenbedingungen - ökonomische Bedeutung für mittelständische Unternehmen
in: ZVglRWiss 1989, S.221-240

Sedemund, Joachim; **Montag**, Frank
Die Entwicklung des Europäischen Gemeinschaftsrechts
in: NJW 1989, S.1409-1415

Seidel, Martin
Europa und die Medien
in: Schwarze (Hrsg.): Fernsehen ohne Grenzen
Baden-Baden 1985, S.121-151

derselbe
Europäische Rundfunkzone für die nationalen Hörfunk- und Fernsehsysteme oder gemeinschaftseinheitliches Rundfunksystem?
Zu neueren Entwicklungen der europäischen Rundfunkpolitik
in: Scherer (Hrsg.): Nationale und europäische Perspektiven der Telekommunikation
Baden-Baden 1987, S.133-148

derselbe (Hrsg.)
Hörfunk und Fernsehen im Gemeinsamen Markt
Referate und Diskussionsberichte der Tagung des Arbeitskreises Europäische Integration e.V. vom 10.-12.Juni 1982 in Hamburg
Baden-Baden 1983 (zitiert: Hörfunk und Fernsehen)

derselbe
Rundfunk, insbesondere Werbefunk und innergemeinschaftliche Dienstleistungsfreiheit
in: Bieber, Roland; Bleckmann, Albert; Capotorti, Francesco (Hrsg)
Das Europa der zweiten Generation
Gedächtnisschrift für Christoph Sasse Bd I
Baden-Baden 1981, S.351-376

derselbe
Das Grundmodell des grenzüberschreitenden Dienstleistungsverkehrs nach dem EWG-Vertrag
in: ZVersWiss 1987, S.175-196

derselbe
Die Elektrizitätswirtschaft im System des Gemeinschaftsrechts
in: EuR 1988, S.129-143

Seidl-Hohenveldern, Ignaz
Nationale Regelungsvorbehalte nach Völkerrecht
in: Hübner u.a.(Hrsg.): Satellitenfernsehen und deutsches Rundfunksystem
München 1983, S.13-28

Selmer, Peter
Die öffentliche Sicherheit und Ordnung als Schranke der Arbeitnehmerfreizügigkeit
in: DÖV 1967, S.328-334

Sieger, Ferdinand
Kunst ohne Grenzen? Kulturelle Identität und Freizügigkeit in Europa
in: ZUM 1988, S.483-488

Siepmann, Ralf
Europas (Tele-)Vision
in: Der Journalist 1989, Heft 5, S.9-15

Simson, Werner v.
Das "Recht" in den Europäischen Gemeinschaften
in: Mestmäcker u.a.(Hrsg.): Festschrift für v.d.Groeben
Baden-Baden 1987, S.391-424

Stammler, Dieter
Europäischer Rundfunkmarkt und innerstaatliche Rundfunkkompetenz
in: ZUM 1988, S.274-287

Stefen, Rudolf
Zum Jugendmedienschutz
in: ZUM 1986, S.115-120

Stein, Torsten
Strafgerichtliche Aufenthaltsbeschränkungen gegenüber eigenen Staatsangehörigen und EWG-Ausländern
in: EuGRZ 1979, S.448-451

derselbe
Richterrecht wie anderswo auch? Der Gerichtshof der EG als "Integrationsmotor"
in: Hochschullehrer der Juristischen Fakultät der Universität Heidelberg (Hrsg.): Richterliche Rechtsfortbildung. Erscheinungsformen, Auftrag, Grenzen.
Festschrift der Juristischen Fakultät zur 600-Jahr-Feier der Ruprecht-Karls-Universität Heidelberg
Heidelberg 1986, S.619-641

Steindorff, Ernst
Berufsfreiheit für nicht-wirtschaftliche Zwecke im EG-Recht - Zum Umgang deutscher Gerichte mit dem EG-Recht
in: NJW 1982, S.1902-1905

derselbe
Dienstleistungsfreiheit im EG-Recht
in: RIW 1983, S.831-839

derselbe
Reichweite der Niederlassungsfreiheit
in: EuR 1988, S.19-32

Steiner, Udo
Zur Kulturförderung durch den öffentlich-rechtlichen Rundfunk
in: Baumgärtel u.a. (Hrsg.): Festschrift für Heinz Hübner
Berlin/New York 1984, S.799-814

Stender, Jutta
Bericht über den 11.Kongreß der F.I.D.E. v.19.-22.9.1984
in: ZUM 1985, S.204-207

Stern, Klaus
"Probleme der Anpassung", Interview
in: Der Journalist 1989, Heft 5, S.15

Stock, Martin
Europäisches Medienrecht im Werden - Probleme und Chancen
in: RuF 1989, S.180-202

derselbe
Rundfunkrecht und Wettbewerbsrecht im dualen Rundfunksystem
in: Hoffmann-Riem (Hrsg.): Rundfunk im Wettbewerbsrecht
Baden-Baden 1988, S.35-77

derselbe
Das Rundfunksystem in der Bundesrepublik Deutschland
in: Seidel (Hrsg.): Hörfunk und Fernsehen im Gemeinsamen Markt
Baden-Baden 1983, S.25-116

Stoffers, Manfred
Neue Medien in Europa. Bemerkungen zur sozialverträglichen Mediengestaltung
in: Soziale Arbeit 1986, S.375-379

Stoiber, Edmund
Stellungnahme zum Beitrag von A. Deringer in ZUM 1986, S.627 ff.
in: ZUM 1986, S.672-673

derselbe
Mehr als nur ein Wirtschaftsfaktor - Brüsseler Richtlinie mit Pferdefuß
in: Bayernkurier v.23.04.1988

Sturm, Fritz
Belgisches Kabelfernsehen vor dem Forum des Europäischen Gerichtshofes
in: AfP 1980, S.190-194

Trettenbrein, Harald E.
Rundfunkmonopol und Meinungsfreiheit
in: ÖJZ 1989, S.363-370

Valentine, John
The Common Market tackles new frontiers
in: Marketing Week v.03.08.1984, S.27-29

Vogel, Martin
Bald ein Gemeinsamer Markt für den Rundfunk?
in: Blick durch die Wirtschaft v.28.08.1984

Vorndran, Wilhelm
Kulturhoheit und Europa
Rede vor dem Kulturpolitischen, Rechts- und Verfassungsausschuß des bayerischen Landtages am 10.05.1989
(unveröffentlichtes Manuskript)

derselbe
Grußwort zum III. Münchener Symposion zum Film- und Medienrecht
in: ZUM 1989, S.371-372

Wägenbaur, Rolf
Schutzmaßnahmen auf dem Gebiet des Personen- und Dienstleistungsverkehrs
in: Carstens, Karl; Börner, Bodo (Hrsg.):
Schutzmaßnahmen im Gemeinsamen Markt (KSE Bd 28), S.1-28
Köln-Berlin-Bonn-München 1977

Wagner, Baldur
Medienpolitische Aspekte im europäischen Binnenmarkt
in: MA 1989, S.68-71

Weber, Albrecht
Die Rechtsprechung des EuGH zum Vorbehalt der öffentlichen Ordnung und Sicherheit im Bereich der Freizügigkeit
in: EuGRZ 1978, S.157-160

Weis, Hubert
Inländerdiskriminierung zwischen Gemeinschaftsrecht und nationalem Verfassungsrecht
in: NJW 1983, S.2721-2726

Wenger, Klaus
Fernsehen in Europa zwischen Kommerz und Kultur
in: EA 1987, S.361-368

Wenzel, Karl Egbert
Art.10 EMRK und das nationale Medienrecht. Tagungsbericht von der 59.Tagung des Studienkreises für Presserecht und Pressefreiheit in Trauenfeld/Schweiz am 23. und 24.05.1986
in: Publizistik 1986, S.447-449

Werber, Manfred
Zur Rechtsstellung des Versicherungsmaklers in heutiger Sicht
in: Versicherungswirtschaft 1988, S.1159-1167

Wieland, Joachim
Die Freiheit des Rundfunks
Berlin 1984

Wiesand, Andreas Johannes
Kunst ohne Grenzen? Kulturelle Identität und Freizügigkeit in Europa
Köln 1987

Wille, Günter
Die Werbeverbote für Tabak sind als Einstieg für die Reglementierung weiterer Konsumgüter zu verstehen
in: Handelsblatt v.05.04.1989, S.18

Wisdorff, Eberhard
Kultur und Geschäft. "TV ohne Grenzen" gerät in schwieriges Fahrwasser
in: Handelsblatt v.16./17.06.1989, S.2

Witt, Detlef
Die Auswirkungen des internationalen Frequenzmanagements auf die nationalen Rundfunkordnungen
in: Mestmäcker (Hrsg.): Offene Rundfunkordnung
Gütersloh 1988, S.411-442

Wittmann, Heinz
Rundfunkfreiheit
Wien/New York 1981

Wolf, Joachim
Medienfreiheit und Medienunternehmen
Berlin 1985

Wolfrum, Rüdiger (Hrsg.)
Recht auf Information, Schutz vor Information
Menschen- und staatsrechtliche Aspekte. Referate und Diskussionsbeiträge eines Symposiums des Instituts für Internationales Recht vom 21.-24.Nov. 1984 in Kiel
Berlin 1986

Wyatt, Derrick; **Dashwood**, Alan
The substantive law of the EEC
London 1980

Zentralausschuß der deutschen Werbewirtschaft (Hrsg.)
ZAW-Basisdienste
Fakten-Dokumente-Analysen

Zimmermann, Friedrich
Rede auf der ersten Europäischen Ministerkonferenz über Massenmedien
in: ZUM 1987, S.81-82

Zuck, Rüdiger
Anmerkung zu EuGH RS 427/85 "Dienstleistungsfreiheit für Rechtsanwälte"
in: EuR 1988, S.186-190

Zuleeg, Manfred
Charta der Rechte des Bürgers der EG
in: Festschrift für Hans-Jochen Schlochauer
Berlin/New York 1981, S.983-997

- Abkürzungsverzeichnis -

AfP	Archiv für Presserecht
AKW	Arbeitskreis Werbefernsehen der deutschen Wirtschaft e.V.
AVR	Archiv des Völkerrechts
CMLR	Common Market Law Review
EEA	Einheitliche Europäische Akte v.01.07.1987 (ABl.EG L S.1691; BGBl. 1986 II S.1102)
EMRK	Konvention zum Schutz der Menschenrechte und Grundfreiheiten v.04.11.1950 (BGBl. 1952 II S.686)
F.A.Z.	Frankfurter Allgemeine Zeitung
FN	Fußnote
FS	Festschrift
GA	Generalanwalt
H.A.Z.	Hannoversche Allgemeine Zeitung
HB	Handelsblatt
HG	Hauptgutachten
KSE	Kölner Schriften zum Europarecht
MP	Media-Perspektiven
Rdnr./n	Randnummer(n)
RS	Rechtssache
RuF	Rundfunk und Fernsehen
SG	Sondergutachten
Slg.	Sammlung der Rechtsprechung des Europäischen Gerichtshofs
ZAW	Zentralausschuß der deutschen Werbewirtschaft
ZERP/DP	Zentrum für Europäische Rechtspolitik (Bremen)/Diskussionspapier
ZUM	Zeitschrift für Urheber- und Medienrecht

Vorstehend nicht gesondert aufgeführte Abkürzungen richten sich nach:

Kirchner, Hildebert; **Kastner**, Fritz:
Abkürzungsverzeichnis der Rechtssprache
3.Auflage Berlin 1983